CHRISTIANE
VON HARDENBERG

SELBST
INVESTIERT
DIE FRAU

Wie Sie selbstbestimmt
und mit Leichtigkeit
Ihr Geld vermehren

Rowohlt Taschenbuch Verlag

Originalausgabe
Veröffentlicht im Rowohlt Taschenbuch Verlag,
Hamburg, April 2021
Copyright © 2021 by Rowohlt Verlag GmbH, Hamburg
Covergestaltung zero-media.net, München
Coverabbildung Asja Caspari
Satz aus der DTL Documenta
Gesamtherstellung CPI books GmbH, Leck, Germany
ISBN 978-3-499-00449-0

INHALT

Teil 1

Teil 2

Anhang

Teil 1

1

ICH DACHTE, ICH SEI REICH
– oder:

WIE SIE SICH FINANZIELLE
ZIELE SETZEN

«Sie sind ein reiches Fräulein!» Mit diesen eindrucksvollen Worten baute sich unser Steuerberater, ein Freund der Familie, vor mir auf und guckte mir tief in die Augen. Seine Haare waren ebenso grau wie sein in die Jahre gekommener Anzug. Ich war 13 Jahre alt, wir feierten meine Konfirmation. Der graue Herr kam aus einer längst vergangenen Zeit, das verriet nicht nur seine Wortwahl.

Reiches Fräulein. Die Worte unseres Steuerberaters schmeichelten mir. «Reich.» Das klang vielversprechend und schillernd. Zugleich lösten die Worte großes Unbehagen in mir aus. «Reich» klang auch nach sehr viel Verantwortung und einer großen Last.

Mein Vater war gestorben, als ich noch keine vier Jahre alt war. Er hinterließ mir, nicht meiner Mutter, ein gutgehendes Unternehmen: Mein Vater, geboren 1907, hatte nach dem Krieg aus der Schnapsbrennerei seiner Eltern einen Tabak- und Getränkegroßhandel gemacht, zu dessen ersten Kunden das Wolfsburger VW-Werk gehörte. Als der Käfer zum millionsten Mal vom Band lief, muss auch mein Vater seine erste Million gemacht haben. Mit dem Wirtschaftswunder ging es mit seinem Unternehmen steil bergauf.

Das Wirtschaftswunder war längst Geschichte, doch meine Eltern lebten es weiter. Ich wuchs in einer merkwürdigen Blase auf. Wir wohnten in einem großen Haus mit einem viel zu großen Garten, den mein Vater seinen «Park» nannte. Der Park ist in meiner Kindheitserinnerung übrigens sehr viel größer als in Wirklichkeit, ähnlich wie mein Vermögen. Wir hatten eine Haushälterin, einen Gärtner und eine Sekretärin. Und viele Angestellte. Meine Eltern fuhren Mercedes, was in den siebziger Jahren in der Volkswagenstadt Wolfsburg recht außergewöhnlich war.

Mein Leben unterschied sich sehr von dem meiner Kindergartenfreundinnen, die mit ihren Eltern oftmals in kleinen Wohnungen lebten. In gewisser Weise beneidete ich sie, die im verbeulten Käfer zum Ballettunterricht gebracht wurden und nachmittags nicht allein im Park, sondern mit ihren Geschwistern über die Stockbetten tobten. Schon früh dämmerte mir, dass der Tod meines Vaters und sein Erbe mit deutlich mehr Verantwortung einhergingen, als mir lieb war. In einem Alter, in dem meine Freundinnen Balletttänzerinnen werden wollten, erklärte ich zum Entzücken von Familie und Freunden der Familie, ich würde später Betriebswirtschaftslehre studieren.

Die nächsten 30 Jahre lebte ich in der Annahme, reich zu sein – oder zumindest sehr wohlhabend. Und ich lebte mit einem Gefühl, das sehr viele Erben haben: der Schuld, für meinen vermeintlichen Reichtum nichts getan zu haben. Ich wollte mit meinem Erbe daher lange nichts zu tun haben, reiste nach dem Studium ans andere Ende der Welt, verdiente meinen Lebensunterhalt als Journalistin. Auch nach dem Tod meiner Mutter kümmerte ich mich nur halbherzig um meinen Besitz.

Als ich 2012 schließlich einen tieferen Blick in meine Finanzen tat, wurde mir sehr schnell klar, dass mein Leben auf einem großen Missverständnis beruhte: Ich *war* einmal ein reiches Mädchen. 1977. Als mein Vater gestorben war und ich geerbt hatte. Vielleicht auch noch 1987, im Jahr meiner Konfirmation.

Seit unser Steuerberater den für mich so prägenden Satz «Sie sind ein reiches Fräulein» gesagt hatte, waren aber 25 Jahre vergangen. 25 Jahre, in denen mein vermeintliches Vermögen vor sich hin geschlummert hatte und von ganz allein weniger geworden war. Dafür hatte schon allein die Inflation gesorgt. 1000 Mark aus dem Jahr 1987 waren 2012 nur noch rund 190 Euro wert. Durch bloßes Nichtstun hatte sich mein Vermögen mehr als halbiert. Ganz zu schweigen von suboptimalen Investitionsentscheidungen, die meine Familie getroffen hatte.

Bei genauerer Betrachtung besaß ich kein Vermögen mehr, sondern stand vor einem ziemlichen Schlamassel. Und hätte ich noch fünf Jahre länger nichts getan, wäre von dem einstigen Vermögen vermutlich kaum noch etwas übrig gewesen. Bereits jetzt hatten die Dinge deutlich an Wert verloren: Das Mehrfamilienhaus in der Fußgängerzone hatte stark an Attraktivität verloren, seit sich dort die Neonazis tummelten. Ein Supermarkt in der City war in den fünfziger Jahren eine Goldgrube, in den 2000er Jahren wollten die Menschen in großen Einkaufszentren auf der grünen Wiese einkaufen. Das Ferienhaus in den Alpen, mittlerweile mit Blick auf qualmende Fabrikschornsteine, war ebenfalls recht wertlos. Probleme, wo ich hinsah. Die Reihenhäuser, die meine Eltern nach dem Verkauf unseres Unternehmens gebaut hatten, liefen noch ganz gut – sie gehörten allerdings noch zu einem großen Teil der Bank. Damit sie weiterhin gut liefen und ich irgendwann einmal die Kredite getilgt hätte, müsste ich die Dinge in die Hand nehmen. Am besten sofort.

Der Zeitpunkt war gut, um etwas in meinem Leben zu ändern und die Dinge anzupacken: Die Zeitung, bei der ich damals arbeitete, stand nach etlichen Sparrunden kurz vor der Pleite, und mein dritter Sohn war 18 Monate alt. Mir schien es immer weniger sinnvoll, die längste Zeit des Tages in der Redaktion zu verbringen und austauschbare Artikel zu schreiben. Und das alles für ein Gehalt, mit dem ich zum Lebensunterhalt unserer wachsenden Familie nicht angemessen beitragen konnte. Ich wollte unabhängig sein, meine eigenen Entscheidungen treffen und für meine Kinder sorgen – auch wenn dies für meinen Mann in den ersten Jahren durchaus gewöhnungsbedürftig war. Die Rolle des Versorgers ist eben auch eine dankbare Rolle.

Mein Entschluss, einen anspruchsvollen und prestigeträchtigen Job an den Nagel zu hängen und es zu meiner Hauptaufgabe zu machen, mein Vermögen wieder aufzubauen, stieß auf einiges Unverständnis bei meinen Freunden und Kollegen. Von «Geld macht doch nicht glücklich» über «Nein, mit so etwas wollen wir uns nicht beschäftigen» bis hin zu «Du bist also eine Kapitalistin» blieb mir kein Kommentar erspart. Natürlich macht Geld nicht glücklich. Wer das erwartet, hat irgendetwas falsch verstanden. Geld allein macht ja auch nicht satt! Geld ist nur ein Mittel zum Zweck. Ein Mittel, um das Leben einfacher, sicherer und angenehmer zu machen. Erst wenn man kein Geld hat, wird Geld zum Problem. Und genau dieses Problem wollte ich nicht haben.

Was genau aber war mein Ziel? Mir ging es anfänglich um Sicherheit. Ich wollte die Sicherheit wiederherstellen, die ich aus meiner Kindheit gewohnt war. Nicht für mich, sondern für meine drei, später vier, Söhne und meinen Mann. Auch wenn ich glücklich verheiratet und wir alle gesund waren – in meiner eigenen Kindheit und Jugend hatte ich erlebt, dass dieser Zustand keineswegs selbstverständlich ist.

Schnell merkte ich jedoch, dass es mir neben Sicherheit vor allem um Unabhängigkeit ging. Ich wollte selbst entscheiden, unabhängig von meinem Gehaltsscheck oder dem meines Mannes. Dafür brauchte ich allerdings ein größeres Polster, als meine damaligen Mittel hergaben.

Seitdem manage ich hauptberuflich unser Family Office*: Zwischen Broteschmieren, Windelwechseln und Wäscheaufhängen investiere ich in Immobilien und kaufe Wertpapiere von chinesischen Essenslieferanten bis zu deutschen Autoherstellern und von Argentinien bis Vietnam. Mit der Zeit fand ich immer größeren Gefallen an Aktien, Wertpapieren und Börsen, aber auch an so scheinbar drögen Themen wie Immobilien, Kredite und Steuer. Heute ist es für mich ein großer Spaß, morgens die Zeitungen aufzuschlagen, Geschichten über Politik, Wirtschaft und Unternehmen zu lesen und zu überlegen, wie die Zukunft aussehen könnte. Zu wissen, was wichtig wird, ist für mich eine Art, durchs Leben zu gehen. Wenn ich richtig liege, damit Geld verdienen kann und zudem noch Zeit für die Menschen und Dinge habe, die mir wirklich wichtig sind – umso besser!

Bis ich jedoch so weit gekommen war, habe ich viele Fehlentscheidungen getroffen, einiges an Lehrgeld bezahlt, schlechte Berater gehabt und die ein oder andere unruhige Nacht gehabt. Am Ende waren es jedoch diese Fehler, die mich weiterbrachten. Wenn alles gut lief, fragte ich mich selten, woran das lag, sondern klopfte mir auf die Schulter. Wenn aber etwas schiefging, fing ich an nachzudenken, zu analysieren, was ich falsch

---

* Als Family Office bezeichnet man eine Vermögensverwaltung, die sich ausschließlich um das Vermögen einer Familie kümmert. Ob Aktienhandel, Immobilienmanagement, aber auch Reiseplanung oder Sekretärinnenjobs – das Family Office kann alles übernehmen. In den meisten Fällen sind Familien, die ein Family Office beschäftigen, sehr, sehr reich. Das sind wir zwar nicht, aber um meinem Tun mehr Gewicht zu verleihen, spreche ich gerne von meinem Family Office. Es ist wohl das kleinste in Deutschland.

gemacht hatte und wie ich es beim nächsten Mal besser machen würde.

Durch den Tod meiner Eltern und den Anblick meines geschrumpften Erbes hatte ich eines gelernt: Man kann nicht darauf hoffen, dass die Dinge von allein gut werden. Man muss sie selbst in die Hand nehmen. Gerade als Frau.

Ohne diese Erfahrungen, vor allem aber Rückschläge wären mir viele gute Investitionen entgangen. Sowie die Möglichkeit, mit meiner Familie ein finanziell sicheres und unbeschwertes Leben zu führen. Seit dieses Ziel erreicht ist, finde ich immer mehr Freude daran, Dinge mitzugestalten sowie andere Menschen an meinem Erfolg teilhaben zu lassen. Etwa, indem ich nachhaltige Produkte kaufen kann, weil ich von ihrer Richtigkeit überzeugt bin. Oder ich meine Räume Menschen überlassen kann, deren Projekte ich unterstützen möchte. Wenn es weiterhin gut läuft, möchte ich eine Stiftung gründen. Mit welchem Zweck, darüber denke ich noch nach.

Natürlich macht Geld nicht glücklich. Aber es schenkt Sicherheit, Unabhängigkeit und Freiheit. Selbst wenn Sie nur wenig Startkapital besitzen, können Sie mit überschaubarem zeitlichen Einsatz mehr daraus machen. Vermutlich mehr, als viele Frauen mit ihrem Teilzeitjob verdienen. Fangen Sie an und nutzen Sie Ihre Chancen!

Mehr über finanzielle Ziele wie Sicherheit, Unabhängigkeit und Freiheit: Seite 173

2

VON MONOPOLY FÜRS LEBEN LERNEN
– oder:
WAS SIE ÜBER DIE WIRTSCHAFT WISSEN SOLLTEN

Lange Zeit beruhte mein gesamtes Finanzwissen auf meinen Kindheitserfahrungen beim Weltspartag und als ausdauernde Monopoly-Spielerin. Als ich mein Erbe schließlich in die Hand nahm, merkte ich schnell, dass meine familiäre Prägung mindestens ebenso viel Einfluss auf meine finanziellen Entscheidungen hatte wie mein wirtschaftswissenschaftliches Studium, vielleicht sogar noch mehr. Umso wichtiger ist es mir, meinen vier Söhnen bei jeder Gelegenheit die Grundlagen finanzieller Bildung und volkswirtschaftlichen Denkens beizubringen. Mit gemischtem Erfolg. Bedauerlicherweise haben heute wie vor 40 Jahren Banken die Hoheit über die finanzielle Wissensvermittlung, auch wenn Rahmenlehrpläne etwas ganz anderes versprechen. In der Schule lernen meine Kinder jedenfalls nicht, wie man mit Geld umgeht.

Im Herbst 2019 flatterte ein Brief von der Sparkasse ins Haus. «Du hast Post bekommen», sagte mein sichtlich neidischer Zweitgeborener zu seinem jüngeren Bruder Paul, der im wirklichen Leben übrigens anders heißt, wie seine Brüder auch. Trotz seiner neun Jahre konnte Paul nur ansatzweise lesen. Das reichte aber offenbar aus, um dem Brief die wichtigsten Informationen zu entnehmen. «Bis 1000 Euro bekomme ich drei Prozent Zinsen», jubelte er überglücklich. «Das sind 30 Euro im Jahr!», fuhr er fort. Mit dem Rechnen klappte es offenbar deutlich besser als

17

mit dem Lesen. «30 Euro umsonst!», brüllte er völlig außer sich. Bevor er das Geld überhaupt erwirtschaftet, geschweige denn 1000 Euro gespart hatte, gab er das Geld schon aus. Zumindest gedanklich. Nerf-Guns, Harry-Potter-Lego-Set … Während Paul seine Wünsche aufzählte, las ihm sein großer Bruder Hans weiter vor: «Am 30. Oktober ist Weltspartag …, wenn du dein gespartes Geld zur Bank bringst, bekommst du ein Geschenk», fasste der Elfjährige zusammen. «Ist bestimmt ein rotes Sparschwein», sagte Franz, zwölf Jahre, abgeklärt. Paul störte das nicht weiter, er kratzte seine Münzen und Scheine zusammen und zog zum Weltspartag los. «Will auch ein rotes Schwein», weinte der vierjährige Josef seinem Bruder hinterher.

Ich blieb ratlos zurück. Sparen an sich ist nicht falsch. Allerdings saß ich jahrelang dem Irrglauben auf, vom Sparen reich zu werden. Vom Sparen allein wird jedoch keiner reich! Man muss investieren, will man ein Vermögen vermehren. Doch statt Investoren ziehen wir in Deutschland Nachwuchssparer heran.

Daran hat sich seit meinen Kindheitstagen nichts geändert. Monat für Monat hatte auch ich mein Taschengeld auf mein Jeans-Sparbuch bei der örtlichen Volksbank gebracht. Im Gegenzug erhielt ich orangefarbene Sammelpunkte. Die klebte ich stolz auf das dafür vorgesehene Feld meines Sparposters, das zu meinem Entzücken ein Hundebaby in einem Körbchen zeigte. Das Jeans-Sparbuch war sozusagen mein erstes Treuepunktesystem. Üblicherweise waren die Felder am Weltspartag voll, und ich konnte mir ein neues Poster aussuchen. Voller Stolz pinnte ich das Katzenbaby- neben das Hundewelpen-Poster. Über die Jahre glich mein Kinderzimmer immer mehr einem Zoogeschäft.

Nach meinem Geburtstag und Weihnachten war der Weltspartag am 30. Oktober für mich der drittwichtigste Tag im Jahr: ein Lichtblick im sonst so diesigen niedersächsischen

Herbst. Glücklicherweise habe ich Ende Oktober Geburtstag. Von meinen Tanten wünschte ich mir stets Geld, und am Weltspartag zog ich dann los, um meine Geldgeschenke und Ersparnisse auf meine drei Sparbücher bei drei verschiedenen Banken zu verteilen, der Volksbank, der Sparkasse und der damals noch existierenden Dresdner Bank. Im Gegenzug sammelte ich Geschenke ein, weshalb drei Konten bei drei Banken sehr vorteilhaft waren.

Es war eine Art Hebeleffekt, ein Effekt, den ich mir auch heute beim Immobilienkauf zunutze mache. Unter bestimmten Umständen kann ich so meine Rendite auf mein eingesetztes Kapital erhöhen. In meinem Fall hatte ich Geld geschenkt bekommen, mein Kapital. Und nun bekam ich für das Geld, mein eingesetztes Kapital, neben der Verzinsung noch obendrein ein Geschenk. Ich hatte meine Rendite sozusagen über das gewöhnliche Maß, also die üblichen Zinsen, hinaus gesteigert!

Zugegeben, bei den Geschenken handelte es sich um allerlei Schrott. Ich war dennoch stolz und überglücklich. Beladen mit bunten Luftballons, Comics und Spardosen in Form von roten Keramikschweinen der Sparkasse oder quietschgrünen Elefanten der Dresdner Bank kam ich von meinem Beutezug zurück. Den restlichen Nachmittag saß ich überglücklich auf meinem Bett, umgeben von Luftballons, und las beseelt meine Sparbücher durch. Ich war fasziniert. Mein Vermögen hatte sich seit dem vergangenen Weltspartag in bemerkenswerter Weise vermehrt. Nicht nur um meine Ersparnisse, auch um den Zins und Zinseszins. Denn auf die Zinsen aus dem Vorjahr gab es abermals Zinsen, und auf die Zinsen aus dem Vorvorjahr kassierte ich bereits zum dritten Mal ab. Und damals gab es sogar noch weit mehr als drei Prozent! Ohne irgendetwas zu tun, wurde ich immer reicher. So einfach ist das mit dem Geldverdienen, dachte ich mir. Dass mein Geschäftsmodell Jahrzehnte später mit der Nullzinspolitik der Europäischen Zentralbank ein jähes Ende finden würde, ahnte weder ich noch irgendjemand sonst.

Deutlich nützlicher für mein späteres Investorenleben waren daher die nächtelangen Monopoly-Spiele mit meiner Cousine in den Sommerferien. Tagsüber kauften wir Grundstücke, Häuser und Hotels, kassierten Mieten und investierten diese in weitere Häuser und Hotels. Ich hatte die Grundprinzipien des Geldverdienens schnell verinnerlicht: Investieren und die Einnahmen wieder investieren. Spielerisch war ich in kürzester Zeit zu einem Vermögen gekommen. Nachdem wir abends ins Bett gegangen waren und das Licht hatten ausmachen müssen, holten wir das Spiel heimlich wieder unter unseren Betten hervor. Im Taschenlampenlicht spielten wir weiter, bis die Bank pleite war. Wir fingen an, Geldscheine zu kopieren. Unsere Gier war grenzenlos, und wir malten noch eine Null hintendran, aus 100 Mark wurden so 1000 Mark, aus 1000 Mark wurden 10 000 Mark. Die Schlossallee kostete nicht mehr 8000*, sondern 80 000 Mark. Bald schon sollte sie acht Millionen kosten, unsere Schöpfungskraft kannte keine Grenzen, wenn es ums Geld ging.

«Ist ja wie in der Weimarer Republik», sagte unser Großvater und zauberte einen Eine-Million-Mark-Schein aus einer Schatulle, die auf wundersame Weise den Krieg überstanden hatte. «Wenn die Notenbank Geld druckt, steigen die Preise. Das nennt man Inflation», erklärte er mit Grabesstimme. Inflation war offenbar schlecht. Wir stampften unser Geld wieder ein, die Preise fielen. Es war der erste Crash, den ich erlebte. Ich habe Jahrzehnte gebraucht, um den Schwindel hinter der Hyper-

---

* In der DM-Version kostete die Schlossallee noch 8000 Mark, heute kostet sie nur noch 400 Euro. Schade. Mit mehr Nullen war das Spiel lustiger.

inflation zu entlarven: Die Notenpresse allein macht noch keine Inflation.

Unsere Kinder haben ein deutlich unbefangeneres Verhältnis zur Inflation als in Deutschland üblich. Vor allem Paul. Vor einigen Monaten hatte ich mir im Sinne der finanziellen Bildung meiner Kinder überlegt, sie sollten nicht nur sparen, sondern auch Geld verdienen lernen. Mit allerhand Nebenjobs im Haushalt bessern sie seitdem ihr Taschengeld auf. Paul etwa räumt gewissenhaft den Geschirrspüler ein und aus. Allerdings geht meine Rechnung nicht ganz auf. Statt zumindest einen Teil zu sparen und anzulegen, erfüllt sich Paul einen Wunsch nach dem nächsten. Täglich kommt er mit einer Gummibärchentüte nach Hause.

«Wie wäre es», versuchte ich einzugreifen, «wenn du mal ein bisschen mehr sparst?» – «Lohnt sich nicht», sagte Paul gelassen. «Meine fünf Euro sind heute sehr viel mehr wert als in 20 Jahren», erklärte er. «Wegen der Inflation, hat Papi gesagt.» Ich guckte mich entsetzt nach meinem Mann um. Wie sollte ich das wieder einfangen? Ein bisschen Sparen ist ja durchaus gut, schließlich braucht man Startkapital zum Investieren. «Außerdem verdiene ich später auch mehr», meinte Paul selbstbewusst. Sprachlos blickte ich ihm hinterher. Ich hatte seinen Argumenten wenig entgegenzusetzen, selbst wenn die Inflation derzeit sehr gering ist.

Neben meinen dilettantischen Erziehungsversuchen eignen sich auch meine Söhne ihr Basiswissen Geldanlage beim Monopoly-Spielen an. Paul hat die Grundprinzipien des Investierens offenbar mit der Muttermilch aufgesogen. Er konnte gerade einmal die Augen auf den Monopoly-Würfeln zusammenzählen, da saß er vor einem Haufen Papiergeld. Paul investierte gern all sein Geld in die Badstraße, die gleich hinter «Los» kommt. Schnell bebaute er sein Grundstück mit einem Hotel mit den

Worten «Kostet ja nix!». Sobald seine großen Brüder auf das Hotel kamen, brüllte er triumphierend: «Miete!» Die Miete investierte er in den Bau eines weiteren Hotels auf der benachbarten Turmstraße. Zum großen Ärger seiner Brüder, die auf Qualität setzten und der Schlossallee hinterherjagten, fuhr der kleine Bruder mit Schrottimmobilien sehr viel besser: Meist hat er seine großen Brüder in den Ruin getrieben, bevor diese überhaupt das erste Haus auf die Schlossallee stellen konnten.

Abendelang kann unsere Familie darüber diskutieren, welche Strategie die bessere ist: auf Schrottimmobilien setzen, die viel Cash bringen, oder in hohe Substanzwerte investieren, die wenig Cash bringen, aber an Wert gewinnen. Paul und ich setzen im Spiel auf Schrottstraßen. Im wirklichen Leben habe ich dagegen schnell festgestellt, dass meine Nerven für Schrottimmobilien, etwa die schlecht besuchte und in die Jahre gekommene Eckkneipe in Berlin-Marzahn, zu schwach sind. Da unser Eigenkapital für die wenig ertragreiche Luxusimmobilie am Kurfürstendamm aber nicht ausreicht, müssen wir uns irgendwo in der Mitte tummeln.

Wenn ich nicht aufpasse, werden meine Kinder später ihre Finanzen mit einem ähnlich kruden Wissensmix aus Monopoly-Spiel und Weltspartag in die Hand nehmen wie ich früher. Das will ich um jeden Preis verhindern. Kaum sind die Jungs ein bisschen älter, lasse ich deshalb keine Gelegenheit aus, ihnen die Grundprinzipien des Investierens und volkswirtschaftlichen Denkens näherzubringen. Immerhin haben wir mit Aktien und Börsen ein gemeinsames Gesprächsthema, das ist für eine Mutter mit heranwachsenden Jungs ja keine Selbstverständlichkeit.

«Wenn ihr eine Aktie kauft, gehört euch ein Teil des Unternehmens», erklärte ich bei nächster Gelegenheit am Abendtisch. «Wirklich? Dann gehört mir was von Apple?», fragte Hans mit leuchtenden Augen. «Ein Teil, ein sehr, sehr kleines Teilchen», entgegnete ich. «Apple gehört zu den teuersten Unternehmen der Welt», fuhr ich fort. «Als Anteilseigner oder Aktionär bist du an Apples Gewinn beteiligt, aber auch an seinem Verlust.» – «Wie das? Weil der Aktienkurs steigt?», fragte Hans weiter. «Nicht nur», sagte ich. «Das Unternehmen schüttet seinen Gewinn in Form einer Dividende an seine Aktionäre aus. Apple zahlt allerdings nur eine sehr kleine Dividende, weil sie kräftig investieren, um noch bessere iPhones herzustellen», fasste ich die Lage zusammen. «Andere Unternehmen wie die Allianz oder die Telekom schütten einen sehr viel höheren Anteil ihres Gewinns als Dividende aus.» – «Und mit was verdienen die ihr Geld?», wollte Hans wissen. «Na, die Telekom beispielsweise mit Telefonanschlüssen.» – «Telefonanschlüsse?», rief Franz fragend in die Runde. «Wer hat denn noch ein Telefon?»

«Sie haben auch Internet», sagte ich. «Wie dem auch sei: Wenn ein Unternehmen Gewinne macht oder stark wächst, wollen viele Investoren diese Aktie kaufen und folglich steigt der Aktienkurs», erklärte ich. «Der Aktienkurs entsteht nämlich aus Angebot und Nachfrage an der Börse: Wenn viele Menschen Apple-Aktien kaufen wollen, steigt der Kurs. Und umgekehrt fällt der Kurs, wenn zu viele Investoren ihre Aktien verkaufen wollen. So wie im März, als der Lockdown kam und alle Investoren ihre Aktien verscherbelten», beendete ich meine kleine Vorlesung.

«Können wir denn auch eine Aktie kaufen?», fragte Paul. Mein Herz hüpfte. Man kann nicht früh genug mit dem Vermögensaufbau anfangen! «Ich will auch eine Aktie!», rief Franz. «Ich auch!», «Ich auch!», meldeten sich die anderen beiden zu Wort. War ja wie beim Bonbonverteilen. «Am liebsten eine Tesla-Aktie», sagte Hans. Das gaben seine Ersparnisse leider nicht her. Wir überlegten hin und her. Ich versuchte, ihnen Volkswagen anzudrehen, die meiner Einschätzung nach unter den deutschen Autoherstellern am besten in Sachen Elektromobilität aufgestellt sind. «Tesla ist viel cooler», winkten die Jungs ab. Essen, alle Menschen müssen essen, überlegten wir gemeinsam. Ich hätte jetzt vielleicht an Nestlé, Unilever oder Danone gedacht, aber für unsere Jungs ist Essen etwas, das an die Haustür geliefert wird, und nichts, was man im Supermarkt kauft. «Was ist mit Hellofresh? Haben die Aktien?», fragten die Jungs mit Blick auf die Kochbox auf unserem Küchentisch. «Oder McDonald's?», warf ich ein. Die Aktie ist weniger schwankungsanfällig als Hellofresh und unter konservativen Anlegern sehr beliebt. «McDonald's? Igitt!», riefen sie. Bis auf Franz sind alle Vegetarier. Vielleicht sollten sie in Beyond Meat investieren, jene kalifornische Firma, die veganen Fleischersatz herstellt. Allerdings möchte ich ihnen nicht raten, ihr Taschengeld in eine so risikoreiche Aktie zu investieren. Es geht schließlich um einen großen Teil ihrer Ersparnisse.

«Wie wäre es mit Disney?», überlegte ich weiter. Seit kurzem haben wir ein Disney-Plus-Abo, seitdem fällt die Wahl des Freitagabendfilms sehr viel leichter. Während unser Gespräch weiterkreiste, fiel es mir wie Schuppen von den Augen: An der Börse wird die Zukunft gehandelt! Und wer versteht mehr von der Zukunft als unsere Kinder? Wenn kleine Jungs und auch Teenager nicht mehr von einem Mercedes oder Porsche träumen, sondern von einem Tesla und sie auch keine Hamburger, sondern vegetarische Burger essen wollen, dann sieht so vermutlich die Zukunft aus. Vielleicht sollten meine Jungs künftig meine Aktien auswählen ...

Am Ende des Abends kauften die Jungs je eine Hellofresh-Aktie und auf mein Anraten hin eine Aktie des chinesischen Essenslieferanten Meituan. Die Aktien von Disney, Tesla und Amazon waren mit Blick auf ihre Ersparnisse zu teuer. «Zu

Weihnachten wünsche ich mir eine Tesla-Aktie», sagte Hans. «Und ich wünsche mir Amazon», verkündete Franz. «Wünschen kann man sich vieles», sagte ich trocken. Der Amazon-Kurs lag weit über 2000 Euro.

Zu ihrer großen Enttäuschung dürfen die Kinder kein eigenes Depot besitzen. Daher richtete ich für jeden ein Online-Musterdepot ein, je mit einer Hellofresh- und einer Meituan-Aktie. Die eigentlichen Aktien liegen in meinem Depot. Anfangs wollten die Jungs einmal täglich wissen, wie es um ihr Vermögen steht. Es lief gut für sie. Nach einigen Wochen nahm das Interesse jedoch spürbar ab, sie fragten nur noch gelegentlich nach. Auch das könnten viele Anleger von den Jungs lernen. Statt täglich ins Depot zu gucken und bei jedem noch so kleinen Kursrutsch nervös zu werden, reicht es, alle paar Wochen nachzusehen.

Vielleicht schauen die Jungs erst in zehn Jahren wieder in ihr Depot. Bis dahin werden sich Hellofresh und Meituan vervielfacht haben. Hätten mir meine Eltern beim Börsengang 1997 Amazon-Aktien im Wert von 1000 Dollar geschenkt, wäre ich 20 Jahre später Millionärin gewesen. Selbst wenn Hellofresh und Meituan den Amazon-Aufstieg nicht wiederholen, meine Jungs haben trotzdem sicherlich mehr gelernt als auf dem Weltspartag.

Mehr darüber, wie Sie sparen und richtig investieren: Seite 183
Ein paar volkswirtschaftliche Grundprinzipien: Seite 196

3

WENIG RENDITE, WENIG SORGEN, VIEL RENDITE, VIELE SORGEN

– oder:

WAS SIE ÜBER STAATSANLEIHEN WISSEN SOLLTEN

1987. Meine Mutter und ich lebten im Zonenrandgebiet, in Wolfsburg. Volkswagen war ein durch und durch deutscher Autohersteller, kein globaler Konzern, der junge, gut ausgebildete Menschen aus aller Welt anzog. Der Kratzer auf dem Jahreswagen war der größte Aufreger im Leben vieler Wolfsburger. Entsprechend dröge war mein Leben als Teenager in der regnerischen westdeutschen Provinz. Mein einziger Lichtblick war meine näher rückende Konfirmation. Ich versprach mir so einiges davon. Weniger in spiritueller als in finanzieller Hinsicht.

Üblicherweise brachten am Tag vor der Konfirmation Freunde, Bekannte und Nachbarn Geschenke für die Konfirmanden vorbei. Meist handelte es sich dabei um Geldgeschenke. Die freundlichen Überbringer bekamen im Gegenzug Butterkuchen, den Kindern wurden Süßigkeiten zugesteckt. Jahrelang zog ich von Tür zu Tür, in diesem Jahr war ich endlich auf der anderen Seite. Ich machte mir große Hoffnungen. In meiner Schulklasse kursierten Gerüchte über schier unvorstellbare Summen, die bei älteren Geschwistern zusammengekommen waren. Ich war sehr aufgeregt. Freudig und eifrig verteilte ich Butterkuchen und Süßigkeiten und beobachtete mit großer Zufriedenheit, wie sich die Briefumschläge auf dem Tischchen neben mir stapelten.

Am Sonntagmorgen spazierte unsere Familie in die Kirche. Kaum dass ich Gottes Segen erhalten hatte und wir wieder zu Hause waren, riss ich ungeduldig die angesammelten Umschläge auf. Ich konnte mein Glück kaum fassen – rund 2000 Mark waren zusammengekommen. Das war das 100-Fache meines monatlichen Taschengeldes! Oder anders ausgedrückt: Ich hatte an nur einem Tag acht Jahresgehälter auf die Hand bekommen.

Schnell wich mein Glück jedoch der Überforderung. Was sollte ich mit all dem Geld machen? Die langersehnte Stereoanlage hatte mir die erweiterte Familie bereits zur Konfirmation geschenkt. Den Rat der betagten Tanten, mit dem Geld doch Silber «für später» zu kaufen, schlug ich in den Wind. Wohin mit all dem Geld? Selbst wenn ich mir jeden Tag ein Spaghetti-Eis, mein kindlicher Inbegriff von Luxus, gegönnt hätte, so schnell würde ich das Geld nicht loswerden.

«Kauf doch Bundesschatzbriefe», sagte meine Mutter beiläufig, während sie die Suppenteller vom Mittagstisch abräumte. Solange ich mich erinnern konnte, hatte meine Mutter immer wieder kleinere, manchmal auch größere Summen von ihrem Einkommen abgezweigt. «Geld, das übrig war», wie sie es nannte. Dieses übrige Geld hatte sie dann in irgendwelche Schatzbriefe oder Lebensversicherungen gesteckt, wo sich das Geld auf wundersame Weise vermehrte. «Ohne dass man sich groß kümmern muss», wie sie stets betonte. Den Tag der Ausschüttung bemerkte ich meist an unserem Porzellanschrank: Meine Mutter hatte sich von dem vermehrten übrigen Geld, für das sie nichts tun musste, neues Porzellan gekauft. «Das hätte ich mir sonst nicht gegönnt», erklärte sie mit unschuldigem Blick. Das war so etwas von geflunkert, meine Mutter wusste ihr Leben durchaus zu genießen. Aber gut. Ihre sorgsame Trennung im Kopf zwischen «Geld, das für uns arbeitet» und «Geld, das wir übrig haben» habe ich dennoch verinnerlicht. Auch heute ertappe ich mich dabei, wie ich mich unbewusst besser dabei fühle, Geld für eine Investition auszugeben als für Konsum. Zurück zu meinem Konfirmationsvermögen. Ich ging also zu meiner Hausbank, fragte, wie man Bundesschatzbriefe kaufen könne und worauf es ankäme. Die rundliche Frau hinter dem Schalter war recht erstaunt. Es kam wohl nicht alle Tage vor, dass eine 13-Jährige Bundesschatzbriefe kaufen wollte. Dabei war es eine meiner besten Anlagen.

Die Bundesrepublik Deutschland gab damals diese Art von Anleihen aus. Anders als bei Aktien weiß man bei Anleihen, wie hoch die Rendite während der Laufzeit ist und welchen Betrag man nach Ablauf erhält. Man spricht daher auch von festverzinslichen Wertpapieren. Wer sein Geld anlegen will, kommt an Staats- und Unternehmensanleihen nicht vorbei. Sie sollen dazu dienen, das Portfolio abzusichern und den Wert zu erhalten. Allerdings ist das heute sehr viel schwieriger als vor der Finanzkrise 2008.

Zurück zu meinen Bundesschatzbriefen: Mit diesen finanzierte die Regierung in Bonn einerseits ihr Haushaltsloch und wollte andererseits – so kann man es auch heute noch im Prospekt lesen – die Vermögensbildung von Kleinsparern fördern. Das klang verlockend, auch wenn ich mich mit 2000 Mark keineswegs als Kleinsparerin sah, eher als Großinvestorin. Mein Bundesschatzbrief hatte eine Laufzeit von sieben Jahren, jedes Jahr stieg der Zins, ein sogenannter Stufenzins. Im ersten Jahr lag er noch bei vier Prozent, im zweiten Jahr bereits bei 5,5 Prozent, im letzten Jahr kletterte er sogar auf sagenhafte acht Prozent. Ich konnte mir aussuchen, ob ich die Zinsen jedes Jahr haben wollte oder am Ende der Laufzeit. Getreu dem Motto «Mehr ist besser» entschied ich mich für die zweite Variante. Denn so wurden die Zinsen jedes Jahr wieder aufs Neue verzinst, der Zinseszinseffekt. Sieben Jahre lang würde ich durchschnittlich eine Rendite von 6,5 Prozent erzielen, ohne mich groß kümmern zu müssen. Ich war begeistert!

Als Anlegerin – oder als Investorin, wie ich mich begriff – hatte ich mein eigenes Konto bei der Bundesrepublik, sozusagen beim Finanzminister persönlich. Das kleine Sparbüchlein nahm ich mit entsprechender Ehrfurcht entgegen. Jedes Jahr im Dezember wurden dort meine Zinsen verbucht. Dass die Bundesschatzbriefe, anders als Bundesanleihen, nicht an der Börse gehandelt wurden, hatte einen großen Vorteil: Es gab keinerlei Kursrisiko. Ein Schatzbrief über 100 Mark würde immer 100 Mark wert sein, egal ob sich die Finanzmärkte gerade im Höhenflug oder auf Talfahrt befanden.

Zudem musste ich mir wenig Sorgen machen, dass die Bundesrepublik ihre Schulden nicht begleichen würde. Die europäische Schuldenkrise war noch weit, weit weg. Mexiko hatte zwar wenige Jahre zuvor Staatsbankrott erklärt, aber das war eben Lateinamerika. In Europa war so etwas unvorstellbar, in Deutschland erst recht. Die Deutsche Mark war die Errungenschaft der Nachkriegszeit, daran würde keiner rütteln. Mein Bundesschatzbrief war also eine todsichere Anlage, die zudem eine hohe Rendite abwarf. Etwas, was es laut Lehrbuch eigentlich nicht gibt: Hohe Renditen sind immer mit höheren Risiken verbunden.

Einen Haken hatte mein Schatzbrief jedoch: Das Geld war erst einmal weg, weggesperrt sozusagen, sieben Jahre lang. Denn man konnte den Brief nicht so einfach zurückgeben, frühestens nach einem Jahr und dann auch nur tranchenweise. Das stellte ein paar Jahre später ein größeres Problem für mich dar. Ich wollte in den Sommerferien mit einem Interrail-Ticket durch Europa reisen. Zwar reichten meine übrigen Ersparnisse für das Zugticket, darüber hinaus war aber nicht mehr viel auf dem Konto. Und an das Geld, das ich in Bundesschatzbriefe investiert hatte, kam ich nicht. «Dann gib halt mehr Nachhilfestunden!», sagte meine Mutter ungerührt. Also gab ich Nachhilfe in meinen besten Fächern Deutsch, Englisch und Biologie, wobei die Nachfrage und folglich die Bezahlung längst nicht so gut waren wie in den Fächern Latein und Physik. Aber es reichte. Meine Interrail-Reise musste ich deutlich sparsamer als meine Schulfreundinnen gestalten, die die Überbleibsel ihres Konfirmationsgeldes auf den Kopf hauten. Weniger abenteuerlich war sie deswegen nicht.

Sieben Jahre waren schließlich vergangen. Ich hatte mein Abi in der Tasche und meinen Bundesschatzbrief. Mit diesem in der Hand ging ich zu meiner Bank. Die Bundesrepublik löste ihr Versprechen ein und ich hielt rund 3100 Mark in Händen. Mein «übriges Geld» hatte sich auf wundersame Weise vermehrt! Mit dem Geld ging ich ein paar Häuser weiter ins nächste Reisebüro, kaufte ein Flugticket nach Australien, mit Stopover in Bangkok, und war die nächsten Wochen erst einmal weg.

In den kommenden Jahren investierte ich immer wieder in Staatsanleihen. Kursschwankungen konnte ich aussitzen, am Ende der Laufzeit bekam ich den im Vorfeld festgelegten Betrag ausgezahlt. Die Zinsen waren zwar nicht mehr so üppig wie während des Wiedervereinigungsbooms, aber dafür musste ich mich um nichts kümmern. Doch dann kam die Finanzkrise 2008. Die Notenbanken lockerten die Zinsen, um die wirtschaftlichen Folgen der Krise abzufedern. Ich tat mich schwer, die neue Realität zu akzeptieren: Jedes Mal, wenn ich eine Rendite fand, mit der ich an meinen jugendlichen Erfolg anknüpfen konnte, war das Risiko ungleich höher. Dabei handelte es sich in der Regel um klamme Unternehmen oder Staaten. Wie ich es auch drehte und wendete, die Zeiten sicherer Anlagen mit guter Verzinsung schienen ein für alle Mal vorbei.

Doch dann stieß ich auf die Griechen: Mehr als 20 Jahre nach meinem ersten Bundesschatzbriefinvestment versprachen griechische Anleihen zu dieser Zeit eine attraktive, zweistellige Rendite. Beflügelt von meinen positiven Jugenderfahrungen kaufte ich griechische Staatsanleihen. Diese warfen eine höhere Rendite ab als Bundesanleihen, trotzdem hatte ich kein Währungsrisiko, da die Griechen ebenfalls in Euro rechneten und bezahlten.

Meine Investition beruhte jedoch auf einem großen Schwindel. Griechenland wollte Anfang der 2000er Jahre in die Eurozone, die Gemeinschaftswährung sollte die griechische Drachme ablösen. Nun kommt ein Land nicht einfach so in den Euro-Club. Es muss bestimmte Kriterien erfüllen, um aufgenommen zu werden. So darf beispielsweise die Staatsverschuldung gemessen am Bruttoinlandsprodukt, die sogenannte Schuldenquote, einen bestimmten Prozentsatz nicht übersteigen. Griechenland erfüllte diese Vorgaben damals mehr schlecht als recht. Letztendlich schummelte es sich durch, so wie in der Schule. Oder wie zuletzt das deutsche Finanzunternehmen Wirecard, das seine Anleger jahrelang an der Nase herumgeführt hat. Passiert offenbar immer wieder.

Griechenland flog 2010 mit dem Schwindel auf. Heldenhafterweise gab die neu gewählte Regierung in Athen zu, dass die Staatsschulden tatsächlich sehr viel höher waren, als es in den Büchern stand. Man könne die Budgetvorgaben der Europäischen Union vorn und hinten nicht erfüllen. Daraufhin gingen in Brüssel die Alarmglocken an. Das ganze Euro-Projekt war in Gefahr, sollte ein Mitglied tatsächlich nicht mehr in der Lage sein, seine Schulden zurückzuzahlen. Das war meine Wette: Das Euro-Projekt will keiner scheitern sehen. Die Griechen würden gerettet werden, koste es, was es wolle.

Wenn es um Schuldenkrisen ging, kannte ich mich aus. Ich

hatte meine Doktorarbeit darüber geschrieben. Nur kamen Finanzkrisen damals vorzugsweise in Lateinamerika und Asien vor nicht im mustergültigen Europa. Aber im Prinzip weiß ich bei Schuldenkrisen, wovon ich spreche. Es gibt Umstände, unter denen ein Land seine Schulden nicht mehr zurückzahlen kann. In solchen Fällen rät der Internationale Währungsfonds (IWF), und nicht nur der, einen Schuldenschnitt zu machen: Von heute auf morgen wird dem Schuldner beispielsweise die Hälfte seiner Schulden erlassen. Nur so hat das Land Spielraum für einen Neustart. Dummerweise werden bei einem solchen Schuldenschnitt die Gläubiger verprellt. Das führt in aller Regel zu Turbulenzen an den Finanzmärkten, weswegen alle Beteiligten mit diesem Schritt zögern. In der Theorie aber ist es besser, die Schulden früher als später zu streichen. Das war auch die Erkenntnis meiner Doktorarbeit.

Unsere Kanzlerin, Angela Merkel, sah das allerdings gänzlich anders als ich. Und nicht nur Frau Merkel, ganz Europa. Länder wie Argentinien und Mexiko zahlten ihre Schulden vielleicht nicht zurück. Aber doch nicht ein Euro-Mitglied! Seit Ende des Zweiten Weltkrieges hatten die Europäer ihre Schulden gezahlt. Daran sollte sich auch jetzt nichts ändern. Griechenland sollte seine Rechnungen begleichen, koste es, was es wolle. Alles andere wäre einer Bankrotterklärung der europäischen Währungspolitik gleichgekommen.

Neben dem drohenden Gesichtsverlust hatten die Regierungschefs in Berlin, Brüssel und Paris Sorge vor dem sogenannten Dominoeffekt: Länder wie Spanien oder Portugal, um deren Schulden es ähnlich schlecht stand, würden im Falle einer griechischen Staatspleite von den Finanzmärkten gleichermaßen abgestraft werden. Den Dominoeffekt wollten die Euro-Länder um jeden Preis vermeiden. Griechenland sollte seine Schulden bitte begleichen.

Na gut, wenn die meinen, dachte ich. Ich bin zwar als Volkswirtin grundsätzlich anderer Meinung, aber bitte. Nur dann möchte ich wenigstens meinen persönlichen Nutzen aus dieser Misere ziehen, sagte ich mir. Und kaufte einige griechische Staatsanleihen.

Diese wurden im Sommer 2011 zu 70 Prozent ihres eigentlichen Ausgabepreises gehandelt. Das heißt, eine Anleihe mit einem sogenannten Nennwert von 100 Euro konnte ich für 70 Euro an der Frankfurter Börse kaufen. Im nächsten Frühjahr würden die Griechen ihre Schulden in voller Höhe, sprich 100 Euro, zurückzahlen. Obendrauf gab es noch Zinsen. Das war ja wie Geld drucken, jubilierte ich innerlich. Ich rief bei meiner Bank an und orderte einige griechische Staatsanleihen. «Sie wissen schon», fragte mein Berater mit ernster Stimme, «dass das hochriskant ist?»

Natürlich wusste ich als Volkswirtin, dass die Anleihe so billig war, weil sie keiner haben wollte. Vermutlich wollte sie keiner haben, weil der Markt mit einer griechischen Pleite rechnete. Aber das würde ja nicht passieren! Frau Merkel und ihre Kollegen schienen fest entschlossen, Griechenland, vor allem den Euro, um jeden Preis zu retten. «Natürlich weiß ich das», winkte ich gegenüber meinem Berater ab. Ich war mir meiner Sache sehr, sehr sicher.

Unterstützung für meine These bekam ich von niemand Geringerem als von unserem damaligen Finanzminister Wolfgang Schäuble persönlich. Dieser war gerade auf dem Rückweg aus Tokio, wo man auf der IWF-Jahrestagung heftig über das Schicksal Griechenlands diskutiert hatte. Bei einem Stopp in Singapur fragten Journalisten, wie es denn nun darum stehe. Schäuble antwortete im besten Denglisch: «I think, there will no, it will not happen that there will be a Staatsbankrott in Greece!» Na bitte, da haben wir's doch, sagte ich mir.

Trotz der guten Nachrichten blieb der Kurs meiner Anleihen im Keller. Das hätte mich skeptisch machen sollen. Doch wer, wenn nicht unser Finanzminister, sollte wissen, wie es um Griechenland steht? Ich orderte einige griechische Anleihen nach, die im Frühjahr des folgenden Jahres fällig waren. «So lange werden die Griechen ja noch durchhalten», sagte auch mein Kollege Oliver. Auch er hatte griechische Anleihen gekauft. Wir waren uns einig, die Politik würde einen griechischen Staatsbankrott nicht zulassen.

In den folgenden Monaten drehte sich der Wind, aber ich rückte nicht von meiner These ab. Das griechische Volk hatte es nach unzähligen Sparrunden satt, weitere Lohn- und Rentenkürzungen sowie Entlassungen hinzunehmen. Athen wollte einen Schuldenschnitt, der seiner Wirtschaft Luft verschaffen würde. Die Geberländer, auch Deutschland, wiederum waren es müde, Rettungspaket um Rettungspaket zu verabschieden, ohne dass sich die Lage in Griechenland gravierend änderte. Zeitgleich zu diesem Stimmungswandel hatte man in Brüssel hart daran gearbeitet, ein System zu errichten, das einen Staatsbankrott möglich machte. Die Eurozone stellte finanzielle Mittel und Garantien in bis dahin nicht gekannter Höhe bereit, um eine Ansteckung anderer Länder abzufedern. Der so gefürchtete Dominoeffekt war gebannt. Nur hatte ich die Tragweite dieses monatelangen Reformprozesses nicht erkannt.

Anfang 2012 kam der freiwillige Schuldenschnitt ins Spiel. Geschäftsbanken wie beispielsweise die Deutsche Bank und Versicherungen sollten auf die Schuldenrückzahlung verzichten. Spätestens hier hätte ich hellhörig werden müssen. Ich aber vertraute immer noch auf das Wort unseres Finanzministers. Ich hielt es für ausgeschlossen, dass ich als Privatanlegerin auf meine Zahlung verzichten müsste, und hielt an meinen Anleihen fest.

So kann man sich täuschen. Banken und Versicherungen hatten dem freiwilligen Schuldenschnitt zugestimmt. Das reichte der griechischen Regierung aber nicht. Über Nacht änderten sie per Gesetz die Anleihebedingungen und schwups mussten auch die übrigen Anleger, meist Privatanleger wie ich, umschulden.

Ich war sprachlos: Ich hatte einen Vertrag mit dem griechischen Staat abgeschlossen, und diese Halunken änderten diesen rückwirkend? Wozu haben wir denn einen Vertrag, wenn der nichts zählt, empörte ich mich.

Ich wollte meine Anleihen schnellstmöglich verkaufen. In dem Moment, in dem die griechische Regierung beschlossen hatte, ihre Schulden nur zur Hälfte zurückzuzahlen, waren meine Anleihen auch nur noch die Hälfte wert. Von jetzt auf gleich bekam ich nur noch rund 30 Euro pro Papier. Der Markt funktioniert dann eben doch.

Ich saß also auf meinen Anleihen und hörte, wie der griechische Finanzminister den Gläubigern dankte, «die unser ehrgeiziges Reform- und Anpassungsprogramm unterstützt und sich an den Opfern des griechischen Volks bei diesem historischen Unterfangen beteiligt haben». Also wirklich, schnaubte ich vor Wut. Während ein Schuldenschnitt theoretisch eine gute Sache ist, hatte ich konkret ein Problem damit, dass sich mein Einsatz gerade halbiert hatte. Ich war sehr sauer auf den griechischen Minister – und auch auf Herrn Schäuble, der mich in die Irre geführt hatte.

In den nächsten Wochen ging es in meinem Depot drunter und drüber. Meine Griechenland-Anleihe wurde in rund 30 neue Wertpapiere zerlegt. Mit deutlich schlechteren Bedingungen. Seine letzten Schulden würde Griechenland erst im Jahr 2042 zurückzahlen. Gekauft hatte ich die Staatsanleihen unter der Annahme, ich bekäme mein Geld im Frühling 2012 wieder. Dumm gelaufen.

Seitdem bekomme ich jedes Jahr im Februar ein kleines Päckchen aus Athen zugeschickt. Darin steckt die Zinsabrechnung für meine rund 30 unterschiedlichen Anleihen. Lange Zeit war allein das Porto mehr wert als meine Zinsen. Die ersten Jahre habe ich diesen Brief nur unter Schmerzen öffnen können. Heute sind die Verluste wieder ausgeglichen. Die griechische Wirtschaft läuft dank Schuldenschnitt wieder und damit auch meine Anleihen.

Wenn ich damals richtig clever gewesen wäre, hätte ich am Tag des griechischen Bankrotts meine Position aufgestockt. Dann hätte sich mein Kapital bis heute verdoppelt. Damals aber habe ich einen Fehler gemacht, den viele unerfahrene Anleger machen: Ich habe mich enttäuscht zurückgezogen, statt neue Möglichkeiten auszuloten. Und noch etwas habe ich aus dieser Episode gelernt: Ich bin nicht schlauer als der Markt.

Meinen Bundesschatzbriefen traure ich heute noch nach. Eine Anlage, die so sicher ist und dabei noch so hohe Zinsen bringt wie meine Papiere seinerzeit, gibt es heute einfach nicht mehr. Heute kann man entweder auf Sicherheit setzen und Anleihen kaufen, die kaum Zinsen abwerfen. Oder man setzt auf Rendite und kauft Aktien, hat dann aber keine Sicherheit. Sicherheit und eine gute Rendite gibt es nicht mehr.

Mehr über festverzinsliche Anlagen: Seite 203
Mehr über Staatsschulden und warum sie auch gut sind: Seite 200

4

EINE IMMOBILIE FÜRS LEBEN
- oder:
WAS SIE ÜBER ANLAGEOBJEKTE
WISSEN SOLLTEN

«Heute haben wir die Firma verkauft», sagte meine Mutter, schmiss ihren Aktenkoffer auf den Marmortisch und ließ sich erleichtert in den Sessel fallen. Die Firma. Einst eine Erfolgsgeschichte der Nachkriegszeit, war die Firma in den vergangenen Jahren immer mehr zur Belastung für die Familie geworden. Meine Mutter war eine sehr gewissenhafte Vermögensverwalterin, die Betonung liegt dabei auf Verwalterin. Eine Unternehmerin, wie einst mein Vater, der mit Ideen oder gar Visionen die Dinge vorantrieb und bewusste Risiken einging, war sie nicht.

Zudem war das Umfeld deutlich härter geworden: Die Zeiten, in denen die Herren in ihren Dreireihern Zigaretten qualmten, bis der Konferenzraum vernebelt war und die Cognacflaschen ganz selbstverständlich auf dem Tisch standen, waren längst vorbei. «Rauchen gefährdet Ihre Gesundheit», stand heutzutage auf den Zigarettenschachteln, und Cognac gab es höchstens noch auf Familienfeiern mit den Großeltern. Das Geschäftsmodell meines Vaters, die Bevölkerung mit Genuss- und Rauschmitteln zu versorgen, hatte sich überholt. Man hätte die Firma neu erfinden müssen – oder verkaufen.

Die Zeiten waren sehr gut, um zu verkaufen. Die Mauer war gerade gefallen. Es herrschte Aufbruchstimmung, viele westdeutsche Unternehmen wollten in den Osten expandieren. Ausnahmsweise war die Lage am Zonenrandgebiet ein Wettbewerbsvorteil. Die Firma war ein begehrter Übernahmekandidat. Meine Mutter hatte die Gunst der Stunde erkannt. Jetzt war die Firma verkauft, wenn auch längst nicht für den Wert, den sie in ihren besten Jahren gehabt hatte. Ich war 16 Jahre alt und mehr als erleichtert. Denn ich sah meine Zukunft keineswegs in Wolfsburg als Geschäftsführerin eines mittelständischen Unternehmens. Ich wollte hinaus in die Welt! Der Verkauf war ein Befreiungsschlag.

Meine Mutter hingegen stand nun vor einem ähnlichen Problem wie ich am Tag nach meiner Konfirmation. Sie musste plötzlich sehr viel Geld investieren, was mit einer neuen Verantwortung einherging. Erschwerend kam hinzu, dass sie nach dem Verkauf einige Problemimmobilien im Portfolio hatte. Der Käufer hatte zwar das Geschäft gekauft, nicht aber die dazugehörigen Immobilien. Der Bedarf an Getränkeabfüllanlagen und Lagerflächen mit Blick aufs Wasser war gleich null.

Meine Mutter hätte das Geld allzu gern in Bundesschatzbriefen angelegt, da muss man sich nicht kümmern. Glücklicherweise verhinderte dies mein findiger Stiefvater, selbst Unternehmer. Denn so sinnvoll Anleihen zur Absicherung sind, ein Vermögen baut man damit nicht auf. In weiser Voraussicht zettelte er ein generationenübergreifendes Projekt an, wovon unsere Kinder noch heute profitieren: Aus den alten Büro- und Lagerflächen entwickelte er eine kleine Siedlung mit Reihenhäusern und Wohnungen mit Blick aufs Wasser.

«Um Himmels willen!», rief meine Mutter und schlug die Hände über dem Kopf zusammen, als mein Stiefvater sie mit seinen Plänen konfrontierte. Wer schon einmal ein Haus gebaut hat, weiß, wie viele graue Haare einem dabei wachsen können. Und jetzt sollte meine Mutter nicht nur ein Haus, sondern Dutzende bauen. Sie war wenig begeistert. Meine Begeisterung hielt sich ebenfalls in Grenzen. Gerade noch war ich meinem Schicksal als Unternehmerin in der Provinz entgangen, nun hatte ich bald eine Reihe Häuser in der Provinz an den Hacken.

Rückblickend hat mir mein Stiefvater meine vielleicht wichtigste Lektion in Sachen Vermögensaufbau erteilt: nämlich wie man ein Vermögen aufbaut, indem man sich verschuldet. Ein großer Teil des Projekts war kreditfinanziert. Zum Teil sicherlich, weil das Geld des Verkaufs nicht reichte, zum Teil aber auch, weil «man das so macht», wie mein Stiefvater erklärte.

Dass «man Schulden macht», war mir neu. Das passte nicht zur sparsamen Erziehung meiner Mutter, die mir stets eingeschärft hatte, nicht mehr auszugeben, als ich verdiente. Wenn es um Konsum geht, hatte sie recht: Denn wenn ich beispielsweise einen Kredit für mein Auto aufnehme, ist der Kredit vielleicht noch nicht einmal abbezahlt, da habe ich das Auto bereits zu Schrott gefahren. Das Auto ist nichts mehr wert, ich sitze auf einem Haufen Schulden. Genauso gut hätte ich Geld verbrennen können.

Bei einem Immobilienkredit verbrenne ich hingegen kein Geld, sondern baue einen Wert beziehungsweise ein Vermögen auf. Ich kaufe, in meinem Fall: baue eine Immobilie, die ich vermiete. Jeden Monat gehen die Mieteinnahmen ein, mit denen ich meinen Kredit abzahle. Die Mieter bezahlen meine Immobilie mit ihrem Geld, mein Vermögen wächst. Ganz anders als bei einem Auto, das jeden Tag an Wert verliert.

«Wir nehmen einen Kredit auf, den wir bis 2023 zurückzahlen», sagte mein Stiefvater, überzeugt von seinem Vorhaben. Wir? Mein Stiefvater war offenbar äußerst optimistisch, was seine Lebenserwartung anging. Genau genommen nahm ich die Schulden auf. Mir war das nicht geheuer. Alles, was ich verstand, war, dass ich bis kurz vor meinem 50. Geburtstag in ernst zu nehmender Höhe verschuldet sein würde. Großartig. Ich war noch nicht einmal von zu Hause ausgezogen und schon bis auf alle Ewigkeit an meine neuen Häuser gefesselt. Ich lebte in dem Glauben, alle Schulden seien schlecht. Entsprechend übellaunig schlug ich beim Richtfest den Nagel in den Dachstuhlbalken. Gefühlt nagelte ich gerade meine Zukunft fest.

Ganz so schlimm kam es glücklicherweise nicht. In den ersten Jahren verwaltete meine Mutter die Häuser und Wohnungen gewissenhaft und mit Herz. Ohne allzu große Anstrengung gedieh unser Vermögen, denn gerade in den ersten zehn Jahren macht eine Immobilie wenig Ärger, größere Reparaturen gibt es eigentlich nicht. Nach zehn Jahren war es Zeit, meinen Kredit umzuschulden. Leider haben mein Stiefvater und meine Mutter diesen Tag schon nicht mehr erlebt. Mir war etwas mulmig zumute, als ich von Bank zu Bank ging und fragte, ob man mir vielleicht einmal eine Million leihen könnte. Die Bankberater waren ähnlich verdutzt wie damals die Bankangestellte, die mir die Bundesschatzbriefe verkauft hatte. Es kam offenbar nicht allzu oft vor, dass eine Studentin einen Millionenkredit brauchte.

Zu meiner großen Freude waren die Zinsen deutlich gesunken. Das war nicht weiter verwunderlich, denn Anfang der neunziger Jahre, im Wiedervereinigungsboom, hatten sich die Zinsen auf einem Rekordhoch befunden. Statt zwölf Prozent zahlte ich jetzt nur noch fünf Prozent. So blieb am Monatsende deutlich mehr Geld übrig. Geld zum Investieren oder zur Schuldentilgung.

Gleichzeitig zahlten meine Mieter Monat um Monat meine Schulden ab. Mein Schuldenberg wurde kleiner, mein Eigenkapital stieg. Zudem gewannen meine Häuser mit der Zeit an Wert, mein Vermögen wurde größer. Ich war begeistert.

Als ich zehn Jahre später den Kredit erneut umschulden musste, hatten sich die Zinsen abermals halbiert. Das kam mir sehr zupass: Denn nach 20 Jahren fallen die ersten größeren Reparaturen an, ich musste die Fassade ausbessern, die Holzfenster austauschen lassen und einiges mehr. Da ist ein Puffer auf dem Konto sehr hilfreich.

Mein 50. Geburtstag rückt langsam näher und damit auch meine einst so ersehnte Schuldenfreiheit. Allein, mittlerweile kann ich sehr gut mit Schulden leben, solange ich damit investiere. So gut sogar, dass ich neue Schulden gemacht habe. Ich habe ein weiteres Bauprojekt angezettelt, ein Mehrfamilienhaus mit Blick aufs Wasser. Vielleicht liege ich schon unter der Erde, wenn der letzte Kredit getilgt ist. Wenn aber alles gut läuft, haben wir in ein paar Jahren ein ansehnliches monatliches Zusatzeinkommen. In jedem Fall aber wächst unser Vermögen weiter.

In ein paar Wochen feiern wir übrigens Richtfest. Diesmal soll mein ältester Sohn den Nagel in den Dachbalken schlagen. Er ist ähnlich begeistert wie ich vor fast 30 Jahren.

Mehr über Immobilien als Geldanlage: Seite 241

5

MEIN LEBEN IST EINE GROSSE VERSORGUNGSLÜCKE

– oder:

WAS SIE ÜBER VERSICHERUNGEN WISSEN SOLLTEN

Nie war ich leichtere Beute für Finanzberater als in den Wochen nach meinem Studienabschluss. Frühsommer 2000: Ich hatte mein Diplom in der Tasche. Die Türen der Universität hatten sich noch nicht einmal hinter mir geschlossen, da stand schon ein Finanzberater vor mir, nennen wir ihn Carsten Lindemann: dunkle Haare, zurückgegelt, kantige schwarze Brille, die obersten Knöpfe seines gebügelten weißen Hemds geöffnet. Lindemann arbeitete für einen Finanzdienstleister, der sich auf junge – meist ahnungslose – Akademiker spezialisiert hatte, also auf Menschen wie mich.

Ehe ich mich's versah, saß ich in Herrn Lindemanns Büro. Eifrig skizzierte er mein Leben auf einem weißen DIN-A4-Blatt. Am Anfang des Zeitstrahls stand ich, 26 Jahre alt. Wenig später kam mein Mann hinzu, von dem ich seinerzeit noch nichts wusste. Unsere zwei bis drei Kinder wurden geboren. «Und da fangen die Probleme an», sagte Herr Lindemann seufzend, selbst kinderlos. «Teilzeitfalle, Einkommenseinbußen, Kinder, die nur Unsinn im Kopf haben.» Ich zuckte zusammen. So hatte ich das noch nicht gesehen. Unbeirrt zeichnete Lindemann mein Leben weiter auf. Auf dem Papier war ich mittlerweile 50. «Jetzt wird es noch einmal spannend: Herzinfarkt, Brustkrebs, in diesem Alter kann viel passieren», sagte er herzlos. «Hier», Lindemann holte zum großen Schlag aus, «gehen Sie in Rente, und so alt werden Sie heutzutage.» Er zeigte auf einen Punkt ganz rechts am Blattrand. «Ca. 80 Jahre» stand dort. «Und was machen Sie zwischen Rentenbeginn und Lebensende?», fragte er rhetorisch. «Von der gesetzlichen Rente können Sie heute nicht mehr leben!»

Mein Leben lag trostlos auf einem Blatt Papier vor mir. Wo ich hinsah, «Versorgungslücken», wie Lindemann sie nannte. Aber Lindemann wusste mir zu helfen. Zunächst: die private Haftpflichtversicherung. Als Berufstätige war ich bei meinen Eltern nicht mehr mitversichert. «Stellen Sie sich vor, der Wind fegt den Sonnenschirm von der Terrasse und macht das Auto Ihres Nachbarn kaputt.» Die Berufsunfähigkeitsversicherung. «Jetzt geht es Ihnen noch gut», sagte er mit tiefer Stimme. «Aber was machen Sie, wenn Sie einen Autounfall haben und Ihren rechten Arm nicht mehr bewegen können? Sind Sie nicht angehende Journalistin?» Er sah mich eindringlich an. Die Auslandskrankenversicherung. «Angenommen, Sie brechen sich in Thailand ein Bein. Wollen Sie *dort* etwa ins Krankenhaus?», fragte er, als sei es der abwegigste Gedanke überhaupt, in Thailand ins Krankenhaus zu gehen. Ich warf ein, dass auch Thailänder sich gelegentlich ein Bein brächen und ins Krankenhaus müssten. Lindemann überhörte meinen Einwand geflissentlich.

Stattdessen nahm er mein eigentlich sehr schönes Leben weiter auseinander. Diebstahl, Rechtsstreitigkeiten, Unfälle, Todesfälle. Nichts sollte mir erspart bleiben. Ich war bereits erschöpft, da kam die Mutter aller Versorgungslücken auf mich zu: die Rente. Im Vergleich zum gestohlenen Familienschmuck war dieses Risiko jedoch sehr real. Die Rente war längst nicht mehr sicher. Ich würde selbst vorsorgen müssen, das war mir auch ohne Herrn Lindemann bewusst. Nur wie?

Herr Lindemann wäre nicht Herr Lindemann gewesen, hätte

er nicht für dieses Problem eine Lösung parat gehabt: die fonds-gebundene Lebensversicherung. «Monat für Monat zahlen Sie einen bestimmten Betrag in die Lebensversicherung ein, zum Beispiel 50 Euro», sagte er. Dieses Geld investierte die Versicherung in einen Aktienfonds. Je nach persönlicher Risikoneigung konnte man zwischen Fonds mit größerem Aktienanteil und Fonds mit höherem Anleihenanteil wählen. Ich sollte mich entweder für eine defensive, ausbalancierte oder für eine wachstumsorientierte Strategie entscheiden.[1] Bei einem defensiven Fonds steht der Sicherheitsgedanke im Vordergrund. Der Anleihenanteil ist hoch und die Rendite entsprechend überschaubar. Deutlich mehr Rendite verspricht ein Wachstumsfonds, gerne auch mit so schönen Begriffen wie «Opportunities» oder «Chance» umschrieben. Der Aktienanteil ist ungleich höher, das Risiko aber auch. Dazwischen liegt der ausgewogene Fonds, Aktien- und Anleihenanteil halten sich bei entsprechender Rendite etwa die Waage. In jedem Fall aber zahlt man einen kräftigen Aufschlag und eine jährliche Gebühr an das Fondsmanagement. Das ließ Lindemann aber geflissentlich unter den Tisch fallen.

«Mal steigen Sie zu höheren Kursen ein, mal zu niedrigeren», sagte er und holte ein weiteres Papier aus seiner Tasche. «Aber langfristig», schwungvoll zeichnete er eine Linie vom linken unteren zum rechten oberen Papierrand, «langfristig steigen die Kurse!» Lindemann strahlte siegesgewiss. Durch die monatlichen Käufe würde ich das Risiko umgehen, zu überhöhten Kursen einzusteigen, erklärte er.

Mittlerweile war ich sehr verwirrt angesichts all der Angebote, die Herr Lindemann an diesem Nachmittag auspackte. Alles Versicherungen, und doch waren diese offenbar ganz unterschiedlich gestrickt: Bei manchen wie der Haftpflicht- oder Risikolebensversicherung zahlte ich einen Beitrag und bekam nur im Ernstfall Geld zurück. Bei anderen wie der fondsgebundenen Lebensversicherung bekam ich in jedem Fall Geld, es war nur nicht ganz klar, wie viel. Und bei einer wieder anderen Version – etwa der Kapitallebensversicherung – bekam ich am Tag X einen garantierten Betrag, und es musste noch nicht mal etwas Schlimmes passieren. All das nannte sich Versicherung? Waren die fondsgebundene Lebensversicherung und die Kapitallebensversicherung nicht eher ein Sparplan? Wie irreführend, dass etwas mit unbestimmtem Ausgang Versicherung heißen durfte! Schließt man eine Versicherung nicht ab, um Gewissheit zu haben?

Ich war verunsichert. Hatte ich nach der Diplomfeier noch euphorisch und abenteuerlustig auf meine Zukunft geblickt, zogen an diesem Nachmittag schwarze Wolken auf. Wo ich hinsah, Risiken und Versorgungslücken. Schrecklich. Ich ließ mich überreden. Gewisse Szenarien konnte ich mir natürlich sehr lebhaft ausmalen. Wenn es um Tod und Krankheiten ging, war ich sehr leicht zu verunsichern. Wenig später verließ ich Lindemanns Büro mit einer Mappe voller Verträge. Monat um Monat, Jahr für Jahr zahlte ich meine Policen.

Herr Lindemann war nicht der Einzige, der sich um meine Zukunft sorgte. Ein paar Jahre später fühlte sich mein Arbeitgeber berufen, sich ihrer anzunehmen. An einem Vormittag wurden wir Jungredakteure zusammengetrommelt, um die Vorteile der neuen Riester-Rente zu studieren. 154 Euro jährlich vom Staat, Steuerersparnisse von bis zu 2000 Euro im Jahr[2] und das Beste: «Einen Sparvertrag kann man immer kündigen, aber diesen Vertrag nicht, der wird erst im Rentenalter ausgezahlt», sagte meine Ressortleiterin. Beim Verlassen der Veranstaltung hatte ich ein komisches Gefühl. Ich vermutete bereits seit einiger Zeit, dass meine einst abgeschlossenen Verträge mit Herrn Lindemann nicht die besten Entscheidungen gewesen waren. Umso skeptischer war ich, was die Riester-Rente anging. Vielleicht war ich aber auch ein bisschen gierig. 154 Euro vom Staat sowie Steuerersparnisse schienen mir kein besonders guter Deal zu sein. Diesmal unterschrieb ich nicht, sondern baute eine Wohnung. Doch davon später mehr.

Das mulmige Gefühl, wenn ich an meine Versicherungen dachte, blieb. Einige Monate später wurde es mir zu bunt, und ich raffte mich auf, all meine Policen durchzugehen. Bisher hatte sich keine der viel beschworenen Risiken aufgetan. Ich hatte mir weder ein Bein in Thailand gebrochen noch einen Rechtsstreit am Hals. Lediglich der Sonnenschirm war vom Balkon gesegelt, kein Witz. Alles in allem hatte ich aber keine Versorgungslücke, ich war vielmehr überversorgt!

Bis auf eine Ausnahme: meine Rente. Völlig überraschend für mich hatte sich hier eine sehr große Versorgungslücke aufgetan. Die viel gepriesene fondsgebundene Lebensversicherung war im Minus. Und das, obwohl der Aktienmarkt seit März 2003 nur noch bergauf ging. Der Rückkaufswert meiner Versicherung, also das, was mir die Versicherung zahlen würde, wenn ich mir die Police heute und nicht erst in 30 Jahren auszahlen lassen wollte, lag jedoch unter dem, was ich eingezahlt hatte. Wie konnte das sein? Ein Anruf bei der Versicherung ergab, dass ich die ersten Jahre nicht in meinen, wohl aber in Herrn Lindemanns Lebensabend investiert hatte. Mit meinen monatlichen Beiträgen zahlte ich zuerst Lindemanns Provision, dann die Gehälter der Versicherungsangestellten und schließlich mich. Als ich protestierte, es könne doch nicht sein, dass meine Versicherung weniger wert sei als meine Einzahlungen, korrigierte die Versicherung den Rückkaufswert. Meine fondsgebundene Versicherung war im Plus! Mit 3,14 Prozent. Seit Beginn vor rund acht Jahren. Ich glaube, das hätte ich auch ohne Herrn Lindemann hinbekommen.

Ich zog die Reißleine. Sofort. Ich kündigte einen großen Teil meiner Versicherungen: Unfall- und Rechtsschutzversicherung braucht man nicht, eine Hausratversicherung auch nicht unbedingt. Ich kündigte die fondsgebundene Lebensversicherung. Bloß kein gutes Geld schlechtem Geld hinterherwerfen. Stattdessen nahm ich das Geld und legte es selbst an.

Mehr über Versicherungen: Seite 270

6

BERATEN UND VERKAUFT

– oder:

WIE SIE IHR GELD RICHTIG ANLEGEN

Wenige Wochen nach meiner Begegnung mit Herrn Lindemann wechselte ich die Seiten. Ich wurde selbst Beraterin, zumindest einen Sommer lang. Man könnte meinen, dass ich als frisch diplomierte Betriebswirtin alles über Geld, Aktien und Finanzmärkte hätte wissen müssen. Mitnichten. Ich wusste sogar sehr wenig darüber, wie man Aktien, Anleihen und Optionen heutzutage an der Börse handelt, wie man sein Vermögen streut und ein vernünftiges Portfolio aufbaut. Mein Wissen beruhte gänzlich auf den Erfahrungen meiner Eltern, die zeit ihres Lebens Aktien besaßen. Damals rief man noch bei seinem persönlichen Bankberater an und gab eine Aktienbestellung auf, so wie man heute die Pizza beim Lieblingsitaliener per Telefon bestellt. Gefühlt fragten meine Eltern alle zehn Jahre bei ihrem Berater nach, wie es denn um ihre Aktien stehe. Meistens waren die Papiere gestiegen, zwischenzeitliche Aufs und Abs waren an meinen Eltern vorbeigegangen. So auch die Dotcom-Ära. Das war im Nachhinein natürlich nicht das Schlechteste, mich aber wurmte das im Sommer 2000 sehr. Ich wollte lernen, wie ich mein Vermögen managen würde, von dem ich zu diesem Zeitpunkt immer noch eine recht vage Vorstellung hatte. Für einen Sommer heuerte ich daher bei der Vermögensverwaltung für «hochvermögende Kunden» einer großen deutschen Bank an. Ich versprach mir so einiges von meinem neuen Job.

Zu dieser Zeit hatte ich noch ein sehr verklärtes Bild vom Beruf des Vermögensberaters. Der einzige Berater, den ich kannte, war der meines verstorbenen Vaters. Ein gediegener, gut gekleideter Herr, der am Kamin kenntnisreich über das große Weltgeschehen und die Ereignisse am Aktienmarkt referierte. Er war der André Kostolany[3] meiner Kindheit, ein wandelndes Lexikon. Auf Zuruf sprudelten aktuelle Kursdaten, Kennzahlen und Unternehmensgeschichten aus ihm heraus.

Die Berater in der Dotcom-Ära hatten mit denen der alten Schule nur noch wenig zu tun. Der rasante Anstieg der Börsen machte ihnen das Spiel leicht. Aktien waren seit dem Börsengang der Telekom im November 1996 nicht länger ein exklusives Statussymbol. Was einst das Sparbuch der Deutschen gewesen war, war jetzt die Aktie. 1997 wurde der Neue Markt (Nemax) ins Leben gerufen, der Aktienindex für neue Technologien, das Pendant zum amerikanischen Nasdaq. Innerhalb von drei Jahren kletterte der Nemax von 1000 auf knapp 10 000 Punkte. Die Menschen waren euphorisiert. Selbst das Dienstmädchen kaufte Aktien.*

In diesen Wochen im Sommer 2000 hatte die allergrößte Euphorie einen ersten Dämpfer bekommen. Seit dem Höchststand im März fielen die Kurse langsam. Berater wie Kunden ließ dies jedoch weitgehend ungerührt. Nach Jahren des rasanten Anstiegs wollte oder konnte sich niemand so recht vorstellen, dass die Kurse dauerhaft wieder fallen würden. Viele Privatanleger, die die Hausse verpasst hatten, hielten die gefallenen Kurse für

---

* Nicht, dass ich eines gehabt hätte. Ich nenne das Dienstmädchen hier nur in Anlehnung an die sogenannte Dienstmädchenhausse. Von dieser sprechen Wertpapierhändler, wenn schlecht informierte Kleinanleger mit ihren Käufen die Aktienkurse in die Höhe treiben.

gute Einstiegschancen. Niemand konnte ahnen, dass der stufenweise Absturz, beschleunigt durch die Terroranschläge vom 11. September und den Irakkrieg, noch bis März 2003 anhalten sollte.[4]

Zurück zu jenem Sommer: Ich trat in dem Glauben an, die Bankberater wüssten, was sie tun, und hätten das Wohl ihrer Kunden im Blick. Schnell stellte ich jedoch fest: Die eigentliche Qualifikation meiner neuen Kollegen bestand nicht im Beraten, sondern im Verkaufen von Finanzprodukten. Ihr – und nun auch mein – Job war es, Fonds, Aktien, Optionsscheine und vieles mehr an den Kunden zu bringen, denn die Bank nahm eine Provision für jeden Kauf und Verkauf. Es bot sich überdies an, die Fonds der hauseigenen Investmentgesellschaft zu verkaufen, unabhängig davon, ob vielleicht ein anderer Fonds ein besseres Produkt hatte. Die Bank verdiente mit dem Verkauf eigener Produkte doppelt, mit der Verkaufsprovision und der Gebühr für das Fondsmanagement. Es ging also nicht in erster Linie ums Beraten, sondern ums Verkaufen. Meine Kollegen hätten genauso gut Schuhe verkaufen können.

Im Umfeld der allgemeinen Börseneuphorie hatten meine Beraterkollegen allerdings auch leichtes Spiel. Die Menschen wollten Aktien kaufen, um jeden Preis. Die Gier ging um, bei Kunden wie bei Beratern. Die ersten Verwerfungen an den Aktienmärkten schienen niemanden zu interessieren. Stattdessen griffen meine Kollegen zu ihrer Karteikartenbox und telefonierten ihre Kunden durch. Man plauderte über das Wetter, den neuesten Klatsch am Golfplatz. Kurz vor Gesprächsende fragte der Berater, ob der Kunde nicht noch ein paar Telekom-Aktien zeichnen wolle. Diese seien für rund 65 Euro doch jetzt wirklich günstig, wo sie vor wenigen Wochen noch über 100 Euro gekostet hätten. Die Aktien gingen weg wie geschnitten Brot.

Manchmal war es etwas schwieriger, die Papiere loszuwerden. «Kennt noch irgendjemand irgendjemanden, dem wir die Flugzeugaktien andrehen können?», rief meine ebenso sympathische wie wortgewandte Kollegin durch das Großraumbüro. Alle suchten geschäftig in ihren Karteikartenkästchen. «Hier, ich hab einen», rief der junge Kollege im geschniegelten Hemd. «Wie wäre es mit Dr. Schulze?», fragte er und reichte die abgegriffene Visitenkarte weiter.

Die Bank war in jenen Wochen mit dem Börsengang eines Flugzeugherstellers betraut. Beim Mittagessen gestand der junge Kollege unter vier Augen: «Wir alle wissen, dass das kein High-Flyer wie die Telekom-Aktie wird.» Die Telekom-Aktie hatte 1996 beim ersten Börsengang 28,50 Mark gekostet, das wären heute 14,57 Euro. Anfang März 2000 stand sie auf dem Allzeithoch von 103 Euro und hatte viele Kleinaktionäre glücklich gemacht. Die Flugzeugaktien unters Volk zu bringen, würde schwierig werden. «Aber wir müssen die Dinger halt loswerden», konstatierte mein Kollege schulterzuckend und biss herzhaft in sein Sandwich.

Die Kundenberatungsgespräche liefen ähnlich ernüchternd ab. Wir gingen mit dem Kunden einen standardisierten Fragebogen durch, um seinen Anlagehorizont und sein Risikoprofil zu ermitteln. «Wollen Sie mit Aktien handeln?» – «Ja», so der Kunde. «Wie lange wollen Sie Ihr Geld anlegen?» – «Bis ich 60 bin?», fragte der Kunde unsicher zurück. «Wollen Sie Optionsscheine und gehebelte Produkte kaufen?» – «Kenne ich nicht.» – «Gut, dann wären wir jetzt fertig», sagte der Kollege und ließ den Kunden das Gesprächsprotokoll unterschreiben. Der Kunde wurde in die Schublade «mittleres Risikoprofil» gesteckt, wo er wieder rausgeholt wurde, wenn man eine Aktie dieser Kategorie verkaufen musste.

Welche Aktien oder Fonds würden wir dem Kunden nun

also empfehlen, wollte ich wissen. «Da guckt man morgens in die Liste, was unsere Analysten zum Kauf empfehlen, und dann überlegt man, welchen Kunden das interessieren könnte.» Sinnvollerweise hatte die Bank, wie auch jede andere Bank, ein Alarmsystem eingebaut: Immer wenn ein höherer Betrag auf einem Kundenkonto einging, bekam der Berater eine Nachricht. Er rief den Kunden an und fragte nach, was dieser denn so mit dem Geld vorhabe. Dann las er die Kaufempfehlungen der Analysten vor. So, dachte ich desillusioniert, hatte ich mir eine persönliche Beratung nicht vorgestellt.

Ich war wahnsinnig genervt von meinem Job bei der Vermögensverwaltung. Glücklicherweise kam ich kurz darauf in die Kreditabteilung für Privatkunden. Dort ging es deutlich weniger aufgekratzt zu. Die Kollegen schienen davon überzeugt, das Richtige zu tun und im besten Sinne ihrer Kunden zu handeln. Allein, ich bin mir nicht sicher, ob alle unsere Kunden verstanden, was wir taten.

Unser Geschäftsmodell bestand darin, Fremdwährungskredite an den Kunden zu bringen. Das war damals auf den ersten Blick äußerst attraktiv. In Deutschland waren die Zinsen mittlerweile auf über vier Prozent geklettert. Kredite, etwa für den Hausbau, waren entsprechend teuer. Ganz anders in Japan. Dort dümpelte die Wirtschaft seit Jahrzehnten vor sich hin und die Bank of Japan versuchte, sie mit niedrigen Zinsen wieder anzukurbeln. Der japanische Leitzins lag bei sagenhaften 0,5 Prozent. Yen-Kredite waren unschlagbar günstig.

«Warum also nicht einen Kredit in Tokio aufnehmen, um das Haus in Kleinmachnow zu finanzieren?», rechnete mein Chef freudig vor. Der Kredit wurde in Yen ausgezahlt. Zinsen, Tilgung und eine mögliche Restschuld am Ende der Laufzeit musste der Kunde ebenfalls in japanischen Yen begleichen. Dafür musste der Kunde Euro in Yen wechseln.[5] «Die Umtauschkosten sind nicht umsonst», warf ich ein. «Aber dafür sparen die Kunden eine ganze Menge Geld bei den Zinszahlungen», so mein Chef. «Und was ist, wenn der Wechselkurs steigt, also der Yen teurer wird?», wollte ich wissen. «Das ist schon ewig nicht passiert», gab sich mein Chef siegesgewiss und zeigte auf eine flach verlaufende Wechselkurskurve. Der alte Fehler: von der Vergangenheit auf die Zukunft schließen. Nur weil etwas immer so war, heißt das nicht, dass es immer so bleibt.

Ich glaube nicht, dass unsere Kunden wirklich verstanden, was wir ihnen verkauften. So wie ich wenige Wochen zuvor auch nicht verstanden hatte, was Herr Lindemann mir verkaufte. Wechselkurse vorherzusagen, ist schier unmöglich. Wer den besagten Fremdwährungskredit im Jahr 2000 abgeschlossen hatte, erlebte einige Jahre später ein böses Erwachen. Der Yen war im Vergleich zum Euro deutlich teurer geworden. Und damit auch die monatlichen Zinszahlungen. Musste man im Jahr 2008 noch eine Restschuld in Yen tilgen, hatte man ein größeres Problem. Statt der ursprünglichen 100 000 Euro waren 175 000 Euro fällig. Zwar hat sich der Yen-Euro-Kurs gegen Ende des Jahrzehnts wieder eingependelt, doch zwischendurch durchlebte der ein oder andere Kreditnehmer sicherlich schlaflose Nächte. Reihenweise verklagten in diesen Jahren Darlehensnehmer ihre Banken. Und nicht nur die großen Geschäftsbanken. Selbst Sparkassen hatten ihren Kunden Fremdwährungskredite unter dem Siegel der absoluten Sicherheit aufgeschwatzt, sei es in Yen oder in Schweizer Franken.

Ich habe in diesem Sommer viel gelernt. Zwar hatte ich nach diesen Wochen keine konkreten Aktientipps, wohl aber hatte ich verstanden, wie die Branche der Finanzberater arbeitet. Dabei wäre es zu einfach, allein auf die Berater zu schimpfen. Ein Berater macht immer das, was Kunden mit sich machen lassen. Dass ich wenige Wochen zuvor eine fondsgebundene Lebensversicherung abgeschlossen hatte, ohne zu verstehen, was das kostet, war ziemlich dumm von mir. Ich hatte mich von den Renditeversprechungen blenden lassen, die Sache nicht weiter hinterfragt. Vermutlich ging es vielen Aktionären in der Dotcom-Ära ähnlich. In all den Jahren habe ich gelernt, nur in Dinge zu investieren, die ich ganz und gar verstanden habe. Und im Zweifel so lange nachzufragen, bis ich wirklich weiß, worum es geht.

Mehr darüber, wie Sie Ihr Vermögen streuen und managen:
Seite 188

7

VON GEERBTEN SCHNAPSFLASCHEN UND SCHWEIZER KONTEN

– oder:

WIE SIE ORDNUNG IN IHRE FINANZEN BRINGEN

Nun war passiert, was sich seit Wochen abgezeichnet hatte – meine Mutter war letzte Nacht gestorben. Mein Vater war schon seit über 25 Jahren tot. Ich, Ende 20, blieb allein zurück. Mit mehr Häusern, als ich bewohnen konnte, mehr Geld auf dem Konto, als ich bis dahin selbst verdient hatte – und auf absehbare Zeit verdienen würde. Und auch einigen Schulden, aber davon sprach ich ja bereits. Das alles fühlte sich nicht wirklich gut an.

Ein bis dahin nicht gekanntes Verlangen kam in mir auf: Ich brauchte einen Schnaps. Um den schmerzlichen Verlust zu verkraften, vielleicht auch, um mir Mut anzutrinken. Von jetzt an war ich auf mich gestellt. Ich ging die Stiege hinunter in den Weinkeller. Sicherlich würde ich dort ein Fläschchen Marillenbrand finden. Die einen sammeln Briefmarken, die anderen Kunst, meine Mutter sammelte Wein. Manchmal verirrte sich auch ein Fläschchen Obstler in ihre Sammlung.

Was ich jetzt aber in unseren Weinregalen sah, überstieg meine bisherige Vorstellung von ihrer Sammelleidenschaft. Dort lagerten mehr Wein- und auch Schnapsflaschen, als ich zu Lebzeiten leeren könnte. Vielleicht war meine Mutter heimlich Alkoholikerin gewesen und ich hatte es jahrelang nicht bemerkt? Ganz hinten in der Ecke auf dem Fensterbrett fand ich ein kleines grünes Notizbüchlein. Darin hatte sie fein säuberlich notiert, zu welchem Gericht dieser oder jener Wein sich besonders eignet, aber auch wann, wo und zu welchem Preis sie diese und jene Flasche erworben hatte. Eine Art Depotübersicht.

Eine solch akribische Auflistung hätte ich mir auch für ihre übrigen, durchaus bedeutenderen Vermögenswerte gewünscht. Diese gab es leider nicht. So leidenschaftlich und gewissenhaft meine Mutter ihren Weinkeller verwaltet hatte, so wenig systematisch dokumentierte sie unser Vermögen. Vermutlich funktionieren die meisten Menschen wie meine Mutter – oder führen Sie Buch über Ihre Aktien, Sparpläne, Versicherungen, Kredite und Sonstiges? Meine Mutter hatte hier einmal in Immobilien investiert, dort einen Kredit aufgenommen, eine Lebensversicherung abgeschlossen. Oftmals in einer Größenordnung, die ihr nicht groß genug erschien, um darüber Buch zu führen. Aber das Ganze ist bekanntlich mehr als die Summe aller Teile. Über die Jahre hatte sie ein System entwickelt, das in ihren Augen völlig schlüssig war. Mich allerdings hinterließ es ratlos.

In den folgenden Wochen und Monaten verbrachte ich Stunden, ganze Tage damit, Ordner und Schnellhefter zu sortieren, Post-its und Notizen zu lesen, um mir irgendwie einen Überblick zu verschaffen. Der Tod meiner Mutter war nicht unvorhergesehen gekommen und wir hatten in der Vergangenheit oft über unsere Finanzen geredet. Ich wusste von dieser und jener Versicherung, ich wusste in etwa, wann dieser und jener Kredit fällig würde und wer unser Depot verwaltete. Aber auf die so naheliegende Idee, eine Excel-Tabelle mit allen Vermögenswerten und Verbindlichkeiten sowie Konto- und Depotnummern mit Ansprechpartnern zu erstellen, kam meine Mutter nicht. Und so stand ich mit 28 Jahren vor einem Haufen Akten, einer Zettelwirtschaft, einem Schuldenberg und ein paar Wertpapieren.

In all dem Durcheinander fand ich eher zufällig die Konto-
nummer eines Schweizer Bankkontos. Dieses Konto gehört mit
Abstand zu den dunkleren Kapiteln meines Lebens. Neben dem
bereits erwähnten Weinkeller hatte ich ein Schweizer Konto
geerbt. Jahrelang bereitete es mir mindestens so viele Kopf-
schmerzen wie der Wein aus dem Keller.

Ich erinnere mich dunkel, wie meiner Mutter und meinem
Stiefvater die Panik ins Gesicht geschrieben stand, als Gerhard
Schröder und Joschka Fischer 1998 an die Regierung kamen.
Meine Eltern waren Kriegskinder. Der Kalte Krieg hatte sich
sprichwörtlich hinter unserem Gartenzaun abgespielt, wir
wohnten im Zonenrandgebiet. Schröders Wahlsieg war in den
Augen meiner Eltern der Vorbote der nun drohenden Enteig-
nung. Es dauerte nicht lange, und sie fuhren mit mir und einem
Koffer Bargeld in die Schweiz.

Ein Schweizer Konto war zu dieser Zeit weit mehr als eine Fi-
nanzanlage, es stand für ein Lebensgefühl. Ein Schweizer Konto
– und war das Guthaben auch noch so klein – galt als Statussymbol wie der Mercedes oder die Rolex, nur sprach man eigentlich
nicht darüber (aber irgendwie wussten doch alle, wer im Freundeskreis eines hatte und wer nicht). Meine Eltern fuhren jedes
Jahr im Frühling nach Zürich. Manchmal begleitete ich sie. Wir
residierten in einem feinen Hotel am Zürichsee und spazierten
morgens zu unserer Bank. Dort wurden wir von einem Herrn
im Nadelstreifenanzug empfangen. Die Assistentin servierte
Schweizer Schokolade, Gebäck von Lindt und Sprüngli und
Cappuccino zum Beratungsgespräch. Was für ein Unterschied
zur Wolfsburger Hausbank, wo bestenfalls ein paar staubige
Konferenzkekse auf dem Tisch standen.

«Wir möchten Sie bitten, keine Unterlagen mit über die
Grenze zu nehmen», eröffnete der elegante Herr mit gedämpfter
Stimme das Gespräch. Er hatte sicherlich gute Gründe für seine

Bitte. Zudem machte er sich sein Leben so sehr viel einfacher. Ohne Unterlagen keine Kontrolle, kein Überblick. Wenn man kein fotografisches Gedächtnis hatte, konnte man sich sicherlich nicht mehr erinnern, welche Zahl vor einem Jahr am Ende des Depotauszugs gestanden hatte. Und aufgeschrieben hatten meine Eltern den Kontostand natürlich auch nicht, bloß keine Spuren hinterlassen.*

Meist setzte der Berater das Gespräch mit Grabesstimme und den Worten «Es war ein schwieriges Jahr» fort. Am Ende des Depotauszugs war hinter einem Minuszeichen eine rote Zahl zu sehen. Und selbst wenn es ein gutes Jahr war und ausnahmsweise eine schwarze Zahl da stand, hatte sich der Kontostand verringert. Denn die Vermögensverwaltungsgebühren waren so teuer wie alles andere in der Schweiz. Das Vermögen meiner Eltern wurde Jahr für Jahr weniger. «Aber das Geld ist dort sicher vor den Russen», hörte ich meine Eltern stets aufs Neue sagen, wenn sie im Frühling wieder mit einem großen Umschlag voller Geld nach Zürich fuhren.

Jetzt, kurz nach dem Tod meiner Mutter, ging ich vertrauensvoll zum Steuerberater meiner Eltern. Dem Herrn, der mich einst «reiches Fräulein» genannt hatte. Ich musste mich für die anstehende Erbschaftssteuer rüsten. Wir schoben Zahlen und Zettel hin und her, gegen Ende der Unterredung fragte ich: «Und was mache ich mit dem Schweizer Konto?» – «Ach, das …», seufzte der Steuerberater tief und kräuselte die Stirn. «Das weiß doch keiner, das geben Sie besser nicht an», fuhr er fort. «Und unser Haus in Österreich und das Konto dort?»,

---

* Nach dem Tod meiner Mutter musste ich entsetzt feststellen, dass sie selbst das Kennwort nicht aufgeschrieben hatte. Erst als ich nacheinander alle Namen lebender oder bereits verstorbener Haustiere ausprobierte, konnte ich mir Zugang verschaffen.

fragte ich verunsichert. «Jetzt wollen wir mal keine schlafenden Hunde wecken!», bügelte er mich ab.

Treuherzig gab ich meine Erbschaftssteuererklärung ab, ohne Schweizer Konto, ohne Haus in Österreich. Wenn selbst mein Steuerberater nichts daran finden konnte, würde es ja so schlimm nicht sein ... Ich fuhr also weiterhin einmal im Jahr nach Zürich, residierte in einem deutlich bescheideneren Hotel, traf unseren Finanzberater, aß Schweizer Schokolade und trank köstlichen Cappuccino. Die verbleibenden Franken wollte ich allerdings gern in Deutschland ausgeben – an den bevorstehenden Einmarsch der Russen glaubte ich nicht.

Da aber lag das Problem: Eine Überweisung nach Deutschland kam nicht in Frage, eine Kreditkarte ebenfalls nicht, bloß keine Beweise. Der einzige Weg, an mein Geld zu kommen, war, es wieder zurück über die Grenze zu schmuggeln oder in der Schweiz zu verjubeln. Jahrelang machte ich viel zu teure Skiferien in der Schweiz. Selbst als der Schweizer Franken massiv abgewertet und mein Vermögen dahingeschmolzen war wie Schweizer Schokolade in der Sonne, machte ich weiterhin Ferien in der Schweiz. Ich fand diesen Lebenswandel sehr, sehr seltsam und keineswegs angemessen für eine Studentin. Ich hatte aber auch nicht das Gefühl, etwas Unrechtes zu tun.

Eines Tages jedoch tauchten die ersten Steuersünder-CDs auf und gingen durch die Presse. Mir dämmerte, dass das, was ich da tat, nicht richtig war. Anfangs verfolgte ich noch die Vogel-Strauß-Taktik, doch eines Tages kam eine CD meiner Bank auf den Markt. An jenem Tag saß ich morgens in der Redaktion, mir gegenüber mein Kollege Stefan, unser Steuerexperte. «Mann, Mann, Mann», stöhnte er. «Diese Idioten, die nicht genug bekommen können.» Schamesröte stieg mir ins Gesicht, ich versteckte mich hinter der Tageszeitung. Ich gehörte auch zu diesen Idioten. Dabei hatte ich nicht einmal einen nennenswerten Betrag in der Schweiz erwirtschaftet. Mir wurde klar: Wegducken hilft nicht!

Nur, was sollte ich tun? Nun ist es ja nicht so, dass man während eines geselligen Abendessens über sein Schweizer Konto plaudert und fragt: «Wie habt ihr das eigentlich geregelt?» Der Steuerberater meiner Eltern war zwischenzeitlich verstorben, er wäre vermutlich ohnehin keine Hilfe gewesen. Mich wiederum meinem Steuerberater zu offenbaren, war mir sehr, sehr peinlich. Außerdem rechnete ich hoch, dass ich trotz der Verluste eine nicht unbedeutende Steuerlast haben müsste, schließlich hatte ich keine Erbschaftssteuer gezahlt. Und was würde mit mir passieren? Uli Hoeneß saß gerade hinter Gittern, der hatte natürlich einiges mehr vor dem Fiskus versteckt, aber trotzdem. Käme ich auch in den Knast?

Es dauerte noch ein paar Monate, bis ich mich schließlich einer großen deutschen Steuerkanzlei anvertraute. Den Namen hatte ich in einem Zeitungsartikel über Steuerhinterzieher gelesen. Schnell lernte ich, dass ich mich in bester Gesellschaft befand. Für die Generation meiner Eltern war es nicht mehr als ein Kavaliersdelikt, jährlich größere Summen am Fiskus vorbeizuschleusen. Ich war keineswegs die Einzige, die einen solchen Schlamassel geerbt hatte. Für den Preis eines Mittelklassewagens fertigten die eifrigen Anwälte meine Steuererklärung an. Ich zeigte mich selbst an. Das alles war sehr viel einfacher, als ich es mir ausgemalt hatte. Die Nachzahlung war schmerzhaft, aber auch schnell vergessen. Rückblickend muss ich sagen, hätte ich irgendwo lesen können, wie vergleichsweise einfach es ist und wie glimpflich man davonkommt, hätte ich mich schon sehr viel früher selbst angezeigt.

Für das Finanzamt aber bleibe ich bis an mein Lebensende eine Steuerhinterzieherin. Wenn meine Spesenabrechnung in den Augen meines Steuerberaters zu hoch ausfällt, zieht er die

Augenbrauen mahnend hoch, sieht mich streng an und sagt:
«Frau von Hardenberg, mit Ihrer Historie würde ich das nicht
wagen!»

Mehr zum Thema Vermögensaufstellung: Seite 183

8

SCHWEINEBÄUCHE ZUM FRÜHSTÜCK
– oder:
WAS SIE ÜBER ROHSTOFFE UND ETFS WISSEN SOLLTEN

Schweinebäuche. Wo in aller Welt kann ich Schweinebäuche kaufen? Ich klickte mich durchs Internet auf der Suche nach Schweinebäuchen. Nicht für ein neues Rezept, sondern für mein Depot. Ich scrollte die Seiten der niederländischen ABN Amro Bank rauf und runter, suchte nach einem Zertifikat, mit dem ich auf den Preisanstieg von Schweinebäuchen wetten könnte. Ich aß zwar seit über zehn Jahren kein Fleisch mehr, auch gruselte es mich beim Anblick aufgeschlitzter Tiere. Doch bei dem Gedanken, dass mein Depot dank der Borstentiere immer dicker würde, warf ich alle Skrupel über Bord.

Es war Mitte der 2000er Jahre. Die anfängliche Schockstarre nach dem Börsenabsturz 2001 bis 2003 hatte ich überwunden. Die Internetleichen (es waren zum Glück nicht viele) in meinem Depot hatte ich aussortiert, die anderen Werte hatten sich seit dem Tiefpunkt wieder sehr gut erholt. Insgesamt war mein Depot in einem akzeptablen Zustand. Das machte mir Mut. Ich war bereit, meine Finanzen mehr als zuvor in die eigene Hand zu nehmen.

Vorerst ließ ich den größeren Teil meines Geldes in der bewährten Form – Aktien, die man liegen lassen kann, wie es bei uns hieß. Daneben richtete ich mir ein kleineres Depot ein, mit dem ich mich ausprobieren und höhere Risiken eingehen wollte. Ginge alles gut, bekäme ich deutlich höhere Renditen.

Ich wählte einen Betrag, dessen Verlust mich nicht ruinieren würde, gleichwohl aber schmerzhaft sein könnte. «Ihr Spaß-Depot also, haha», lachte die Bankangestellte bei der Eröffnung. Mein Spaß-Depot. Ich sollte sehr viel Spaß damit haben.

Seit einiger Zeit arbeitete ich bei einer lachsrosa Wirtschaftszeitung. Als Redakteurin für Konjunktur und Weltwirtschaft, so stand es in meinem Vertrag, beobachtete ich die wirtschaftliche Lage in aller Welt. Morgens, wenn ich in die Redaktion kam, las ich mich von der *Financial Times* über die *Neue Zürcher Zeitung* bis hin zur *South China Morning Post* einmal um den Globus. Ich interviewte Analysten, Ökonomen und Politiker und ließ mir die Welt erklären. Vom Boom in China bis zur Staatspleite in Argentinien hatte ich einen guten Überblick.

Zu jener Zeit kam eine ganze Reihe von Ländern in Schwung, die ich bislang nur als attraktive Reiseziele im Berliner Winter abgespeichert hatte, nicht aber als Investitionsmöglichkeiten: Vietnam, Indonesien, China, Brasilien, Indien, Russland (wobei Letzteres weniger zur Flucht vor dem Winter taugte). Mit ihrem wirtschaftlichen Aufschwung stieg die Nachfrage nach Rohstoffen massiv, denn mit Luft allein konnten diese Länder ihre neuen Fabriken, Industrieanlagen, Fernseher und Telefone schließlich nicht bauen. Die Nachfrage nach Kupfer, Öl, aber auch nach Edelmetallen wie Gold stieg kräftig an. Ebenso nach Rohstoffen wie Weizen, Kaffee und Zucker bis hin zu: Schweinebäuchen eben.

Durch das tägliche Lesen internationaler Zeitungen, das ich bis heute beibehalten habe, und meine Recherchen war ich sehr nah am Geschehen und konnte die Dinge gut einschätzen. Die Regierung in Peking beschließt milliardenschwere Infrastrukturprojekte? Das treibt den Kupferpreis nach oben und kurbelt die brasilianische Wirtschaft an. In Kasachstan regnet es schon seit Monaten nicht mehr? Die Dürre lässt den Weizenpreis steigen. Es war wie ein großes Puzzlespiel, täglich kamen neue Teile hinzu. Es machte mir Spaß zu sehen, wie sich das große Bild langsam zusammensetzte. Ich war mir ganz sicher, dass ich über Schwellenländer- und Rohstoffmärkte mehr wusste als mein Bankberater.

Allein, wie konnte ich dieses Wissen vergolden? Die Welt stand erst am Anfang der Globalisierung und Digitalisierung. Aktien aus China oder gar aus Vietnam zu kaufen war unüblich und schwierig. Ich recherchierte, welche Unternehmen von der steigenden Rohstoffnachfrage profitieren würden. An erster Stelle stand das britisch-australische Bergbauunternehmen Rio Tinto. Aber auch Stahlbauer wie das brasilianische Unternehmen Gerdau verdienten gut. Ich legte mir einige Aktien ins Depot. In Kürze hatte ich Kursgewinne in zweistelliger Prozenthöhe verbucht. Was für ein Spaß!

In was sollte ich als Nächstes investieren? Ich war gut darin, die Märkte zu verstehen, Trends zu erkennen. Mit einzelnen Unternehmen kannte ich mich weniger aus. Offenbar war ich aber nicht die Einzige, die nicht in einzelne Aktien, sondern in ganze Märkte oder Trends investieren wollte. Seit einigen Jahren waren deshalb die sogenannten Exchange Traded Funds (ETFs) im Aufwind. ETFs sind passiv gemanagte Fonds, die die Entwicklung an den Märkten nachbilden. Da sie keinen aktiven Fondsverwalter haben, sind sie deutlich kostengünstiger als herkömmliche Fonds. Am gängigsten sind ETFs auf bekannte Börsenindizes wie den Deutschen Aktienindex DAX oder den MSCI World, der rund 1600 Unternehmen aus 23 Industrieländern abbildet. ETFs gibt es auch auf Trendthemen wie seinerzeit die BRIC-Länder, die auf den Aufschwung in Brasilien, Russland, Indien und China setzten. ETFs gibt es aber auch für Rohstoffe wie Kupfer, Gold, Kaffee, Weizen und Schweinebäuche.[6]

Wie kam ich jetzt an diese verflixten Schweinebäuche? Während ich meinen morgendlichen Kaffee trank, las ich in der *South China Morning Post*, die Chinesen hätten im vergangenen Jahr deutlich mehr Fleisch gegessen. Ferner stiegen die Einkommen im Reich der Mitte. Wer eins und eins zusammenzählte, kam schnell darauf, dass künftig die Preise für Schweine steigen würden. Nach einer kurzen Recherche fand ich ein geeignetes Zertifikat. Ich beobachtete die Kurse für Schweinebäuche einige Tage. Als der Kurs zurückfiel, stieg ich ein. Mehrmals täglich überprüfte ich die Kurse, was ich rückblickend als Sucht bezeichnen würde. Lag mein Plus über 20, 30 Prozent, was in jener Zeit durchaus möglich war, stieß ich die Papiere wieder ab und wartete auf niedrigere Einstiegskurse. Ähnlich machte ich es mit Kupfer, Platin, Silber, aber manchmal auch mit Zucker und Kaffee. Nicht immer lag mein Profit bei über 20 Prozent, aber oft. Nur mit Kaffee hatte ich kein gutes Händchen. Der Kaffeepreis stieg und stieg, selbst der Coffeeshop neben meinem Büro erhöhte die Preise, nur mein Zertifikat war auf mir unerklärliche Weise im Minus.

Ich verfolgte meine Buy-low-sell-high-Strategie auf den Rohstoff- und Schwellenländermärkten ein, zwei Jahre. Dabei handelte ich fast täglich. Zwischenzeitlich hatte ich sogar ernsthaft erwogen, mit Optionsgeschäften vom Rohstoffboom zu profitieren. Mit Optionen kann man nicht nur 1:1 am Kursanstieg teilhaben, sondern je nach Hebel um den Faktor zehn oder 20 oder noch mehr. Das heißt, wenn beispielsweise der Kupferpreis um zehn Prozent steigt, streiche ich bei einem Zertifikat zehn Prozent Gewinn ein. Bei einem Optionsgeschäft mit einem Hebel von zehn läge mein Gewinn aber bei 100 Prozent. Glücklicherweise war ich nicht mutig genug, denn die Verluste können ebenso hoch ausfallen. Am Ende dieser Zeit war auch ohne Optionen aus meinem Spaß-Depot ein ernsthaftes Depot geworden. Ich bedauerte es sehr, zu Beginn nicht mehr eingesetzt zu haben.

Rückblickend war das aber auch gut. Obwohl ich einigen Verstand mitgebracht hatte, hatte ich in dieser Zeit auch viel Glück. Letztendlich habe ich nicht investiert, sondern spekuliert. Als Investor kauft man, um zu halten. Man verdient mit seiner Investition, sei es durch Unternehmensgewinne, Mieteinnahmen oder Dividenden. Als Spekulant kauft man zu einem guten Preis, in der Hoffnung, zu einem höheren Preis zu verkaufen. Einen gewissen Teil seines Gelds kann man durchaus spekulativ anlegen. Bei mir handelte es sich seinerzeit allerdings nur um etwas weniger als 20 Prozent, viel zu viel, gemessen an meinem damaligen Erfahrungsschatz. Würde mich meine beste Freundin um Rat bitten, würde ich ihr empfehlen, zunächst fünf bis zehn Prozent in spekulative Titel zu investieren. Wenn sie damit gut leben kann und Spaß daran hat, sollte sie den Anteil je nach Erfahrung und Vermögenssituation aufstocken. Aber sie sollte sich der Risiken bewusst sein. Die Kurse können von heute auf morgen fallen und sich mitunter nie mehr erholen. In jedem Fall sollte das Investment zur Gesamtstrategie passen. Die hatte ich damals nicht, ich wollte nur «mehr Geld» verdienen. Insofern hatte ich großes Glück. Denn ohne übergreifende Strategie handelt man zu erratisch. Man braucht eine Zielrendite, sonst neigt man leicht dazu, zu hohe (oder vielleicht auch zu wenig) Risiken einzugehen, um dann kalte Füße zu bekommen und im falschen Moment zu verkaufen.

Irgendwann bekam ich bei dem Gedanken an meine im Depot herumliegenden Schweinebäuche Skrupel. Zu dieser Zeit mehrten sich die Berichte über hungernde Menschen in Afrika, die sich den Weizen nicht mehr leisten konnten. Ob der Weizenpreis an der Londoner Börse den Preis für den Sack Weizen im kenianischen Nanyuki 1:1 bestimmt, bezweifele ich. Ich konnte dies aber nie befriedigend klären. So richtig gut fühlte es sich jedenfalls nicht mehr an, mit Weizen und Fleisch zu handeln. Hinzu kam, dass der Boom zu Ende ging. Ich verabschiedete mich von meinem Dasein als Rohstoffspekulantin und suchte nach neuen Investitionsmöglichkeiten.

Mehr über Rohstoffe und ETFs: Seite 234

9

EINE SACHE DER VERHANDLUNG
– oder:
WIE SIE AN IHR ZIEL KOMMEN

Der Wecker klingelt. Schlaftrunken stelle ich den Alarm aus und ziehe mir die Bettdecke weit über die Ohren. Ein ungutes Gefühl beschleicht mich. So wie damals, im Studium, am Morgen der Buchführungsklausur. Ich war viel zu schlecht vorbereitet, Soll und Haben kamen bei mir selten aufs selbe hinaus. An diesem Morgen ging es in gewisser Weise wieder um Soll und Haben: Ich hatte ein Gespräch mit meinen Chefs, wir wollten über meine Zukunft in der Zeitung reden, nicht zuletzt über mein durchaus überschaubares Gehalt. Auf der Habenseite stand, was ich derzeit verdiente, auf der Sollseite, was ich meiner Ansicht nach verdienen sollte. Zwei Jahre war ich mittlerweile Wirtschaftsredakteurin.

Während ich im Laufe des Studiums die Prinzipien guter Buchführung noch gelernt hatte, bereute ich an diesem Morgen sehr, nicht einen Kurs in Verhandlungsführung belegt zu haben. Denn wenn es ums Verhandeln ging, war ich lange Zeit ein richtiges Mädchen. Oft war ich über das Maß zurückhaltend und schüchtern. Eigenschaften, von denen ich sonst gar nicht wusste, dass sie in mir schlummerten. Beim Verhandeln wurde ich überaus emotional, war um gute Stimmung bemüht. Meine sonst übliche Zielstrebigkeit war dann außer Gefecht gesetzt. Statt meinen Standpunkt klar und deutlich zu formulieren, hörte ich mich in Gedanken schon stammeln: «Ich würde gerne ein bisschen mehr Geld verdienen...»

Das Gespräch lief wie befürchtet. Meine Chefs lobten mich für meinen Einsatz, meine Leistungsfähigkeit, meine Resultate, mein Gespür für Zahlen. Alle waren glücklich und zufrieden mit mir. Ich nahm das Lob zum Anlass, meine – wie ich fand – durchaus bescheidenen Gehaltsvorstellungen vorzubringen. Das Gespräch nahm die befürchtete Wendung: «Du weißt schon», sagte mein Chef, hinter Zigarettenqualm vernebelt, «wir sind sehr zufrieden mit dir, aber wir müssen sparen.» Das war das Totschlagargument. Seit meinem ersten Arbeitstag kämpfte die Zeitung um ihr Überleben. Sparrunde folgte auf Sparrunde. Mein Chef lieferte mir keine neuen Informationen, mit seinem Verweis auf die Sparmaßnahmen beeinflusste er mich lediglich. Aber es wirkte. Mit einem zögerlichen «Gut, aber dann im nächsten Jahr» zog ich von dannen. Mit den Worten «Du machst das ja auch nicht fürs Geld» verabschiedete er mich.

Frechheit! Natürlich bin ich nicht des Geldes wegen Journalistin geworden. Wäre es mir allein darum gegangen, hätte ich als Unternehmensberaterin oder Bankerin viel eher mein Ziel erreicht. Aber der Lohn ist auch eine Form von Wertschätzung. Und die kam mir hier zu kurz. Allerdings musste ich mir auch eingestehen, dass mein Auftritt alles andere als überzeugend gewesen war. Ich war eine junge Frau, unerfahren, eingeschüchtert von meinen männlichen Vorgesetzten und Kollegen. Eigentlich hätte ich einen Coach gebraucht.

Rückblickend weiß ich um meine Fehler: Mein Kardinalfehler war, dass ich viel zu schlecht vorbereitet in das Gespräch gegangen bin. Statt meinen Kopf unter die Bettdecke zu stecken, hätte ich lieber im Vorfeld recherchieren sollen, welche Gehaltsspanne überhaupt möglich ist. Erst seit 2018 ist der Arbeitgeber verpflichtet, Auskunft über das Gehalt der Kollegen in vergleichbarer Stellung zu geben. Mit ein paar Fragen hätte ich mich aber auch damals schlaumachen können.

Darüber hinaus hätte ich eine Liste mit meinen guten Taten anfertigen können, um konkret zu untermauern, was ich leiste. Auf die einfache Frage, was man denn in Zukunft alles von mir erwarte, wären sicherlich neue Aufgaben genannt worden, die ich in die Verhandlung hätte einbringen können. Auch war es nicht sehr geschickt, mich allein aufs Geld zu konzentrieren. Vielleicht waren meinem Chef tatsächlich in dieser Hinsicht die Hände gebunden, vielleicht wäre ich mit einer Recherchereise und ein paar Tagen Urlaub mehr im Jahr auch zufrieden gewesen, vielleicht sogar zufriedener. Schließlich war es ein bisschen dumm von mir, einfach so wieder von dannen zu ziehen, ohne ein konkretes Datum für das nächste Gespräch zum Thema zu vereinbaren. Kurzum, ich hatte so ziemlich alles falsch gemacht, was man falsch machen kann, und guckte neidisch auf meine männlichen Kollegen, die scheinbar mühelos Gehaltserhöhung um Gehaltserhöhung durchboxten.

Paradoxerweise sind Verhandlungen mittlerweile fester Bestandteil meines Lebens geworden. Es fängt am frühen Morgen mit meinem Jüngsten an, der sagt: «Ich ziehe mich nur an, wenn ich Kakao zum Frühstück trinken darf», und zieht sich bis zum Abend, wenn ich zu meinem Ältesten sage: «Wenn du jetzt noch eine Viertelstunde Saxophon übst, darfst du auch eine Viertelstunde Clash of Clans spielen.» Oft feilsche ich aber um weit mehr als ein paar Minuten Bildschirmzeit. Ob es um den Kaufpreis einer Wohnung, die Makler-Courtage, Handwerksverträge für den Rohbau oder die Konditionen des Kredits geht – ständig muss ich verhandeln. Auch heute noch wache ich an solchen Tagen mit einem blöden Gefühl auf und würde am liebsten im Bett bleiben. «Jetzt sei nicht so ein Mädchen», raunt mich mein Mann in diesen Momenten an, «du hast nichts zu verschenken!» Ihm ist das Verhandeln offenbar in die Wiege gelegt worden. «Hier, lies das mal», sagte er eines Tages und drückte mir *Negotiation Genius* von Deepak Malhotra in die Hand, einem auf Verhandlungsstrategien spezialisierten Professor an der Harvard Business School. Mein Mann hat für jedes Problem ein schlaues Buch.

Ein sehr schlaues Buch, ich habe viel gelernt. Meine wichtigste Lektion: Es geht nicht darum, meine Vorstellungen durchzusetzen, sondern mein Gegenüber zu überzeugen. Dafür muss ich gut vorbereitet sein, so akribisch wie für eine Prüfung. Als Erstes muss ich mein Verhandlungsziel definieren und mir meine Optionen vor Augen halten. Ich möchte beispielsweise eine Wohnung renovieren. Damit es sich für mich rechnet, darf die Renovierung nicht mehr als 25 000 Euro kosten. Ich habe mehrere Angebote, die zwischen 20 000 und 30 000 Euro liegen. Die günstigeren Angebote sind mit größeren Risiken behaftet: Der Handwerksbetrieb hat nicht viele Mitarbeiter, es ist unklar, ob die Wohnung rechtzeitig fertig wird. Bei der teureren Variante kenne ich die Handwerker gut und weiß, dass alles reibungslos laufen wird.

Als Nächstes muss ich herausfinden, welche Alternativen mein Gegenüber hat. Oft ist dies durch geschicktes Fragen im Vorfeld möglich, manchmal aber auch erst in der Verhandlung selbst. «Haben Sie zurzeit noch andere Projekte?», frage ich. Meistens kommt mein Verhandlungspartner auf diese Weise ins Plaudern, schnell erfahre ich, ob er Alternativen hat oder auf meinen Auftrag angewiesen ist. Mein erstes Angebot liegt deutlich unter den geforderten 30 000 Euro. Dabei werfe ich nicht einfach die Zahl in den Raum, sondern gehe Position für Position durch und erkläre, warum es auch günstiger gehen kann, bis wir beispielsweise bei 22 000 Euro landen. Das nennt man: den Anker setzen. Je weiter unten der Anker sitzt, desto mehr freut sich später der Verhandlungspartner über jeden herausgehandelten Euro – auch wenn dieser immer noch weit von dem zunächst geforderten Betrag entfernt ist. Es ist allerdings ein Balanceakt, ein Angebot zu machen, das frech ist, den Verhandlungspartner aber trotzdem nicht vor den Kopf stößt.

An dieser Stelle wirft die andere Partei erneut den Anker aus, der auch wieder eine Maximalforderung ist. Am besten ignoriert man diesen Anker und sagt trocken: «Da liegen wir ja noch ein ganzes Stück auseinander. Was können wir tun, um uns anzunähern?» Oft hat mein Gegenüber dann schon ein paar Ideen in der Hinterhand. Denn es geht am Ende nicht um eine bestimmte Summe, sondern um das Gesamtpaket. Gerade beim Bauen gibt es oft noch günstigere Lösungen, ohne Qualitätsverlust. Kürzlich konnte ich einen Baucontainer, der für eine 15-köpfige Baustellenbesetzung viel zu groß war, durch eine sehr viel kleinere Variante ersetzen, was tatsächlich ein paar tausend Euro sparte. Gemeinsam gehen wir die Positionen durch. Es findet sich immer etwas, das man einsparen kann.

Irgendwann ist dann scheinbar das Ende der Fahnenstange erreicht. Dann bleibt nur noch die Frage: «Was kann ich machen, um Ihnen entgegenzukommen?» Eine gute Zahlungsmoral wirkt oft Wunder. Oder eine gewisse Flexibilität beim Übergabe- oder Fertigstellungstermin. Wenn das alles nichts mehr hilft, ist es auch eine gute Strategie, mehr Leistung für mein Geld zu verlangen, etwa die Eingangstür noch malern zu lassen, auch wenn das ursprünglich nicht vorgesehen war.

Stückchen für Stückchen nähern wir uns einem Gesamtpaket an, mittlerweile sind wir bei 25 000 Euro. Früher wäre ich mit dem Ergebnis mehr als glücklich gewesen. Doch jetzt kommt mein Mann ins Spiel: «Wenn wir uns bei 24 000 Euro einigen, können wir hier und jetzt unterschreiben. Bei 25 000 Euro muss ich erst Rücksprache mit meinem Mann halten, es ist auch sein Geld.» Mein Mann ist eine Wunderwaffe. Den meisten Menschen ist daran gelegen, die Verhandlungen unter Dach und Fach zu bringen. Denn jeder Geschäftsmann weiß: Auf den letzten Metern kann noch viel schiefgehen. In den allermeisten Fällen lenken meine Verhandlungspartner daher lieber sofort ein.

Etwas aber habe ich in den vergangenen Jahren gelernt: Am Ende verhandele ich nicht nur einen Preis, sondern auch eine Geschäftsbeziehung. Man tut sich keinen Gefallen, um den letzten Euro zu feilschen. Im Gegenteil, eine angemessene Großzügigkeit zahlt sich aus. Ein Makler, der gut bezahlt wurde, bietet immer wieder spannende neue Objekte an. Ein Handwerker sagt einen anderen Auftrag ab, um bei uns zu arbeiten. Ein Hausverkäufer, der einen fairen Preis und sein Geld pünktlich bekommen hat, verkauft sein nächstes Haus auch gerne wieder an uns.

Heute muss ich sehr viel öfter um Preise verhandeln als um einen Lohn. Aber auch das könnte ich mittlerweile sehr viel besser. Mein Mann hat mir neulich bestätigt, dass ich bei Verhandlungen sehr viel souveräner geworden sei. Inzwischen bereut er es, mir Malhotras Buch empfohlen zu haben. Kürzlich fragte er mich, ob ich unser Auto zur Werkstatt bringen und die Winterreifen tauschen könne. Keine große Sache, nur sind dies genau die zwei Stunden, die nicht mehr in meinen eng getakteten Wochenplan passen. Außerdem drücke ich mich gerne vor allen technischen Dingen. Ich erkannte die Gunst der Stunde und sagte lächelnd: «Gerne, wenn du die nächsten zehn Jahre den Rasen mähst.» Das mache ich mindestens so ungern, wie zur Autowerkstatt zu fahren. Mein Mann guckte mich kurz verdutzt an und lachte: «Donnerwetter, das ist jetzt mal ein Anker!»

Mehr über Verhandlungsführung: Seite 267

10

BAU DICH GLÜCKLICH!
– oder:
WAS SIE ÜBER DIE BAUGRUPPE WISSEN SOLLTEN

«Liebling, willst du eine Wohnung mit mir kaufen?», fragte mich mein Freund an einem Frühlingsmorgen im Jahr 2004. War das seine Art, um meine Hand anzuhalten? Seit drei Jahren waren wir zusammen, seit ein paar Monaten lebten wir in einer gemeinsamen Wohnung. Und jetzt? Etwas romantischer hatte ich mir einen Heiratsantrag schon vorgestellt.

Mein Freund hatte an diesem Morgen keineswegs Heiratsabsichten. Er hatte handfeste materielle Interessen. «Eine Wohnung ist doch besser als Aktien», erklärte er mir mit großer Überzeugung in seiner Stimme. «Da hat man etwas in der Hand», fuhr er fort. Sein Kollege Peter habe ihm von einer Baugruppe erzählt, da seien noch ein paar Wohnungen frei. «Wir könnten eine davon kaufen», sagte er. «Ist doch auch viel lustiger als so eine blöde Lebensversicherung!»

Lebensversicherung, das war das Stichwort. Mit ungutem Gefühl dachte ich an Herrn Lindemann und meine abgeschlossenen Verträge von damals zurück. Eine weitere Lebens-oder Rentenversicherung würde ich sicherlich nicht abschließen. Lieber würde ich mit meinem Freund eine Wohnung bauen und vermieten. Selbst ohne Heiratsperspektive.

Nur, was ist eigentlich eine Baugruppe?, fragte ich mich an jenem Morgen. Das fragten sich zu diesem Zeitpunkt drei junge Architekten beim Surfen auf Lanzarote ebenfalls. Die Jungs hatten vor einigen Monaten ein Architekturbüro in Berlin gegründet. Sie hatten absolut nichts zu tun, saßen in ihrem leeren Büro und blickten auf das ebenso leere Grundstück nebenan. Am Strand von Lanzarote kam ihnen dann die Idee: Sie würden einfach ein Haus für das verwaiste Nachbargrundstück entwerfen und so tun, als könne man dort richtige Wohnungen kaufen. Der Entwurf war fertig, sie schalteten eine Anzeige. Im Kleingedruckten war zu lesen, dass die Wohnungen erst noch gebaut werden mussten. Wir und ein paar andere Wagemutige meldeten sich. So war unsere Baugruppe geboren, ohne dass die drei Architekten oder wir genau verstanden, was wir uns da vorgenommen hatten. Mit etwas Stolz muss ich sagen, dass wir eine der ersten, wenn nicht die erste Baugruppe in Berlin waren.

In einer Baugruppe oder auch Baugemeinschaft kommen üblicherweise Gleichgesinnte zusammen, um ein Bauprojekt zu verwirklichen, das sie allein finanziell nicht stemmen könnten. Wir haben seinerzeit ein Mehrfamilienhaus am Prenzlauer Berg gebaut, es kann aber auch der alte Bauernhof am Stadtrand für das Wochenende sein.

Eine Baugruppe hat einige finanzielle Vorteile. Üblicherweise entwickelt ein Bauträger ein Neubau-Projekt, trägt das Kosten- und Terminrisiko, muss die Wohnungen verkaufen, hat Finanzierungskosten während des Baus und Verkaufs. Deshalb schlägt der Bauträger beim Verkauf rund 15 Prozent auf seine Gesamtinvestitionen drauf. Geld, das die Baugruppe einspart, da sie selbst baut.

Zudem kann man bei der Grunderwerbssteuer viel Geld sparen: Diese entfällt nur auf den Grundstücksanteil und nicht auf die gesamte Wohnung. Wenn mein Grundstücksanteil beispielsweise 50 000 Euro beträgt, die Wohnung aber 300 000 Euro kosten würde, macht das bei einer Grunderwerbssteuer von derzeit sechs Prozent in Berlin einen gewaltigen Unterschied: Auf das Grundstück zahle ich 3000 Euro Grunderwerbssteuer, auf die Wohnung 18 000 Euro.[7]

Das Geld, das man spart, muss man sich allerdings auch hart verdienen: Bauen ist sehr viel aufwendiger als Kaufen. Das Bauherrendasein ist ein ernst zu nehmender Nebenjob. Man trägt das volle Risiko, egal ob das Haus teurer oder später fertig wird. Wenn man eine Wohnung vom Bauträger kauft, ist der Preis fix. Innerhalb der Baugruppe entwickeln sich die Kosten jedoch erst: In den seltensten Fällen bleibt es bei der ersten Kostenschätzung, was oft auch an den eigenen steigenden Ansprüchen liegt.

Nicht unterschätzen sollte man überdies die soziale Komponente einer Baugruppe. Alles, wirklich *alles,* wird ausdiskutiert. Von der Fassadengestaltung bis hin zur Frage, wie viele Gartenzwerge in den Garten dürfen – nichts ist unantastbar. Es ist eine Art Gruppentherapie.

Da ist es natürlich schon sinnvoll, wenn die Baugemeinschaft aus Menschen besteht, die eine ähnliche Einstellung zum und Vorstellung vom Leben haben. Das traf auf unsere Truppe leider so gar nicht zu. Wir hätten unterschiedlicher kaum sein können. Wir befanden uns mitten in einem menschlichen und sozialen Experiment. Da gab es Norbert, den schwäbischen Unternehmer. Er brachte alle Eigenschaften mit, die das Zusammenleben mit ihm als Nachbarn mühsam machen, in der Zusammenarbeit als Baugruppe jedoch immens von Vorteil waren. Er achtete auf jeden Cent, ließ nicht locker, scheute keine Konflikte und traf unbeliebte Entscheidungen, auch gegen den Willen der anderen. Dann gab es die liebenswerte, aber chaotische Familie mit vier Kindern im Kindergarten- und Grundschulalter, mit der das Zusammenleben sehr lustig, die Zusammenarbeit aber umso chaotischer war. Peter, der Computer-Nerd, der gerne mal die Baugruppenrunde sprengte, um über das Leben auf dem Mars zu referieren. Stefan, der Hals-Nasen-Ohren-Arzt, der schon aus Prinzip dagegen war. Und mein Freund und ich, die zwar keine Vorstellung vom gemeinsamen Leben hatten, aber sicherheitshalber eine Immobilie kauften. Was unsere Gruppe verband, war die Tatsache, dass wir risikofreudig und unternehmungslustig genug waren, um ein ganzes Mehrfamilienhaus am Prenzlauer Berg zu bauen. Zu einer Zeit, in der der Berliner Wohnungsmarkt am Boden lag und niemand auch nur ansatzweise darüber nachdachte, eine Wohnung zu kaufen.

Freunde und Familie reagierten denn auch mit viel Unverständnis auf unser Vorhaben. «Was? Eine Dreizimmerwohnung am Prenzlauer Berg? Wer will da denn leben?», sagte ein Freund meiner verstorbenen Eltern mit gerümpfter Nase. «Neubau?», fragte meine Freundin Judith nach. Wer wolle denn schon in einem Neubau wohnen, wenn es doch so viele schöne, leer stehende Altbauwohnungen gebe. «2000 Euro pro Quadratmeter?», fragte meine Schwägerin ungläubig nach. «Warum sollte ich das machen, wenn ich für fünf Euro mieten kann?» Unsere Freunde und unsere Familie hielten mit ihrer Missachtung für unser Vorhaben nicht hinter dem Berg. Wir ließen uns nicht abbringen. Als Investor, so sagten wir uns, muss man immer gegen den Strich denken.

Wenig später saßen wir mit unseren neuen Freunden der Baugemeinschaft beim Notar. Wir gründeten eine Gesellschaft bürgerlichen Rechts (GbR) mit dem Ziel, gemeinsam «unser» Grundstück zu kaufen. Eine GbR hat viele Vorteile, aber einen gravierenden Haken: Die Gesellschafter haften gemeinsam mit ihrem gesamten Privatvermögen. Kann ein Mitglied nicht mehr zahlen, müssen die anderen einspringen. Darum müssen alle Gründungsmitglieder belegen, dass sie zumindest ihren Grundstücksanteil bezahlen können. Mein Freund und ich brachten damals gemeinsam 15 Prozent des Kaufpreises als Eigenkapital ein, den Rest finanzierten wir.

Frohen Mutes zog unsere Planungsgemeinschaft los, um «unser» Grundstück zu kaufen. Grundstücke gab es damals in Berlin wie Sand an der Ostsee. Mit gutem Grund: Beim Ankauf musste man eine sehr große Leidensfähigkeit mitbringen, denn die Eigentumsverhältnisse waren oft verworren. In unserem Fall waren der Verkäufer ein ehemaliger Richter aus Zehlendorf, mittlerweile weit über 80 Jahre alt, sowie eine Erbengemeinschaft mit 23 Erben, die gefühlt in 40 Ländern dieser Welt lebten, von Argentinien bis Israel. Diese an einen Tisch zu bekommen, war nahezu unmöglich. Es war ein Wettlauf gegen die Zeit, ob sich alle Erben würden einigen können, bevor der Haupterbe das Zeitliche segnete.

Wir haben den Wettlauf gewonnen und fingen an zu planen. Im Vierwochentakt traf sich die Baugruppe bei unseren Architekten im Büro. In dieser Zeit lernten wir uns besser kennen, als manch einem vielleicht lieb war. Abendelang diskutierten wir über Kellergröße, Fassadenfarbe, Treppenhausboden, Finanz- und Zahlungspläne. Das Ganze war nur mit reichlich Rotwein zu ertragen. Unter Alkoholeinfluss protokollierten wir alles, so genau es ging.

Zur selben Zeit mussten wir einen Kredit auftreiben. Das ist in der Baugruppe so eine Sache. Beim Kauf einer fertigen Eigentumswohnung hinterlegt man die Wohnung als Sicherheit bei der Bank. Als Mitglied einer Baugruppe habe ich jedoch nur eine Grundstücksbeteiligung in der Hand. Erst wenn das Grundstück unter den Eigentümern aufgeteilt und jeder Anteil einer Partei zuzuordnen ist, nimmt die Bank diesen als Sicherheit. Die Folge: Bis zum Kreditabschluss muss man die Rechnungen aus eigener Tasche zahlen.

Während wir also warteten, trudelten die ersten Rechnungen des Notars und der Architekten ein. Eines Tages konnte Peter seine Rate nicht mehr zahlen. Ungut. Sehr ungut. Norbert wurde sehr ungehalten, er sah bereits sein Privatvermögen dahinschmelzen. «Keine Sorge», beschwichtigte Peter. Er holte ein kleines Ledersäckchen aus seiner Aktentasche und warf es mit lässiger Geste auf den Tisch, sodass der Inhalt klimperte. «Ich kann noch Gold verkaufen», erklärte er. Die Gruppe sah sich fragend an. Lief Peter tatsächlich mit einem Goldbeutel in der Tasche durchs Leben? Zuzutrauen war es ihm. Ob sich in dem Säckchen tatsächlich Goldmünzen befanden oder nur ein paar Euro, haben wir schlussendlich nie erfahren. Als aber alle Parteien ihren Kredit hatten, interessierte sich auch niemand mehr dafür.

Unser Grundstück war schließlich geteilt, und alle waren wieder flüssig. Wir verwandelten unsere Planungsgemeinschaft beim Notar in eine Baugemeinschaft, die nun alle Handwerker und Dienstleister beauftragen konnte. Dafür wählten wir einen Geschäftsführer aus unserer Mitte, eine Rolle, die dankenswerterweise unser Schwabe übernahm. Denn es ist sehr viel Arbeit, Vergabegespräche mit den Handwerksfirmen zu führen, Verträge auszuhandeln, sich mit den Nachbarn über Ausgleichszahlungen für Mietausfälle und Grundstücksnutzung zu einigen und vieles mehr.

Während Norbert hart verhandelte, haute die Gruppe jeden eingesparten Cent sofort wieder auf den Kopf. Ganz wie im Märchen vom Fischer und seiner Frau wurden unsere Wünsche immer größer. Eines Abends kam Computer-Peter etwas angeheitert zur Baugruppensitzung und fragte in die Runde: «Weiß eigentlich noch irgendeiner, wie viel das alles kostet? Ich habe nämlich kein Geld mehr!» Die Baugruppe schnappte laut nach Luft.

Aber auch diesen Schreckmoment meisterten wir gemeinsam. Denn anders als heute waren es goldene Zeiten für Bauherren. Auf jede Ausschreibung flatterten 10 bis 15 Angebote herein, die Firmen unterboten sich. Ob Rohbauer, Maler oder Fliesenleger: Alle wollten für uns bauen. Wir bekamen sehr viel Haus für unser Geld.

Mein Freund und ich wären mit unserer Wohnung wohl bis zum Schluss im Kostenplan geblieben. Hätten wir nicht zwischenzeitlich geheiratet, einen Sohn bekommen und nun selbst einziehen wollen. «Das Kind braucht einen Garten», sagte ich. Mein Nestbautrieb ging mit mir durch: Statt günstigen Industrieparketts verlegten wir teure Eichendielen, an die Wände kamen Berker-Lichtschalter, Dornbracht-Armaturen an die Waschbecken und zu guter Letzt die Einbauküche.

Unsere Wohnung war fertig, da kündigte sich unser zweiter Sohn an. Unsere kleine Familie hatte bereits jetzt mehr Mitglieder als unsere Wohnung Zimmer. Erstaunlich, wie schnell man Kinder bekommen kann und wie lange es dauert, ein Haus zu bauen. Wir zogen nie ein. Stattdessen suchten wir händeringend einen finanzkräftigen Mieter, der bereit war, für Designer-Lichtschalter und -Armaturen mehr zu zahlen. Siegesgewiss gaben wir eine Zeitungsannonce auf und wappneten uns für den ersten Ansturm. Wir rechneten mit einem ähnlichen Andrang wie zu Studentenzeiten auf das begehrte WG-Zimmer.

Wir druckten einen Stapel Selbstauskunftsformulare aus, stellten uns erwartungsvoll am Samstagvormittag in die Wohnung und warteten. Es geschah nichts. Wir blieben auf unserem Stapel Formulare sitzen. Anders als heute gab es seinerzeit nicht zu wenige, sondern zu viele Wohnungen in Berlin. Wir waren etwas geknickt. Doch beim zweiten Anlauf fanden sich zwei Interessenten, von denen der erste leider gleich mit den Worten «zu teuer» abwinkte. Am Ende braucht man jedoch nur einen Mieter, nur einen Käufer. Und den hatten wir gefunden. Von jetzt an ging am Monatsersten die Miete ein, mit der wir den Kredit bedienten. Da man die Zinsen als Werbungskosten sowie die jährliche Abschreibung von zwei Prozent der Anschaffungskosten von der Steuer absetzen kann, zahlten wir weniger Steuern. Die gesparte Steuerzahlung steckten wir ebenfalls in die Tilgung. Nach Zins und Tilgung blieb zunächst nur eine kleine Aufwandsentschädigung für mich übrig.

15 Jahre später: Unsere Mieter hatten unsere Wohnung mittlerweile fast abbezahlt. Wir hatten auch etwas Glück. Unsere Kreditkosten waren dank der Niedrigzinspolitik auf ein Viertel geschrumpft, wir konnten mehr tilgen. Das würde sich in den nächsten zehn Jahren vermutlich nicht mehr wiederholen. Nicht wiederholen lassen würde sich wohl auch die Wertsteigerung der vergangenen Jahre. Der Wert unserer ersten Wohnung hatte sich zwischenzeitlich verdreifacht.

Die ersten Baugruppenmitglieder von damals zogen mittlerweile aus und wollten ihre Wohnung verkaufen. Ich wollte die Wohnung kaufen, mein Mann nicht. «Wir haben damals nur ein Drittel für unsere Wohnung bezahlt», sagte er. Also wirklich, mein Mann hat bis vor kurzem auch noch den morgendlichen Kaffee in D-Mark gerechnet. «Sechs Mark», rechnete er kopfschüttelnd vor. «Sechs Mark für eine Tasse Kaffee!» Eine ähnliche Rechnung machte er jetzt auf. «Früher war immer alles besser», entgegnete ich spöttisch. «Der beste Zeitpunkt zu investieren ist immer jetzt oder vor zehn Jahren», platzierte ich noch eine Börsenweisheit. Schließlich konnte ich meinen Mann überzeugen: Die zweite Wohnung bekamen wir quasi geschenkt. Wir konnten unserer Bank die neue Wohnung sowie die alte, abbezahlte Wohnung als Sicherheit bieten. Wir mussten keinen Euro dazuzahlen, nicht einmal für die Nebenkosten für Notar und Grunderwerbssteuer, die wir diesmal ebenfalls finanzierten. Dank der Sicherheiten bekamen wir auch einen unverschämt günstigen Zinssatz. In 20 Jahren gehören beide Wohnungen uns. Unser Eigenkapitaleinsatz wird sich bis dahin vermutlich verfünfzigfach haben, selbst wenn die Wohnungspreise nicht mehr so stark steigen wie in den vergangenen Jahren.

Übrigens haben wir noch einmal in einer Baugemeinschaft gebaut. Diesmal für uns, und diesmal hat unsere Wohnung sogar mehr Zimmer, als wir Kinder haben. Als Lebenskonzept hat sich die selbst gebaute Wohnung sehr bewährt. Unsere Kinder spielen mit 15 anderen Kindern im Garten Fußball, die Großen passen auf die Kleinen auf. Unser Jüngster ist fest davon überzeugt, dass er nicht drei, sondern sieben große Geschwister hat, die Kinder meiner Freundin mit eingerechnet.

Als Investition taugt die selbst genutzte Wohnung weniger. Anders als bei der vermieteten Wohnung können wir weder Kreditzinsen noch Abschreibung bei der Steuer geltend machen. Statt monatlich ein paar Euro herauszubekommen, überweisen wir jeden Monat Zins und Tilgung an die Bank. Wenn die Wohnung abbezahlt ist, fließt das Geld weiter aus den Taschen, die ersten Reparaturen werden fällig. Erst wenn wir die Wohnung verkaufen, bekommen wir Geld. Nun kann man eine Wohnung in Berlin-Mitte, Hamburg oder München am Ende vermutlich immer mit Gewinn verkaufen. Eine Investition im eigentlichen Sinne, mit der man von Anfang an Geld verdient, ist die eigene Wohnung jedoch nicht.

Zum Glück geht es aber nicht immer ums Geld im Leben.

Mehr über Baugruppen: Seite 257
Mehr über die eigenen vier Wände: Seite 260

11

NACH DER HOCHZEIT IST
VOR DER HOCHZEIT
– oder:
WAS SIE ÜBER DIE FINANZIELLE SEITE
DER EHE WISSEN SOLLTEN

Nie waren mein Mann und ich einer Scheidung so nah wie in den Wochen und Monaten, in denen wir unsere Finanzen sortierten und einen Ehevertrag aufsetzten. Wenn man sich schon in guten Zeiten so über dieses Thema zoffen kann, will ich mir gar nicht ausmalen, wie so ein Streit unter dem Vorzeichen einer Trennung abläuft.

Das Gesetz gibt eine Regelung vor, die recht sinnvoll ist: Im Falle einer Scheidung darf jeder behalten, was er / sie in die Ehe mitgebracht hat. Alles, was nach dem Hochzeitstag hinzukam, wird geteilt. Man tut daher gut daran, zu Beginn festzuhalten, wer was hat. Ich erinnere mich zumindest heute nicht mehr daran, wie viele Aktien zu welchem Wert ich vor rund 20 Jahren in meinem Depot hatte.

Wenige Tage vor unserer Hochzeit gingen mein zukünftiger Mann und ich also zum Notar und hielten fest, was jeder in die Ehe einbrachte. Außerdem sollte jeder behalten, was er verdiente, mein Mann in der Start-up-Szene, ich als Journalistin und Immobilienbesitzerin.

Unser Ursprungsmodell ging vier, fünf Jahre gut. Jeder von uns zahlte am Monatsersten einen bestimmten Betrag auf unser Gemeinschaftskonto, davon beglichen wir die Miete für unsere Altbauwohnung in Mitte samt Ikea-Grundausstattung sowie unsere Reisen ans Ende der Welt. Was übrig blieb, kam aufs Privatkonto und jeder durfte machen, was er wollte. Ich durfte mir so viele Kleider, mein Mann sich so viele VR-Brillen kaufen, wie unsere jeweiligen Kontostände hergaben.

Mit immer größer werdender Kinderschar ging die Rechnung jedoch vorn und hinten nicht mehr auf. Die Familie verschlang unsere gesamten Arbeitseinkommen, im besten Fall zeigte unser Konto am Monatsende eine schwarze Null. Unsere Einkommensverhältnisse hatten sich zudem auseinanderentwickelt. Mein Mann verdiente in der boomenden IT-Branche jährlich mehr, ich als Teilzeitjournalistin nach jedem Kind weniger. Mein Mann kam für den allergrößten Teil unseres täglichen Lebens auf, während ich meine Immobilieneinkünfte in die Zukunft investierte, Aktien und weitere Immobilien kaufte. Allein, diese gehörten der Logik unseres Ehevertrages zufolge mir.

«Das ist nicht fair!», beschwerte sich mein Mann zu Recht. Von seinem verdienten Geld bleibe nichts übrig, während ich immer reicher würde. «Von jetzt an gibt es kein Mein und Dein mehr!», stellte er klar. Ich schnappte nach Luft. In gewisser Weise hatte er recht. Aber was war etwa mit unserer Wohnung? Die hatte ich aus meinem Erbe bezahlt. Sollte die jetzt auch ihm zur Hälfte gehören? Was, wenn mein Mann doch einmal mit der Sekretärin durchbrennen würde?

Ich schluckte. Vor unserer Ehe hatte ich immerhin etwas eigenes Kapital gehabt. Und jetzt sollte es kein Mein und Dein mehr geben? «Außerdem darfst *du* weiterhin Vollzeit arbeiten, während *ich* in Teilzeit Windeln wechsele.» Jetzt waren alle Themen auf dem Tisch: Von unserem Rollenverständnis über ungeahnte Konten in Alpenrepubliken bis hin zum Depot mussten wir Ordnung schaffen.

Mein Mann ließ nicht locker. An düsteren Tagen war ich überzeugt, einen Heiratsschwindler geheiratet zu haben, der mit einem gefälschten Adelstitel nur an mein Geld wollte. Gleichzeitig bewunderte ich meinen Mann aber auch für seine Hartnäckigkeit in dieser Sache. Während viele Frauen es als selbstverständlich hinnehmen, dass ihre Männer die finanzielle Oberhand haben, pochte mein Mann unnachgiebig darauf, finanziell gleichgestellt zu sein.

Vielleicht sind andere Paare weniger emotional bei diesem Thema als wir. Vielleicht geben sich Frauen mit einem finanziellen Ungleichgewicht auch leichter zufrieden als Männer. Bei uns kochten die Gefühle hoch. Wir machten sehr viel Yoga und atmeten tief durch, bevor wir wie zwei Erwachsene über das schnöde Thema Geld reden konnten. Wir einigten uns: Alles gehört allen. Alles kommt in einen Topf: Einkommen aus Arbeit, Vermietung und Verpachtung, Investitionen und Kapitalanlagen. Für den Fall, der hoffentlich nie eintreten wird, dass wir uns trennen sollten, behalte ich einen Teil unserer Immobilien. Das sollte reichen, um meine Söhne großzuziehen, ohne meinen Ex um etwas bitten zu müssen. Das war mir ungemein wichtig.

An einem grauen Novembernachmittag saßen wir schließlich bei unserer Notarin und unterzeichneten unseren neuen Ehevertrag. Das Ereignis war denkbar unromantisch. Dennoch gingen wir, beflügelt von dem guten Gefühl, dass uns so schnell nichts auseinanderbringt, nach Hause.

Mehr zum Ehevertrag: Seite 265

12

PÄCKCHEN FÜR DICH

– oder:

WIE SIE DIE RICHTIGE
AKTIE FINDEN

Ein grauer, regnerischer Herbsttag im Jahr 2012. Es klingelte an unserer Wohnungstür. Ich öffnete die Tür und sah: nichts. Ich stand vor einer großen braunen Paketwand, die mich schier zu erschlagen schien. «Frau von Hardenberg …?», hörte ich eine dumpfe Stimme aus dem Off. «Ich habe hier ein paar Pakete für Sie.» – «Das kann ich sehen», entgegnete ich. Ich suchte nach einem Schlitz zwischen Türrahmen und Paketwand, um einen Blick in den Flur werfen zu können. Dort sah ich einen freundlichen Herrn mittleren Alters in einer rot-gelben Windjacke mit einem Logo des Paketzulieferers DHL. «Könnten Sie vielleicht auch noch die drei Pakete für Ihre Nachbarn annehmen?», fragte er verzweifelt. Der nette Mann war sichtlich aus der Puste. «Wenn wir noch irgendwo Platz in unserem Flur finden, natürlich!», sagte ich. Offenbar war mit mir und meinen Nachbarinnen beim Shoppen die Kauflust etwas durchgegangen.

Wie war es so weit gekommen? Vor wenigen Wochen waren wir mit unseren – damals noch drei – Söhnen in unser neues Haus gezogen, unser Baugruppenhaus, das mit den netten Menschen. Unsere neue Wohnung war deutlich größer als die vorherige. Wo ich hinblickte, herrschte Leere. Es fehlte an allem: das Hochbett für die beiden älteren Söhne, der Sitzsack zum abendlichen Vorlesen, Esszimmerstühle, ganz zu schweigen von so banalen Dingen wie Vorhängen, Glühbirnen oder

Bettwäsche fürs Gästezimmer. Meine Einkaufsliste wurde länger und länger.

Bis zu jenem Herbst war ich dem Einzelhandel treu geblieben. Ich liebte es, durch die Straßen und Geschäfte von Berlin zu bummeln, mich inspirieren zu lassen. Selbst den bei vielen Menschen so verhassten Ikea-Besuchen konnte ich durchaus etwas abgewinnen: Die Kinder waren glücklich im Småland, während ich endlich einmal eine ruhige Minute hatte und einen Kaffee trank. Doch nun war ich an meine Grenzen gestoßen. Die schiere Masse war mit Menschenkraft nicht mehr zu bewältigen. Nicht mit drei Kleinkindern im Schlepptau.

Abhilfe musste her. Bislang hatte ich Vorbehalte gegenüber dem Onlinehandel gehegt. Ich wollte die Dinge anfassen und sehen. Doch plötzlich verstand ich das Konzept. Meine Freundin Annika hatte mir schon vor Monaten begeistert berichtet, dass jedes ihrer Patenkinder dank Amazon nun rechtzeitig ein Geburtstagsgeschenk bekomme. «Kein lästiges Umherlaufen mehr, alles kommt direkt ins Haus», hatte sie gesagt. Mit einem Mal klangen ihre Worte wie eine Verheißung in meinen Ohren. Ich hatte weitaus größere Probleme, als meinem Patensohn einen neuen Stoffhasen zu schicken ...

Statt mich hübsch für den Einkaufsbummel zu machen, ließ ich mich abends in Jogginghose aufs Sofa fallen und griff zum Laptop. Es gab *alles* im Internet, vom Hochbett angefangen bis hin zum Milchpulver für unseren Jüngsten. Eine große Last fiel von mir ab, als mir bewusst wurde, dass ich all diese Dinge nicht selbst ins Haus schleppen müsste, sondern sie auf wundersame Weise in unsere Wohnung kämen. Ich geriet in einen Kaufrausch. Klick, klick, hurra!

Meinen Freundinnen aus den Nachbarwohnungen ging es offenbar ähnlich, wie ich an jenem Herbstnachmittag, als der DHL-Bote nicht mehr zu sehen war, begriff. Meine Nachbarin von gegenüber hatte einen Staubsauger bestellt, die andere neue Esszimmerstühle und die Nachbarin mit Gartenzugang Stauden für die Herbstbepflanzung. Oben auf den Boxen lag noch ein winziges Päckchen mit Marienkäferlarven, die wollte sie zur Läusebekämpfung einsetzen. Nachdem alle Kartons im Haus verteilt waren, ließ ich mich erschöpft auf die Couch fallen und ging abermals shoppen. Aktien. Wenn nicht nur ich, sondern viele meiner Generation ihre Einkäufe im Internet erledigten, musste die Branche boomen! Wer immer daran verdiente, ich wollte mitverdienen.

Aktien sind nämlich nichts anderes als Unternehmensbeteiligungen. Wenn ein Unternehmen investieren will, braucht es Geld. Es kann sich entweder mit Hilfe von Anleihen oder Krediten Fremdkapital beschaffen oder eigenes Kapital einbringen. Im letzteren Fall verkauft das Unternehmen einen Teil seiner Firma in Form von Aktien. Aktionäre sind daher Miteigentümer des Unternehmens. Anders als bei einer Anleihe habe ich als Aktionärin kein Recht auf Zinsen oder auf die Rückzahlung des Kapitals. Dafür bin ich als Aktionärin am Unternehmensgewinn beteiligt – und leider auch am Verlust. Aktien sind daher deutlich risikoreicher als Anleihen. Meine Gewinne können aber auch deutlich höher ausfallen als bei Anleihen.

Geld verdient man mit der Dividende und dem Kursgewinn. Über die Dividendenzahlung schüttet das Unternehmen einen Teil seines Gewinns an die Aktionäre aus. Kauft man die Aktie zu einem niedrigen Kurs und verkauft sie wiederum zu einem höheren Preis, kann man einen Kursgewinn einstreichen. Aktien werden üblicherweise an der Börse gehandelt (manche auch außerhalb). Der Preis beziehungsweise der Kurs einer Aktie setzt sich daher aus Angebot und Nachfrage nach dem Wertpapier zusammen. Glauben viele Investoren daran, dass das Unternehmen in Zukunft erfolgreich sein wird, steigt der Kurs. Der erfolgversprechendste Weg, ein Vermögen aufzubauen, ist daher, frühzeitig zu erkennen, was wichtig wird. So einfach ist das!

Ich war fest davon überzeugt, einen Zukunftstrend erkannt zu haben. Lange bevor ein Virus die Welt lahmlegte und diese von heute auf morgen in ein virtuelles Warenhaus verwandelte. Zu einer Zeit, als ich mit meinen Kindern zum Turnschuhkaufen noch ins Schuhgeschäft ging. Nur wer würde davon profitieren, wenn die Menschen zunehmend vom Sofa aus shoppten? Amazon war den meisten Menschen noch als Buchhändler bekannt, Zalando war noch nicht an der Börse.

Ich sah mich um und dachte nach. Wenn ich vom Sitzsack bis zur Marienkäferlarve alles online bestellen kann, ich nicht die Einzige bin und diese Dinge irgendwie von einem Ort zum anderen Ort kommen müssen, muss DHL sehr viel Geld damit verdienen. In den nächsten Tagen beobachtete ich den gelb-roten DHL-Transporter in unserer Straße. Für die rund 800 Meter zwischen den beiden Querstraßen brauchte der Bote ein bis zwei Stunden. Stapelweise lud er Pappkartons auf seine Sackkarre und ging von Hauseingang zu Hauseingang. Der Onlinehandel boomte am Prenzlauer Berg.

Bei genauerem Hinsehen bemerkte ich: Eine ernstzunehmende Anzahl der Päckchen kam von Amazon.* Ich hatte schon gehört, dass das Unternehmen längst nicht mehr nur Bücher verkaufte, war aber beim Blick auf die Website dann doch überrascht, was es alles gab. Vor allem die Kategorie «Baby» sollte mein Leben sehr viel einfacher machen. Statt Windeln auf dem Fahrrad nach Hause zu jonglieren, kamen diese nun im Abo nach Hause. Lästige Dinge wie Kontaktlinsenmittel oder So-

---

* Das klingt im Jahr 2021 wenig überraschend. Vor zehn Jahren war das aber so ähnlich, als würde heute plötzlich die halbe Stadt Elektroautos fahren.

cken, für die ich sonst durch die halbe Stadt hätte fahren müssen, kamen nun wie von Zauberhand zu mir. «Hast du schon bei Amazon geguckt?», wurde bei uns zum geflügelten Wort, das selbst der damals fünfjährige Franz verwendete.

Nun reicht es natürlich nicht, wenn ich allein das Internet leerkaufe. Ich nahm mir die Jahresberichte von Amazon und DHL vor. Mit großer Freude las ich, dass ich nicht allein war. Gleich auf Seite 1 des Amazon-Reports berichtete eine Lunch-Boxen-Herstellerin, wie sie dank Amazon ihren Absatz verzehnfachen konnte. «Als ich im April auf Amazon startete, hatte ich 50 bis 75 Bestellungen am Tag», erzählte sie. Bei Schulbeginn waren es 300 bis 500 täglich. «Wow», dachte ich. Erst da begriff ich, dass Amazon längst nicht mehr nur sein eigenes Sortiment verkaufte, sondern ein Marktplatz für Drittanbieter war – was natürlich ungleich mehr Möglichkeiten bot. Die Amazon-Aktie kam auf meinen Einkaufszettel.

Amazon boomte, dann musste DHL doch mitverdienen, so meine Logik. Ich nahm mir den DHL-Geschäftsbericht vor. Das Paketgeschäft lief gut, nicht nur am Prenzlauer Berg. Konsumwütige Hausfrauen machten dabei noch den geringsten Geschäftsanteil aus. Immer mehr Chinesen verlangten nach den jüngsten Lebensmittelskandalen Milch und Wein und ließen sich diese aus Europa liefern. Zu meiner freudigen Erkenntnis war DHL nicht nur in Deutschland aktiv, sondern in 220 Ländern weltweit, in vielen, die weit schneller wuchsen als Deutschland. Dem entgegen standen allerdings deutlich höhere Transport- und Personalkosten als im Vorjahr.

Es wäre gelogen, an dieser Stelle zu behaupten, ich hätte die Geschäftsberichte von Amazon und DHL samt allen Zahlen komplett durchdrungen. Allerdings hatte ich nach der Lektüre ein deutlich besseres Verständnis von den Geschäftsmodellen. Der Umsatz beider Unternehmen stieg, bei Amazon natürlich deutlich stärker als bei DHL. Dafür ließ DHL seine Aktionäre mit einer Dividende am Gewinn teilhaben. Das Wichtigste für mich aber war, dass ich einen Bezug zu den Geschäftsmodellen beider Unternehmen hatte. Als Aktionärin muss ich «mein» Unternehmen im Blick haben, die Nachrichten verfolgen. Das geht nur, wenn es mich interessiert und auch Spaß macht. Mit dem schwäbischen Spezialschraubenhersteller kann ich persönlich weniger anfangen.

Bei einem Aktienpreis von rund 14 Euro pro DHL-Aktie stieg ich ein. Allein die Dividende von 70 Cent pro Aktie war ein Kaufargument. Zum aktuellen Kurs würde ich eine Rendite von mehr als fünf Prozent jährlich auf mein eingesetztes Kapital bekommen – deutlich mehr als auf dem Sparbuch. Die Amazon-Aktie kostete knapp 200 Euro. Eine Dividende gab es nicht, das Unternehmen machte keine Gewinne, sondern investierte kräftig. Für meine Eltern wäre eine solche Aktie nie in Frage gekommen. Ob ein Unternehmen ein gutes war oder nicht, machten sie am Gewinn fest. Amazon wäre durch ihre Raster gefallen. Mir fiel es zunächst auch etwas schwer, dieses alte Denkmuster abzulegen. Andererseits nahm auch ich bei meinen Immobilieninvestitionen in Kauf, zunächst keine Gewinne zu machen, um weitere Objekte zu kaufen und zu wachsen. Vielleicht dachte Amazon-Chef Jeff Bezos genauso?

Einige Tage nach meinem Einstieg bei DHL und Amazon entdeckte ich ein weiteres Geschäftsfeld, aber auch Problem «meiner» Unternehmen: die Retoure. Unglücklicherweise vertrug sich die Farbe meiner bestellten Sitzsäcke nicht mit der Wandfarbe des Kinderzimmers. Statt neu zu streichen, schleppte ich die Sitzsäcke die Straße hinunter zum nächsten DHL-Shop. Diesmal blieb ich hinter dem Paketturm unsichtbar. «Können Sie vielleicht ein paar Pakete für mich entgegennehmen?», rief ich dem verzweifelten Shop-Besitzer zu. DHL hatte gleich zwei

Mal an mir verdient. Die Amazon-Retouren, die ich im Regal erblickte, bereiteten mir hingegen Sorge. Ob das gutgeht, fragte ich mich.

Es ging gut. Sehr gut sogar. Im ersten Jahr meines Investments legten sowohl die DHL- als auch die Amazon-Aktie um mehr als 50 Prozent zu. Der DHL-Aktienkurs hatte sich seit meinem Einstieg zeitweise verdreifacht, die Dividende kletterte auf 1,25 Euro pro Aktie – das waren fast zehn Prozent des Einstiegspreises. Amazon zahlt bis heute keine Dividende. Allerdings hat sich der Kurs bis zum Sommer 2020 mehr als verdreizehnfacht. Beide Aktien haben gleichermaßen überzeugt: DHL als Dividendenaktie, die jährlich Geld bringt. Amazon als Kursgewinner.

Wenn ich etwas falsch gemacht habe, dann eines: dass ich an dem Tag, als der Paketbote vor meiner Wohnungstür nicht mehr zu sehen war, nicht viel, viel mehr DHL- und Amazon-Aktien gekauft habe.

Mehr über Aktien und ihre richtige Auswahl: Seite 210

13

DIESE NULL, DIESE VERDAMMTE NULL
– oder:
WAS SIE ÜBER ETFS UND SCHWELLEN-LÄNDER WISSEN SOLLTEN

Nigeria. Das Land meiner Träume. Nicht, dass ich Fernweh bekommen hätte beim Anblick der Bohrinsel vor der nigerianischen Hauptstadt Lagos. Als Reiseziel taugte das westafrikanische Land weniger. Als Investitionsziel schien es mir jedoch äußerst attraktiv.

Es war irgendwann zu Beginn der 2010er Jahre. Nach der Finanzkrise 2008 setzte sich die Globalisierung unbeirrt fort, angekurbelt von Chinas scheinbar unendlicher Nachfrage. Ich hatte bereits in zahlreiche Schwellenländer, die sogenannten Emerging Markets, investiert: Brasilien, Vietnam, Indonesien. Die Geschichte dahinter ist ebenso einfach wie schnell erzählt. All diese Länder haben eine stark wachsende, sehr junge Bevölkerung, die immer mehr konsumiert und somit das heimische Wirtschaftswachstum antreibt. Natürlich gibt es Unterschiede, und in manchen Ländern hat die starke Nachfrage aus dem Ausland den wirtschaftlichen Aufschwung beflügelt: Brasilien profitierte lange von Chinas Rohstoffhunger, Vietnam vom weltweiten Interesse an günstigen Arbeitskräften für Konsumgüter wie Turnschuhe und Elektronik. So oder so haben die Menschen am Ende mehr Arbeit. Folglich steigen die Einkommen, die Bevölkerung gibt mehr Geld aus, was das Wirtschaftswachstum antreibt.

Es machte mir wahnsinnigen Spaß, in diese Länder zu investieren. Wie beim Schach muss man immer mehrere Züge vorausdenken. Ich beobachtete «meine Länder» in den Medien, von der *Financial Times* bis hin zu lokalen Medien wie etwa der *Singapore Straits Times*. Noch besser ist es natürlich, vor Ort zu sein. Das ist in Italien allerdings sehr viel leichter als in Vietnam. In jedem Fall muss man genau hinsehen, was sich verändert, und erkennen, wie sich die Welt wandelt. Was passiert, wenn beispielsweise Millionen Vietnamesen zunächst ihre Fahrräder gegen Mopeds und eines Tages gegen Autos tauschen? Als Investor lebt man davon, die Zukunft zu erkennen. Teils war es mir geglückt und ich hatte gutes Geld verdient, vor allem in Indonesien und Brasilien. Vietnam hinkte noch etwas hinterher, aber ich glaubte weiter daran.

Langsam aber war die Luft aus den lateinamerikanischen und asiatischen Schwellenländern raus. Die Börse schätzt hohe Wachstumsraten nur so lange, wie sie für Analysten und Investoren überraschend kommen. Jahrelang übertrafen diese Länder, genauer gesagt die Unternehmen, mit ihren Wachstumsraten die Erwartungen. Irgendwann konnten sie nicht mehr im selben Maße überraschen wie zuvor. Das Wachstum verlangsamte sich, auch wenn es an deutschen Raten gemessen immer noch sehr hoch war. Wie alle Investoren war auch ich ständig auf der Suche nach dem nächsten großen Ding.

Nigeria. Immer wieder hörte ich von Nigeria. Das bevölkerungsreichste Land Afrikas, im Durchschnitt waren die Nigerianer 18 Jahre alt, bis Mitte des Jahrtausends sollte sich die Bevölkerung noch einmal verdoppeln. Dank sprudelnder Öleinnahmen wuchs die Wirtschaft deutlich schneller als in den meisten afrikanischen Ländern. China investierte immer mehr auf dem afrikanischen Kontinent. Die Nachfrage nach Rohstoffen stieg stark. Auch wenn zu der Zeit noch jeder zweite Nigerianer unter der Armutsgrenze von zwei Dollar am Tag lebte, erschienen mir die mittel- bis langfristigen Aussichten gut.

Mit meiner Einschätzung war ich nicht allein. Oliver Samwer sah es offenbar ähnlich. Das ist jener erfolgreiche Internetunternehmer, der zuerst mit Klingeltönen und später als Schuhverkäufer im Internet reich wurde. Jetzt wollte er einen Onlinehandel in Nigeria aufziehen, das Amazon Afrikas. Jumia hieß der Laden, der den Afrikanern Schuhe und Telefone aus dem Internet direkt ins Haus liefern sollte. Ich hatte gerade ein Interview in der *Wirtschaftswoche* mit Samwer gelesen. Auf die nicht ganz abwegige Frage, warum er um alles in der Welt gerade in Nigeria investiere, antwortete er sinngemäß: Er habe gehört, dass Heineken gerade eine große Brauerei in Nigeria baue. Und eines Morgens habe er unter der Dusche gestanden und sich gedacht, wenn Heineken in Nigeria Geschäfte machen kann, könne er das auch.

So einfach. Eines Morgens stand auch ich unter der Dusche und dachte mir: «Wenn Heineken *und* Oliver Samwer Geschäfte in Nigeria machen, kann ich das auch.»

Ich machte mich auf die Suche nach einer geeigneten Investitionsmöglichkeit. Am liebsten hätte ich Herrn Samwer angerufen und gefragt, ob ich bei Jumia mitmachen dürfe. Die Idee, in einen nigerianischen Onlinehandel zu investieren, reizte mich, liefen meine Amazon-Aktien doch hervorragend. Aber meine finanziellen Mittel würden nicht ansatzweise ausreichen, um direkt zu investieren. Ich musste eine andere Anlage finden. Auf eine einzelne nigerianische Aktie zu setzen, war mir zu riskant. Zu den größten nigerianischen Unternehmen zählten Ölfirmen, Zementhersteller, Telekommunikationsanbieter sowie Banken. Ich hatte allerdings keine Ahnung, welche Firma ihren Job besonders gut oder schlecht machte, ob ihre Geschäftsaussichten gut waren oder nicht. Auch konnte ich nicht beurteilen, ob die Aktien günstig bewertet wurden oder nicht. Es war ja nicht so, dass Nigeria ständig in den Schlagzeilen auftauchte und ich mich leicht informieren konnte.

Jemand anderes musste also die Aktienauswahl für mich übernehmen. Jemand, der sich auskannte. Vielleicht ein Fondsmanager, der die nigerianische Unternehmenswelt kannte und die Rosinen für mich herauspickte. Ich recherchierte im Internet nach nigerianischen Aktienfonds. Leider fand ich seinerzeit keine Fonds, die sich allein auf Nigeria spezialisiert hatten. Wollte ich in nigerianische Aktien investieren, müsste ich dies mit einem «Emerging-Markets-Fonds» tun. Diese hatten aber einen ganzen Blumenstrauß von Emerging-Markets-Aktien in ihrem Portfolio – von Brasilien über Nigeria bis Indonesien. Ich hatte bereits in Brasilien und Indonesien investiert. Mit einem Schwellenländerfonds hätte ich noch mehr Aktien aus Brasilien und Indonesien besessen, ein kleines Klumpenrisiko sozusagen.

Meine einzige Möglichkeit, in Westafrika zu investieren, war mit Hilfe eines Nigeria-ETFs. In meinem Fall dem NSE 30, dem Nigerian Stock Exchange mit den 30 größten Firmen des Landes, das Pendant zum deutschen DAX. Die Fondsgesellschaften würden einfach alle Aktien des NSE 30 entsprechend ihrer Gewichtung nachkaufen, vom Ölproduzenten bis zum Zementhersteller. Steigt der NSE 30, gewinnt auch mein ETF an Wert – und umgekehrt. Das Ziel ist nicht, durch die Auswahl einzelner Aktien besser als der Markt zu sein, sondern diesen nur genau abzubilden.

Das war perfekt für mich. Mit einem Nigeria-ETF konnte ich einfach und vor allem günstig am Marktgeschehen in Lagos teilnehmen. Da beim ETF keine Aktien ausgesucht werden müssen, fallen keine oder nur sehr geringe Managementgebühren an. Zudem sind die Kaufgebühren weit unter den Ausgabeaufschlägen der Fonds. Es bleibt also wesentlich mehr von der Rendite übrig als bei klassischen Aktienfonds. Einen Nachteil muss man allerdings in Kauf nehmen: Bei exotischeren Indizes, wie dem nigerianischen Aktienmarkt, ist die Nachbildung oft nicht mehr ganz so genau. Der Markt ist deutlich weniger liquide als beispielsweise der DAX, daher können die Fondsmanager die Aktien nicht in vollem Umfang nachkaufen. Nach all meinen Recherchen war ein Nigeria-ETF die beste (und auch einzige) Möglichkeit, in dem westafrikanischen Land zu investieren. Das Unternehmens- und Marktrisiko war breit gestreut, den NSE 30 zu verfolgen war vergleichsweise einfach, ein Blick auf die Website genügte.

Frohen Mutes orderte ich also meine ETFs an der Stuttgarter Börse, die auf den Handel von Zertifikaten spezialisiert ist. Ich kaufte ETFs in (vermeintlich) fünfstelliger Höhe, der kleinsten fünfstelligen Summe, die man sich vorstellen kann. Wenige Minuten später sah ich, wie der Kurs in die Höhe schoss. Ich freute mich. Wenn das kein gutes Timing war!

Am Morgen danach folgte die große Ernüchterung. Ich öffnete meinen Laptop, loggte mich in mein Konto ein und bekam beim Anblick meines Kontostandes einen riesigen Schreck. Unser Guthaben war auf drastische Weise geschrumpft. Stattdessen war unser Depot aufgebläht. Mit nigerianischen ETFs. Zwischen Kindergebrüll und den verzweifelten Hilferufen unseres Au-pair-Mädchens hatte ich mich offenbar vertippt, um eine Null zu viel. Statt einer überschaubaren Anzahl von nigerianischen ETFs war ich nun vermutlich neben Oliver Samwer die größte Investorin Westafrikas. Ich bekam Schnappatmung. «Liiieeebling», rief ich meinen Mann, nach Luft ringend. «Mir ist da wirklich etwas Saublödes passiert ...», fing ich kleinlaut an. In derselben Stimmlage hatte ich ihm vor wenigen Wochen gebeichtet, dass ich unser Auto gegen die Garagenwand gesetzt hatte. Mein Mann ahnte nichts Gutes. «Was ist denn diesmal passiert?», fragte er. Ich erzählte von meiner Misere. Mein Mann reagierte so, wie er es auch tut, wenn die sechsköpfige Familie erst zehn Minuten vor Abflug am Flughafen aufschlägt. Er bleibt gelassen und überlegt, was zu tun ist. «Verkauf doch wieder», sagte er schließlich unbeeindruckt und ging ins Büro.

Leichter gesagt als getan. Erst einmal musste ich jemanden finden, der meine nigerianischen ETFs kaufen wollte. Leider drehte sich zeitgleich der Wind in Nigeria. Hatte die Börse in Lagos in den vergangenen Monaten nur eine Richtung gekannt, nämlich aufwärts, ging es ab diesem Tag nur noch abwärts. Das tat sehr, sehr weh. Natürlich wusste ich, die Börsen in Schwellenländern sind sehr viel volatiler als in Industrieländern. Man kann viel gewinnen, aber auch viel verlieren. Bei meinem ursprünglichen Investitionsbetrag hätte ich mich über ein Minus von fünf bis zehn Prozent zwar geärgert, aber es klaglos weggesteckt. Jetzt entsprachen fünf bis zehn Prozent ausgedehnten Sommerferien im Fünf-Sterne-Hotel. Das tat schon weh.

Es half nichts, ich musste einen kühlen Kopf bewahren. Zehn Prozent sind zehn Prozent, egal ob von 1000, 10 000 oder 100 000 Euro. Nur schmerzen zehn Prozent von 1000 Euro viel weniger. «Es ist besser, mit einem fünfstelligen Minus zu verkaufen und anschließend ein Alternativinvestment zu finden, um die Verluste wieder wettzumachen, als zu hoffen, dass die Kurse wieder steigen», redete ich mir während meiner schlaflosen Nächte gut zu. Ich beschloss, mein Investment auf den ursprünglich vorgesehenen Betrag herunterzufahren. Allerdings musste ich schnell feststellen, dass das Interesse an nigerianischen Wertpapieren zumindest an den gängigen Börsenplätzen verschwindend gering war. Zu dem von mir geforderten Preis fanden sich nicht genügend Verrückte. Würde ich meine gesamten nigerianischen ETFs auf einmal auf den Markt werfen, würde dies vermutlich ein kleines Kursbeben an der Stuttgarter Börse auslösen. Irgendwie faszinierte es mich auch, dass ich den Markt bewegen könnte ...

Mein eigentliches Dilemma war aber nicht gelöst. Wie um Himmels willen werde ich diese Papiere ohne größere Verluste wieder los? Es blieb mir nichts anderes übrig, als mein Investment in kleinen Tranchen zu verkaufen. Jeden Morgen wieder. Nachdem ich die Kinder gewickelt, gefüttert und in den Kindergarten gebracht hatte, setzte ich mich an mein Notebook, las nigerianische Tageszeitungen wie *The Nation* und *The Daily Post*. Es waren unruhige Zeiten an der Börse in Lagos, mal ging es rauf, mal runter. Unter normalen Umständen hätte mich das nicht weiter beunruhigt. Nun versuchte ich unter den gegebenen Umständen noch das Beste herauszuholen. Tag für Tag verkaufte ich ein paar Papiere, mal zu besseren, mal zu schlechteren Kursen. Nach einigen Wochen hatte ich unsere Nigeria-Position weitgehend aufgelöst. Ich beendete mein Engagement ohne größere finanzielle Verluste, aber unter erheblichen Einbußen meiner Lebensqualität.

Vor einiger Zeit hat auch Oliver Samwer Nigeria verlassen. Jumia ist im Frühling 2019 an die New Yorker Börse gegangen. Aus alter Verbundenheit habe ich ein paar Aktien gekauft. Auf Anhieb nicht mein bestes Investment. Aber diesmal hatte ich wenigstens peinlichst genau darauf geachtet, wie viele Ziffern meine Ordereingabe hatte.

Mehr über Schwellenländerfonds: Seite 286

14

FETTE LACHSE, FETTE RENDITE
– oder:
WAS SIE ÜBER DIVIDENDENAKTIEN WISSEN SOLLTEN

Es war ein dunkler, nasskalter Sonntagabend im November 2017, als mein Dividendendepot einen herben Rückschlag erlitt. Ich hatte es mir gerade auf dem Sofa mit einer Wolldecke gemütlich gemacht. Eher zufällig blieb ich beim Zappen durch das abendliche Fernsehprogramm beim ARD-Weltspiegel hängen, eine Sendung, die ich jahrzehntelang nicht mehr gesehen hatte. Jetzt schwammen im trüben grünlichen Wasser krank aussehende Lachse über den Bildschirm. Einem der Lachse fehlte gar das halbe Gesicht, ein anderer hatte unansehnliche Narben auf den Schuppen. Igitt!

Ich erschrak. Seit einigen Jahren investierte ich schon in die Fischbranche, in Marine Harvest, den weltgrößten Zuchtlachsproduzenten mit Sitz in Norwegen. Das Papier hatte ich ausgesucht, da ich auf der Suche nach einem dividendenstarken Titel war. Fette Lachse, fette Dividende, dachte ich. Genau um dieses Unternehmen ging es in dem Bericht. Und das, was jetzt auf dem Bildschirm flimmerte, sah so überhaupt nicht mehr nach fetten Fischen und Dividenden aus.

Die Lachse wurden in großen Tanks mit rund 200 000 Artgenossen vor der amerikanischen Westküste gehalten. Mit meiner romantischen Vorstellung, die Fische würden durch die klaren Gewässer Norwegens schwimmen, hatten diese Bilder rein gar nichts zu tun. Zusammengepfercht in den Tanks waren die Tiere besonders anfällig für Krankheiten, weshalb sie so grausig aussahen. Diese Fischfarmen waren Brutstätten für Lachsläuse, die aus den Tanks entwichen. In freier Wildbahn waren die Läuse tödlich für die Wildlachse, der Fischbestand ging zurück.

Während mir zunehmend der Appetit verging, tauchten einige First Nations People auf dem Bildschirm auf, Vertreter der indigenen Völker in Kanada. Mit fellbesetztem Kopfschmuck und Federketten um den Hals prangerten die sympathischen Männer die Praktiken des Unternehmens Marine Harvest an. Meines Unternehmens. Ahnungslos hatte ich den Tod Hunderttausender Wildlachse mitverursacht und die Existenz der indigenen Völker Kanadas aufs Spiel gesetzt. Ich schlug mich auf die Seite des Häuptlings und verkaufte meine Marine-Harvest-Aktien gleich nach der Sendung.

Der Verkauf war aber nicht nur der Sympathie für den Häuptling geschuldet. Ich hatte durchaus auch materielle Interessen. Wenn solche Berichte kursieren, hat Marine Harvest ein Problem und meine Dividende auch. Der Aktienkurs hatte in den vergangenen drei Wochen bereits nachgegeben. So etwas nervt. Allerdings trifft man den idealen Verkaufspunkt genauso selten wie den idealen Einstiegspunkt: so gut wie nie.

Dabei hatte meine Lachsgeschichte so schön angefangen. Vor einigen Jahren hatte ich beschlossen, mein Portfolio umzuschichten, hin zu einem größeren Anteil an dividendenstarken Titeln. Denn eine Sache hat mich an meinen Aktien sehr gestört: Immer wenn ich kein Geld brauchte, befanden sich meine Aktien im Höhenflug, aber ich hatte keinen Grund zu verkaufen. Und immer wenn ich Geld brauchte, waren meine Aktien gefühlt auf dem tiefsten Stand seit Jahren, und ich musste zu schlechten Kursen verkaufen. Gerne hätte ich berechenbare Einnahmen aus meinem Depot, am besten regelmäßig. So wie die Mieteinnahmen einer Immobilie. Das Pendant zur Miete ist bei der Aktie die Dividende. In regelmäßigen Abständen schütten die Unternehmen ihre Gewinne wieder an die Aktionäre aus, in Form der Dividende. Mit dem richtig aufgebauten Dividendendepot könnte ich also neben Miete und später vielleicht einmal Rente ein weiteres monatliches Einkommen erzielen, so meine Überlegung. Und so stieß ich auf Marine Harvest, ein Unternehmen, das bei Aktionären wegen seiner hohen Dividendenzahlung beliebt ist.

Die norwegische Gesellschaft ist der weltgrößte Zuchtlachsproduzent und betreibt Fischfarmen in aller Welt. Ob Lachssteak, Lachsfilet, Räucherlachs oder gar Tatar – mit größter Wahrscheinlichkeit kommt der Fisch aus einer der Marine-Harvest-Fischfarmen.

Der Lachskonsum steigt, nicht nur bei uns, auch weltweit. War der rosa Fisch in meiner Kindheit noch etwas ganz Feines, das es an Heiligabend gab, essen unsere Söhne heute mit derselben Selbstverständlichkeit Lachs wie ich seinerzeit Bouletten. Lachs ist das neue Hackfleisch. Nur sehr viel gesünder mit seinen Omega-3-Fetten und Proteinen. Kein Wunder, dass Lachs so beliebt ist. Wenn jemand von diesem Trend profitiert, dann doch sicher der weltgrößte Züchter, der eine gewisse Macht im Markt und damit auch über die Preise hat.

Ein Blick in den Geschäftsbericht untermauerte meine Vermutung. Der Umsatz von Marine Harvest stieg, wobei der Lachspreis offenbar ähnlich volatil war wie der Ölpreis. Somit schwankten auch das Betriebsergebnis und die Gewinnausschüttung. Vor ein paar Jahren, als der Lachspreis im Keller war, zahlte Marine Harvest auch einmal keine Dividende. Allerdings schütteten die Norweger in guten Jahren umso mehr aus, sodass ich die Schwankungen billigend in Kauf nahm und Marine Harvest in mein Depot nahm.

Nun macht eine Aktie allein noch kein Dividendendepot

und ich suchte weiter. Mein Ziel war es, eine jährliche Nettodividendenrendite von 3,5 bis vier Prozent zu erzielen, das
heißt, wenn der Aktienkurs beispielsweise bei 100 Euro liegt
und das Unternehmen eine Dividende in Höhe von fünf Euro
zahlt, liegt meine Bruttodividende bei fünf Prozent. Von den
fünf Euro Dividendenzahlung gehen noch 25 Prozent Abgeltungssteuer (und Quellensteuer bei ausländischen Unternehmen, aber dazu später mehr) sowie Soli und Kirchensteuer
ab, sodass von den gezahlten fünf Euro am Ende 3,65 Euro
übrig bleiben. Damit beträgt meine Nettodividendenrendite
3,65 Prozent. Da sich die Rendite aus Dividende und Kurs ergibt, ist der Einstiegskurs mindestens so wichtig wie die Zahlung selbst. Ich suchte nach günstigen Aktien, die hohe Dividenden versprachen. Marine Harvest lockte im Jahr meiner An-
schaffung mit einer sagenhaften Bruttorendite von über neun
Prozent, das war schon unverschämt gut, die meisten Dividendentitel liegen weit darunter.

Es ist gar nicht so einfach, Aktien zu finden, die eine Bruttorendite von rund fünf Prozent haben. Im DAX erfüllen vor
allem die Versicherer wie die Münchener Rück oder die Allianz
dieses Kriterium. Je nach Einstiegskurs kann man diese Rendite
in guten Jahren mit der Deutschen Telekom, aber manchmal
auch mit so konjunkturabhängigen Unternehmen wie BASF,
Daimler oder BMW erzielen. Also guckte ich in der zweiten
Reihe, beim MDAX, dem Aktienindex für mittelgroße Unternehmen. Hier sind die 60 größten deutschen Unternehmen
gelistet, die auf den DAX folgen. Im MDAX gab es schon weit
mehr Titel, die mein Renditeziel erfüllten, vor allem Telefon-
dienstleister wie Freenet oder (einst) Drillisch, aber auch kleinere Versicherungen und Banken. Nach und nach legte ich mir
einige Dividendentitel ins Depot.

Bald schon war der erste Zahltag bei Marine Harvest. Anders

als beim Monopoly, wo ich nie genau weiß, wann die Karte «Die Bank zahlt eine Dividende» kommt, weiß ich genau, wann meine Dividenden ausgezahlt werden. Meistens am Tag der Hauptversammlung, auf der die vorgeschlagene Dividende von den Aktionären abgesegnet wird. Am Tag nach der Ausschüttung fällt der Aktienkurs dann meist um den ausgezahlten Dividendenbetrag, dann spricht man vom Dividendenabschlag. Die meisten deutschen Konzerne rufen im April, Mai zur Hauptversammlung, sodass die Dividende noch rechtzeitig für die nächsten Sommerferien kommt. Marine Harvest, wie viele ausländische Unternehmen, zahlt unterdessen viermal im Jahr.

Und heute war es so weit! Ich rieb mir die Hände. Doch die Ernüchterung kam schnell. Auf meiner Bankabrechnung erschien neben der Abgeltungssteuer noch die Quellensteuer, die ich überhaupt nicht auf dem Radar gehabt hatte. Die Quellensteuer ist eine Steuer, die ich auf Zinsen, in meinem Fall auf Dividenden, im Ausland bezahlen muss. Wie hoch diese Steuer ist, legt das Herkunftsland fest, also Norwegen. Auf diese Weise haben die Norweger ein kleines Sümmchen meines Gewinns abgezwackt.

Nun war mein Geld keineswegs verloren, ich musste es mir nur wiederholen. Die Norweger behielten eine Quellensteuer von 25 Prozent meiner Dividende ein, die Deutschen zusätzlich eine Abgeltungssteuer von 25 Prozent. Es gibt zwei Möglichkeiten, die norwegische Quellensteuer zurückzubekommen. Ich schreibe einen Brief an die Erstattungsbehörde in Oslo und bitte die Norweger, die gezahlte Quellensteuer zu erstatten. Natürlich wollen die Norweger noch ein paar Details wissen, etwa ob ich auch wirklich in Berlin wohne, aber dann geht die Rückerstattung ganz fix.

Oder aber ich zahle im Rahmen des deutsch-norwegischen Doppelbesteuerungsabkommens nur 15 Prozent Quellensteuer, die ich auch auf die Abgeltungssteuer anrechnen lassen kann und so später bei der Steuererklärung erstattet bekomme. Aber auch hier muss ich einen Brief an die Erstattungsbehörde schreiben. An dieser Stelle war ich etwas frustriert. Für Menschen wie mich, die daran scheitern, einen Brief rechtzeitig zur Post zu bringen, war das eine Herausforderung. Für einen kurzen Moment wollte ich meine Dividendenstrategie über den Haufen werfen, zumindest was ausländische Unternehmen anging. Ich überlegte sogar, künftig nur noch in Firmen zu investieren, die Naturaldividenden zahlen. Etwa in den Schweizer Schokoladenhersteller Lindt und Sprüngli, dessen Aktionäre jährlich einen vier bis fünf Kilo schweren Pralinenkoffer bekommen. Oder in den Schlafanzughersteller Calida. Als Aktionärin dürfte ich mir jedes Jahr einen neuen Pyjama aussuchen. Ich kann mir kaum vorstellen, dass die Schweizer einen Teil des Schlafanzugs als Quellensteuer einbehalten (die Pralinen vielleicht schon ...). Zu meiner Freude erwiesen sich die Norweger als unkompliziert und kooperativ. Das Geld kam wieder zurück. Ich aber beschloss, vor dem nächsten ausländischen Aktienkauf einmal mehr hinzusehen, wie die Quellensteuer geregelt ist.

Über die Jahre habe ich mit Marine Harvest und auch anderen Dividendentiteln sehr gut verdient. Außerdem habe ich eine gewisse Gelassenheit Kursrückschlägen gegenüber entwickelt. Wenn nicht der Kurs, sondern die Dividende im Mittelpunkt steht, kann ich diese Rückgänge ruhig aussitzen oder gar nutzen, um Aktien günstig nachzukaufen und somit meine Dividendenrendite zu steigern. Zudem entwickeln sich die Aktienkurse von Dividendenunternehmen oft sehr gut, sodass die Aktienrendite, also Kursgewinn und Dividendenzahlungen, sehr hoch ausfällt. Investoren wie Warren Buffett schwören auf ihre Dividendenstrategie. Angeblich bekommt Buffett jährlich mehr

Geld in Form von Dividenden von Coca-Cola, als er seinerzeit für die Aktie gezahlt hat.

Das traf auf mein Marine-Harvest-Investment nicht zu. An dem Abend, als ich die Fische mit den offenen Köpfen über den Bildschirm schwimmen sah, habe ich verkauft. Zu Recht. Im Folgejahr kürzte Marine Harvest die Dividende. Die kranken Fische vor der kanadischen Westküste waren nicht das einzige Problem. Und auch wenn meine Aktienrendite stattlich war, stellte sich mir doch die dringliche Frage, womit ich mein Geld verdienen wollte. Mit kranken Lachsen sicherlich nicht.

Mehr über Dividendenaktien: Seite 219

15

PLÖTZLICH IST DIE AKTIE WEG
– oder:
WAS SIE ÜBER SMALL- UND MID-CAPS WISSEN SOLLTEN

«Liiieeebling», weckte ich eines Morgens meinen Mann. Dieser ahnte angesichts meiner Stimmlage nichts Gutes. «Was ist?», fragte er. «Unsere Aktien sind weg!», sagte ich niedergeschlagen. Mein Mann schob sein Kissen über den Kopf, er wollte offenbar seine Ruhe und nicht wieder mit irgendwelchen Finanzgeschichten aus meinem Leben aus den Träumen gerissen werden. «Hast du sie denn verloren?», fragte er scherzhaft. Mir war gar nicht zum Lachen. «Offenbar», gestand ich kleinlaut. «Man kann doch keine Aktien verlieren», empörte er sich und warf das Kissen zur Seite. Plötzlich war er hellwach. «Man kann höchstens *Geld* mit Aktien verlieren!», belehrte er mich. «Besserwisser!», schnaufte ich und verzog mich.

Es war aber wirklich so. Die Aktien waren weg. Verschwunden. Als ich an jenem Morgen in mein Depot geguckt hatte, waren die Aktien meines Online-Fondsanbieters weg. Vor einigen Jahren hatte ich Aktien dieses Online-Brokers für Investmentfonds auf eine Empfehlung in einem Finanzbrief gekauft. Sie liefen ganz gut. Doch jetzt waren sie nicht mehr da. Dort, wo vorgestern noch ein kleiner, fünfstelliger Betrag gestanden hatte, stand jetzt nichts mehr. Die Aktien waren vom Erdboden verschwunden, wie neulich der Teddy unseres jüngsten Sohnes. Und unser Depot-Wert war um die entsprechende Summe geschrumpft.

Ich machte mich auf die Suche. Anders als der Teddy tauchten sie nicht wieder unter dem Sofa auf. Große Schuldgefühle überkamen mich. Einige Wochen zuvor hatte es die ersten Gerüchte gegeben, mein Fondsanbieter wolle sich vom Börsenparkett zurückziehen. Ein sogenanntes Delisting. Das sagte mir nichts. Dass Unternehmen ihre Aktien zurückkaufen, um ihre Bargeldreserven abzubauen und wieder mehr Einfluss in der Firma zu bekommen, war mir bekannt. Das hat dann meistens positive Auswirkungen auf den Aktienkurs, klar, die Nachfrage nach den Aktien steigt ja. Aber dass ein börsennotiertes Unternehmen einfach verschwindet? Das erschien mir doch sehr unwahrscheinlich. Die Nachrichtenlage war zudem diffus. Da es sich um ein kleines Unternehmen mit einem geringen Börsenwert handelte, war der Informationsfluss sehr dünn. In den gängigen Medien war nichts zu lesen, ich musste schon spezielle Informationsdienste auftun.

Wer sich an dieser Stelle fragt, warum ich überhaupt in dieses Unternehmen investiert hatte, tut dies zu Recht. Um ein Aktienportfolio aufzubauen, braucht man eine gute Mischung von Wertpapieren. Auf keinen Fall sollte man sein ganzes Vermögen in nur einen Wert stecken. Hätte ich mein ganzes Geld in Aktien dieses Fondsanbieters angelegt, hätte ich in diesem Moment ein sehr viel größeres Problem gehabt. Wie viele Titel in ein Depot gehören, darüber gibt es unterschiedliche Ansichten. Es gibt Privatanleger, die haben 50, 60 oder gar 100 Titel in ihrem Aktienportfolio. Diese kann man unmöglich im Auge behalten. Die Idee ist dann eher: Wenn ein Titel schlecht läuft, fällt das nicht weiter ins Gewicht, da 99 andere noch gut laufen.

Das war auch ein bisschen meine Idee mit dem Fondsanbieter, wobei ich seinerzeit eher 30 bis 40 unterschiedliche Aktien in meinem Depot hatte. Damit waren meine zeitlichen und geistigen Kapazitäten erschöpft. Unter diesen 30 bis 40 Aktien hatte ich solche, die jedermann kennt: Adidas, Allianz, BASF, Deutsche Telekom, Puma, Volkswagen, um nur einige zu nennen. Diese Aktien sind werthaltig, und die meisten von ihnen laufen konjunkturunabhängig. Man spricht auch von Value-Aktien. Zu den Value-Aktien zählen vor allem Versorger-, Konsum-, Pharma-, Telekommunikations- und Ölaktien, wobei Letztere konjunkturabhängiger sind. Gegessen, getrunken und geheizt wird auch in schlechten Zeiten, deshalb sind diese Aktien so beliebt. Value-Aktien haben allerdings einen Nachteil: Sie überraschen selten mit Kursfeuerwerken. Deswegen sollte man sich einige Wachstumsaktien ins Depot legen, im Börsendeutsch Growth-Aktien. Unternehmen wie Apple, Amazon, Facebook, Microsoft, Nvidia oder Netflix sind sehr schnell gewachsen und entsprechend positiv haben sich die Kurse entwickelt.

Nun ist es heutzutage keine große Kunst, auf deren Aktien zu stoßen. Vor 15 Jahren musste man allerdings schon etwas visionär und mutig sein, um diese Papiere zu kaufen. Belohnt wurde man mit gigantischen Kursgewinnen: Wer 1997 beim Amazon-Börsengang 1000 Dollar investiert hat, ist heute mehrfacher Millionär. Deshalb sind Anleger immer auf der Suche nach Wachstumsaktien. Leider wissen sie im Vorfeld nicht, welche Unternehmen sich durchsetzen werden. Um das Risiko überschaubar zu halten, sollte man daher nur den Teil des Vermögens investieren, auf den man zur Not auch verzichten könnte.

Es gibt noch einen weiteren Nachteil bei Growth-Aktien. Viele von ihnen sind nicht in den großen Indizes vertreten, sondern man muss in der zweiten und dritten Reihe suchen, häufig über die Grenzen Deutschlands hinaus. An Informationen über diese Unternehmen zu kommen, ist oftmals sehr viel schwerer.

Genau das wurde mir zum Verhängnis mit meinem Fondsanbieter. Ich hatte die Aktie gekauft, um ein bisschen Dynamik in mein Depot zu bringen, sprich, auf hohe Kursgewinne spekuliert. Das Geschäftsmodell leuchtete mir – damals, im Jahr 2013 – ein. Statt Wertpapierfonds bei einer Bank zu kaufen, konnte man die Fonds direkt im Internet bei Wallstreet Capital kaufen und lästige Gebühren sparen. Das Angebot überzeugte Menschen wie mich, die ihre Anlageentscheidungen ohnehin selbst treffen und keinen Berater brauchen. Die Unternehmenszahlen, insbesondere die Wachstumsraten, waren vielversprechend, wenn auch nicht ohne Risiko. Zudem machte es mir Spaß, in Start-ups zu investieren und sie zu beobachten. Also investierte ich meinen Standardbetrag für solche riskanten Investments. Zu meiner großen Freude entwickelte sich der Kurs sehr gut, erst einmal.

Bis zu jenem Tag im Sommer 2014, als das Unternehmen von der Börse und aus meinem Depot verschwand. In den Wochen zuvor waren bereits erste Gerüchte aufgekommen über das geplante Delisting. Bei einem Delisting zieht sich das Unternehmen vom Aktienhandel zurück. Die Aktien sind dann deutlich schwerer zu kaufen und verkaufen, da es keinen Marktplatz gibt. Salopp gesagt muss man seinen Käufer selbst finden. Das hat fatale Folgen für den Aktienpreis. Kaum jemand will Papiere haben, die man nicht mal eben verkaufen kann. Der Kurs fällt.

All das hatte ich verstanden. Nur konnte ich mir nicht vorstellen, dass es passieren würde. In solchen Fällen musste es doch irgendeine Form von Anlegerschutz geben. Da lag ich jedoch falsch. Das Delisting kam.

Zu meiner Verteidigung muss ich sagen, dass sofortiges Handeln meine Lage nicht besser gemacht hätte. In dem Moment, in dem die ersten Gerüchte aufgekommen waren, hatte der Aktienkurs bereits deutlich nachgegeben.

Im Moment jedoch waren meine Verluste noch sehr viel größer als der Kursverlust der vergangenen Wochen. Die Aktien waren weg. Ich stand vor einem Totalverlust. Wo waren jetzt diese verdammten Aktien? Ich rief bei meiner Bank an. Die waren auch recht erstaunt, so ein Delisting kam nicht alle Tage vor. Aber immerhin wusste meine Bank, wo ich die Aktien wiederfinden konnte: bei der Fondsgesellschaft selbst.

Ich rief also bei der Gesellschaft an und erzählte von meinem Problem. Die Dame am anderen Ende der Leitung hatte vollstes Verständnis. Offenbar war ich nicht die erste Betroffene. Sie verband mich ohne Umwege mit dem Vorstandsvorsitzenden (wie erwähnt, es war ein kleines Unternehmen). Dieser war ganz erfreut, von mir zu hören. Während ich am anderen Ende der Leitung blieb, fragte er in die Runde: «Will hier noch jemand unsere Aktien kaufen?» Offenbar war die Resonanz verhalten. «Na gut, dann mache ich es», fuhr er fort. «Wie viele Aktien haben Sie denn noch?», wollte er wissen. «1000 Stück», antwortete ich. «Also, ich biete Ihnen acht Euro pro Stück», sagte er generös. War ich hier auf einem Viehmarkt gelandet, wo jeder einmal eine Zahl in die Runde warf? «Aber das ist deutlich weniger, als zuletzt an der Börse geboten wurde», warf ich empört ein. «Sie können es sich ja noch einmal überlegen...», meinte er.

Das tat ich. Aber meine Möglichkeiten waren begrenzt. Ich konnte mich ja nicht auf den Flohmarkt stellen und meine Papiere an den Erstbesten verkaufen. Außer meinem Depotauszug, auf dem Name und Stückzahl vermerkt waren, hatte ich nichts in der Hand. Natürlich könnte ich die Aktien weiter halten. Das Unternehmen an sich war in Ordnung, vermutlich würde sich der Kurs auch wieder erholen. Unter diesen Umständen war es aber schwieriger, die Geschäftsentwicklung und den Kurs zu verfolgen. Ich sah mir meinen Einstandskurs an. Die großen Kursgewinne waren dahin, aber insgesamt hatte ich keine größeren Verluste eingefahren. Es war vernünftiger, die Reißleine zu ziehen und das Geld in ein vielversprechenderes Investment zu stecken. Ich ärgerte mich trotzdem.

Zähneknirschend stimmte ich dem Angebot zu. «Warum machen Sie das überhaupt?», fragte ich den Herrn Vorstandsvorsitzenden. «Wissen Sie, für so ein kleines Unternehmen wie uns ist es einfach sehr teuer, einen Jahresabschluss zu erstellen, eine Hauptversammlung einzuberufen und alles, was mit einer Börsennotierung einhergeht», erzählte er. Offenbar ist dies meistens der Grund, warum Unternehmen wieder von der Börse verschwinden. Aber hätten sie sich das nicht früher überlegen können?, fragte ich mich.

So wie mir erging es noch vielen anderen Aktionären, die vermutlich auch deutlich mehr Aktien hielten als ich. Im Herbst 2015 bekam die damalige Regierung endlich Wind davon und verabschiedete ein entsprechendes Anlegerschutzgesetz. Seitdem müssen die Unternehmen den Aktionären zunächst ein entsprechendes Abfindungsangebot machen. Eine Zustimmung der Aktionäre in der Hauptversammlung braucht es nach wie vor nicht. Mir schwant, mit dem neuen Gesetz hätte ich nicht viel besser dagestanden. Meine Fondsgesellschaft hätte mir im Vorfeld kaum eine höhere Abfindungssumme angeboten. Und nur weil es den Unternehmen zu mühsam ist, einen Jahresabschluss zu erstellen, ziehen die Anleger den Kürzeren. Als ob man im Leben immer nur machen könnte, worauf man Lust hat...

«Sie sind wieder da», verkündete ich meinem Mann einige Tage später fröhlich. «Wer?», fragte er. «Na, unsere Aktien», erklärte ich. «Ich habe sie wiedergefunden. Genau genommen sind sie schon wieder weg. Verkauft», sagte ich. «Mit Gewinn?», fragte mein Mann. «Hm», versuchte ich auszuweichen. «Nicht mit dem Gewinn, den ich mir erhofft hatte. Aber ich habe viel gelernt!»

Mehr über Nebenwerte, Standardwerte und Wachstumsaktien: Seite 215

16

SCHATZ, ICH HABE EIN HAUS GEKAUFT!

– oder:

WAS SIE ZUM IMMOBILIENERWERB WISSEN SOLLTEN

Es gibt Wochen, da leben mein Mann und ich aneinander vorbei. Gerade waren wieder solche Wochen. Mein Mann lebte in seiner Internet-Start-up-Welt, ich in meiner Immobilien-Finanz-Kinder-Welt. Wir lebten überdies in unterschiedlichen Zeitzonen, er arbeitete bis spät in die Nacht, ich stand in aller Frühe auf. Zwischen Broteschmieren und Kleinkinderanziehen rief ich ihm, bereits auf dem Weg aus dem Haus, zu: «Ich habe uns übrigens ein Haus gekauft!» Er drehte sich noch kurz auf dem Treppenabsatz um: «Du hast uns bitte was?», fragte er nach. «Ich habe uns ein Haus gekauft», wiederholte ich. «Na gut», sagte er. Und weg war er. Ein bisschen mehr Begeisterung hätte er schon an den Tag legen können, ich hatte schließlich einige Wochen Arbeit hinter mir.

Wir waren beide noch keine 40, hatten aber drei, bald vier Kinder. Mein Mann arbeitete bei einem Start-up. Ob sich die blumigen Versprechen je materialisieren würden, war unklar. Als ehemalige Zeitungsredakteurin waren meine Verdienstaussichten in Zeiten der Digitalisierung denkbar schlecht. Und wenn mein Mann mich jemals verlassen sollte, würde mein Erbe sicherlich nicht reichen, um vier Kinder durchs Studium zu bringen. Aber auch unter normalen Umständen würden wir in den nächsten zwei Jahrzehnten sehr viel Geld verbrennen –

vom ersten Kindergartentag bis zum Studienabschluss unseres vierten Sohnes. Schon jetzt blieb am Monatsende wenig vom Gehalt übrig. «Vom Arbeiten allein ist noch keiner reich geworden», hatte mein Vater stets gesagt. Wie recht er doch hatte!

Ich musste investieren. Und zwar im größeren Stil. Nur wie? Unsere Cash-Reserven waren dank meiner Aktieninvestments ganz gut, aber keineswegs so üppig, dass ich mal eben ein Haus am Ku'damm hätte kaufen können. Ich musste mich verschulden. Die Zeiten waren gut dafür. Die niedrigen Zinsen sind ein Fluch für alle Sparer, aber ein Segen für Investoren wie mich. Nur musste ich ein Investment finden, das zuverlässig und regelmäßig so viel Gewinn abwarf, dass ich davon meinen Kredit abbezahlen konnte. Kurzum, ich brauchte ein Mietshaus, eine Solaranlage oder ein Windrad.

Ich entschied mich für das Mietshaus, am besten in Berlin. Da lebte ich seit zwei Jahrzehnten, ich kannte mich aus. Während ich unsere bald vier Söhne großziehen würde, zahlten meine künftigen Mieter meine Schulden ab. Ich verdiente, ganz ohne im Büro zu arbeiten. Das war mein Plan.

Allein, wie fand ich das Zinshaus? Die Wahl unserer eigenen Wohnung war leichtgefallen, wir wussten, wo und wie wir leben wollten. Woher aber wusste ich, was ein gutes Investment ist? Ich kaufte mir ein Buch, recherchierte im Internet, sprach mit Leuten, die mehr Erfahrung auf diesem Gebiet hatten als ich.

Die Kennzahlen seien wichtig, hörte ich. Vor allem der Faktor. Das hatte mir auch schon mein Vater gesagt, erinnerte ich mich. Der Faktor gibt rein theoretisch an, wie viele Jahre man braucht, um den Kaufpreis mit den Mieten abzubezahlen. Mein Vater sagte immer, das Zwölffache sei angemessen. Das heißt, der Kaufpreis sollte nicht höher sein als zwölf Jahresnettokaltmieten, bei 100 000 Euro wären das 1,2 Millionen Euro. Allein, wir schrieben das Jahr 2013, alle Angebote, die ins Haus flatterten, lagen irgendwo beim 25-Fachen oder darüber. Und jetzt? Ich recherchierte weiter. Die Rendite sei ebenfalls ausschlaggebend. Wie viel Prozent Rendite erwirtschaftet die Jahresnettokaltmiete auf den bezahlten Kaufpreis? Bei einem Faktor von zwölf liegt meine Rendite bei 8,3 Prozent, beim 25-Fachen nur bei vier Prozent. Der Quadratmeterpreis sei auch wichtig, hatte ich mir sagen lassen. «Alles, was unter 2000 Euro pro Quadratmeter ist und weniger als das 20-Fache, ist ein guter Deal», fasste ein Freund der Familie zusammen.

Mit diesen Kennzahlen im Hinterkopf zog ich los – und landete in den wildesten Ecken der Hauptstadt. Da war zunächst das Brauhaus an der Hasenheide, einem beliebten Drogenumschlagplatz. Das Haus, ein stattliches Gründerzeithaus, sah von außen sehr schön aus. Die Mieter waren sympathisch, von der Studenten-WG über Kreuzberger Alt-68er bis hin zur fünfköpfigen Familie. «Wenn Sie an die Rückseite noch Balkone anbauen, können Sie Ihre Jahresmiete noch einmal steigern», sagte der Makler. «Sie brauchen nur eine Baugenehmigung und jemanden, der es umsetzt.» Ich wollte eigentlich nur investieren, kein Bauunternehmen gründen. Und mit den Baugenehmigungen in Berlin ist das ja auch so eine Sache, wusste ich aus eigener Erfahrung. Wenn man an einen mürrischen Bearbeiter im Bauamt gelangt, sind die Pläne schnell zunichte.

Mein größtes Problem aber war das Brauhaus. Das machte rund 25 Prozent meiner künftigen Jahresmiete aus. Zog der Wirt aus, hatte ich ein Problem, ein großes Problem sogar. «Da findet sich sicherlich eine Event-Gastronomie, die diese Räumlichkeiten mietet», sagte der Makler beschwichtigend. Bestimmt. Und wenn ich ein Profi wäre und schon ein paar Häuser hätte, könnten mich Balkone und Brauhaus nicht abschrecken, aber ich war Anfängerin und wollte weder Event-Gastronomin noch Bauunternehmerin werden. «Danke, aber nein, danke», ließ ich den Makler wissen.

Ich suchte weiter. Das nächste Objekt, das meinen Kennzahlen gerecht wurde, lag im tiefsten Osten, in Lichtenberg. «Ein Revitalisierungsobjekt», stand im Exposé. Was auch immer das hieß. Als ich ankam, stand ich vor einer Ruine aus dem Zweiten Weltkrieg. Bei eisiger Kälte stiefelte ich mit dem Makler durch das Objekt, der Wind pfiff durch die brüchigen Fenster, die morsche Holztreppe knarrte unter meinen Füßen. Revitalisierungsobjekt heißt also übersetzt Bruchbude, lernte ich. Immerhin gab es an manchen Stellen schon neue Elektroleitungen. Dem Besitzer war offenbar das Geld ausgegangen, und nun wollte er die Immobilie wieder loswerden. «Sie müssen noch einmal 1000 Euro pro Quadratmeter reinstecken, schätze ich», meinte der Makler. Ich schätzte deutlich mehr. «Aber dann bin ich nicht mehr beim 18-Fachen», protestierte ich. «Aber dann haben Sie einen top sanierten Altbau», sagte der Makler freudig. Warum kaufe ich nicht gleich den top sanierten Altbau, fragte ich mich und sagte dem Makler abermals ab.

Alle Häuser, die irgendwie meinen Kennzahlen entsprachen, hatten einen mehr oder weniger großen Haken: die Spielhalle in guter Lage, der Plattenbau im tiefen Ostberlin, die Achtziger-Jahre-Bausünde am Stadtrand. «Sie müssen ja nicht hier leben», sagte der Makler. Nein, aber ich musste mich damit beschäftigen – und das machte so keinen Spaß!

Ich verabschiedete mich von meiner Kennzahlen-Strategie und guckte nach Immobilien, die Spaß bringen. Diese lagen vorzugsweise in Stadtteilen, in denen auch ich gerne meine Zeit verbrachte, etwa in Berlin-Mitte. Dort gab es so einige Häuser, die mir und vor allem auch meinem Mann gefallen könnten. Leider mussten wir sehr schnell feststellen, dass unsere Vorstellungen und unser Budget keinerlei Schnittmenge ergaben.

Als ich alle Kennzahlen für das Objekt unserer Begierde, einen schönen Altbau in bester Lage von Berlin-Mitte, in unsere Excel-Tabelle eingab, spuckte die Tabelle leider aus, dass wir das Haus erst im betagten Alter von 102 Jahren abbezahlt hätten. «Ich will doch nicht bis an mein Lebensende verschuldet sein», empörte sich mein Mann. Ich sah das zwar ein bisschen anders und hatte auch kein Problem damit, meinen Kindern Schulden zu vererben, musste aber auch einsehen, dass unsere Mittel so oder so nicht ausreichten.

Also suchte ich weiter. In sechs Monaten hatte ich mir 40, 50 Immobilien quer verteilt durch die Stadt angesehen, fein säuberlich in meiner Excel-Tabelle festgehalten, was ich wo besichtigt hatte, wie hoch der Quadratmeterpreis, der Faktor etc. war. Kein Spaß, sondern Arbeit. Aber über die Monate hatte ich ein sehr gutes Gespür dafür entwickelt, in welcher Ecke Berlins unsere Immobilie stehen und in welchem Zustand sie sein sollte. Zudem hatte ich eine bessere Einschätzung meines eigenen Risikoempfindens und meiner Renditeerwartungen bekommen. Dabei hatte ich schnell festgestellt, dass meine Risikofreude mit steigendem Kaufpreis und damit höheren Schulden abnahm.

Plötzlich stand ich vor «meinem» Haus. Mit meiner ursprünglichen Idee hatte es nur sehr wenig zu tun. Der Faktor lag weit über dem 20-Fachen, der Quadratmeterpreis weit über 2000 Euro. Ein Schmuckstück war es trotzdem nicht, aber finanzierbar. Das Haus lag in Berlin-Mitte. Zugegebenermaßen nicht in der besten Ecke von Mitte. Eigentlich dort, wo keiner hinwollte. In der Straße gab es ein sehr schönes, aber völlig verwaistes Kaufhaus, eine abbruchreife Baracke an der nächsten Straßenecke, statt hipper Mitte-Läden gab es hier noch Uhrmacher und Bestattungsunternehmen.

Am Nachmittag nach unserem Gespräch im Treppenhaus zerrte ich meinen Mann zu «unserem» neuen Haus. «Was?

Diese Hundehütte?», fragte er entsetzt. Also wirklich, mein Mann kann schon sehr hart sein. «Schatz, etwas anderes können wir uns nicht leisten», sagte ich. Wie kann man nur so realitätsfern sein?, dachte ich. Sicher, ich hätte auch gerne ein schöneres Haus, aber das konnten wir uns nicht leisten. «Dann kaufe ich es halt allein», erklärte ich schließlich beleidigt.

Am Ende haben wir das Haus doch gemeinsam gekauft. Mein Mann hört zwar nicht auf mich, lässt sich aber von Fakten überzeugen. Nachdem wir einen Abend lang Kaufpreis, Kaufnebenkosten, Instandhaltungs- und Verwaltungskosten in der Excel-Tabelle hin- und hergeschoben und gegen Zinsen, Tilgung und Abschreibung aufgerechnet hatten, fand mein Mann die Hundehütte recht attraktiv. Denn am Jahresende würde noch ein kleines Gehalt übrig bleiben, das unseren Berechnungen zufolge über die Jahre mehr werden sollte.

Ein paar Jahre nach dem besagten Gespräch im Treppenhaus. Das leer stehende Kaufhaus ist vermietet, die Baracke längst abgerissen und durch einen modernen Neubau ersetzt. Der Uhrmacher ist leider verschwunden, dafür gibt es Workspaces, Yoga-Studios und Coffeeshops in unserer Straße. Mein Büro ist jetzt in unserem Haus. In den Ladenräumen veranstalte ich neuerdings Ausstellungen. Als wir dort neulich einen schönen Abend bei einer Eröffnung hatten, sagte mein Mann doch tatsächlich: «Du hast uns wirklich ein schönes Haus gekauft.»

Mehr dazu, wie Sie die richtige Immobilie finden: Seite 241

17

GUTE SCHULDEN, SCHLECHTE SCHULDEN
– oder:
WIE SIE EIN VERMÖGEN MIT KREDIT AUFBAUEN

«Was macht Mami eigentlich die ganze Zeit?», fragte Franz, während er seine Müslischüssel zum Überquellen brachte. «Sie verschuldet sich gerade bis an ihr Lebensende über beide Ohren», sagte mein Mann und beseitigte den Milchsee, bevor er über meinen Papierstapel schwappte. Seite um Seite unterschrieb ich am frühen Morgen die Kreditvereinbarung, die den Umfang des Neuen Testaments hatte. «Ihr werdet nichts erben außer Schulden», fuhr mein Mann fort. Er liebt es, die Dinge zuzuspitzen. «Wenn es gut läuft. Wenn es schlecht läuft, sind wir schon vorher pleite.» Die Nerven meines Mannes hätte ich gerne. Ihn schien es völlig ungerührt zu lassen, dass wir uns auf ein bis dahin ungekanntes Ausmaß verschuldeten. Auch dass wir mit unserem gesamten Hab und Gut hafteten, sollten wir den Kredit nicht bedienen können, konnte meinem Mann nichts anhaben.

Seit ich denken kann, bin ich verschuldet. Ich hatte Schulden geerbt, mein Mann und ich hatten seinerzeit einen Kredit für unsere erste Wohnung aufgenommen. Doch das alles waren Peanuts im Vergleich zu dem, was ich gerade unterschrieb. Rational betrachtet, machte ich alles richtig. Ich hatte eines meiner geerbten Häuser verkauft, das mit den politisch unangenehm gesinnten Nachbarn. Der Erlös war besser als gedacht, aber keineswegs üppig. Mit etwas Glück hätte ich mir davon eine

Zweizimmerwohnung in Berlin-Mitte kaufen können – oder ein Haus auf Kredit. Ich entschied mich für Letzteres, um mein Vermögen wieder aufzubauen. Trotzdem war mir bei dem Gedanken unheimlich zumute, mich bis an mein Lebensende an Haus und Schulden zu binden: Was, wenn doch irgendetwas schiefging? Ich verließ eindeutig meine Komfortzone.

Monatelang hatte ich in Berlin nach einem geeigneten Mietshaus gesucht. Als Investitionsobjekt, für unsere immer größer werdende Familie. Es lagen anstrengende Wochen hinter mir: Nachdem ich das Objekt meiner Begierde gefunden und ein Angebot abgegeben hatte, musste ich das Haus in Windeseile auf alle nur erdenklichen wirtschaftlichen und technischen Fallstricke prüfen. Etwa ob alle Mieter pünktlich zahlten, ob es Rückstände gab oder Rechtsstreitigkeiten mit den Mietern oder Nachbarn. Abendelang wälzte ich die Unterlagen der Hausverwaltung.* Ich recherchierte im Internet, zu welchen Preisen vergleichbare Wohnungen vermietet wurden und wie viele es davon auf dem Markt gab.

Für handwerklich tiefbegabte Menschen wie mich ist es eine Herausforderung einzuschätzen, ob ein Haus in einem guten Zustand ist. Ich besichtigte das Haus mit dem Ingenieur meines Vertrauens, der mir versicherte, Dach, Elektroleitungen und Sanitäranlagen, alles, was teuer werden kann, seien in Ordnung. Wir konnten zum Notar gehen.

Allerdings gab es jetzt noch ein klitzekleines Problem: Wir

---

* Als sehr viel aufschlussreicher als das Wälzen der Unterlagen erwies sich das Gespräch mit den Mietern bei der Wohnungsbesichtigung. Dabei erfuhr ich so einiges, vom mangelnden Schallschutz («Die Nachbarn von oben sind ganz schön laut») bis zum Sanierungsstau («Das Rohr wollte der Vermieter schon vor fünf Jahren reparieren lassen»).

hatten kein Geld. Theoretisch schon, aber nicht praktisch. Die Zeit lief, ich brauchte dringend einen Kredit. Zugegeben, ich hatte etwas unterschätzt, wie aufwendig der zweite Teil eines Immobiliengeschäfts ist. Dabei ist die Finanzierung nicht weniger wichtig als der Kaufpreis: Zins, Tilgung, Sondertilgung, Bereitstellungszinsen – all dies wirkt sich genauso auf die Gesamtrendite aus wie der Preis.

Zum ersten Mal investierte ich in dieser Größenordnung. Ich kam mir vor wie eine Hochstaplerin. Dem Verkäufer und dem Makler musste ich glaubhaft versichern, dass es *überhaupt* kein Problem für mich sei, den Kaufpreis in Millionenhöhe zu beschaffen. Und das zu einem Zeitpunkt, zu dem ich noch kein konkretes Bankangebot in der Tasche und schon gar keine Million auf dem Konto hatte. Der Bank wiederum vermittelte ich mit möglichst gelangweiltem Blick, ich hätte mehrere Angebote in der Hinterhand, um bessere Konditionen zu bekommen. Es war alles ein fürchterlicher, großer Bluff. Irgendwann merkte ich aber, dass alle um mich herum auch nur bluffen.

Viel Zeit blieb mir nicht mehr. Der Verkäufer wollte am liebsten morgen zum Notar. Noch mehr Druck machte aber der Makler, der seine Provision erst bei Unterzeichnung des Kaufvertrages bekam.[8] Ich hatte noch zwei, drei Wochen, um die Finanzierung unter Dach und Fach zu bringen. Dieser Zustand beunruhigte mich. Die erste Frage, die sich stellte, war, ob ich mit Hilfe eines Finanzberaters finanzierte oder mit unserer Hausbank. «Mit einem Berater», rieten mir die, die von Berufs wegen Immobilien kauften. «Mit der Hausbank», sagte ein Freund, der weitaus vermögendere Menschen als mich berät. Wie üblich im Leben: Fragt man zwei Leute, bekommt man zwei Antworten.

Ich wandte mich zunächst an einen mir empfohlenen Finanzberater, Herrn Kluge. Meine schlauen, in diesem Zusammenhang überwiegend männlichen Freunde hatten mir eingeredet, bei der Finanzierung käme es auf die 0,01 Prozentpunkte hinter dem Komma an. Ich wollte nicht dümmer dastehen als meine Freunde und war fest entschlossen, das beste Angebot zu finden. Bevor ich allerdings überhaupt ein aussagekräftiges Angebot bekam, musste ich noch größere bürokratische Hindernisse überwinden. Herr Kluge, genauer, die Banken im Hintergrund, wollten alles über uns wissen: Haushaltsrechnung, Vermögensaufstellung, Steuerbescheide, Grundbuchauszüge, Mietverträge, Grundrisse, Wohnflächenberechnung, Kaufvertrag und vieles, vieles mehr. Für Menschen, die bereits am 1. Januar ihre Steuererklärung für das Vorjahr fertig haben, ist dies sicherlich kein Problem. Für Menschen wie mich, die eine gewisse Überheblichkeit gegenüber dem alltäglichen Kleinkram an den Tag legen, war es eine echte Herausforderung. Tagelang sortierte ich Papiere, die irgendwo im Keller lagerten, suchte wichtige Unterlagen, telefonierte meinen Dokumenten hinterher. Ich flehte Hausverwaltung, Versicherungen, Bank und Steuerberater am Telefon an, mir Zweitanfertigungen von nicht auffindbaren Versicherungspolicen, Steuerbescheiden, Mietverträgen zu schicken – *sofort*! Mein selbst verursachtes Chaos trieb mich an den Rand des Wahnsinns. Dabei wusste ich doch spätestens seit dem Tod meiner Mutter, wie wichtig gut sortierte Unterlagen sind! Ich gelobte Besserung.

Und tatsächlich führe ich seit jenen Tagen eine Excel-Tabelle, in der alle unsere Vermögenswerte und Verbindlichkeiten fein säuberlich aufgelistet sind. Jedes Jahr im Januar aktualisiere ich diese Liste, langfristig gültige Unterlagen wie etwa Grundrisse oder Versicherungspolicen sind in einem PDF festgehalten. Um ein Kreditangebot einzuholen, muss ich nur noch die letzten drei Gehaltsnachweise und die jüngste Steuererklärung beilegen und in zehn Minuten bin ich fertig. So einfach ist das.

Doch zurück zu meiner ersten großen Finanzierungsrunde:

Kaum hatte Finanzberater Kluge einen Überblick über unsere finanzielle Lage, witterte er noch andere Geschäftsfelder. Ehe ich mich versah, wollte er mir nicht nur einen Kredit, sondern von der Lebensversicherung bis hin zum Goldbarren alles Mögliche verkaufen. «Stopp!», rief ich entsetzt. «Ich brauche eine Finanzierung und keine Vermögensberatung!» Betroffen zog er von dannen.

Wenige Tage später kam er mit einem Kreditangebot zurück. Ich war enttäuscht, ich hatte mir mehr versprochen. Schließlich ist Herr Kluge sehr viel besser vernetzt als ich, weiß, wie man an günstige Konditionen kommt. Allerdings zahlt die Bank Herrn Kluge für die erfolgreiche Vermittlung eine Provision, und da sie auf diesen Kosten nicht sitzen bleiben will, reicht sie sie in Form von höheren Zinsen an den Kunden, also mich, weiter. Am Ende unterschied sich Herr Kluges Angebot kaum von meinen ersten Zinsrecherchen im Internet. «Vielen Dank und auf Wiedersehen», sagte ich bestimmt und schob Herrn Kluge zur Tür hinaus.

Ich ging zu unserer Hausbank. Dort waren wir bekannt, wir konnten uns überflüssiges Geplänkel und einigen lästigen Papierkram sparen. Die Beraterin meines Vertrauens machte von sich aus ein Angebot, das etwas höher lag als das von Herrn Kluge. Ich verhandelte nach. Beim Hauskauf gibt es mehr Stellschrauben, als man vielleicht denkt, von der Zinsbindung über den Eigenkapitaleinsatz bis hin zur Tilgung. Es ist ein wahres Puzzle. Je nach Lebens- oder Vermögenssituation ist es sinnvoll, mehr oder weniger Eigenkapital einzusetzen, mehr oder weniger zu tilgen. Ich war damals in der komfortablen Lage, vermeintlich noch sehr viel Lebenszeit zu haben, bei allerdings vergleichsweise überschaubarem Eigenkapital. Ich musste also sehr viel Geld aufnehmen, hatte aber hoffentlich sehr viel Zeit, es zurückzuzahlen.

Unter diesen Voraussetzungen musste ich das Beste herausholen. Ich fing an zu verhandeln. Wenn ich bei einem Teilkredit auf unser Sondertilgungsrecht verzichtete, brachte das noch einmal ein paar Prozentpunkte hinter dem Komma. Als zusätzliche Sicherheit warf ich noch eine alte Lebensversicherungspolice in den Ring. Das machte den Kredit noch einmal günstiger. Selbst die banale Nachfrage, ob es nicht noch ein bisschen günstiger ginge, sparte noch ein paar Euro. Schließlich lag das Angebot meiner Hausbank noch unter dem von Herrn Kluge.

Vielleicht hätte ich Herrn Kluges Kredit auch günstiger bekommen, hätte ich härter verhandelt. Zeitweise belächelten mich meine männlichen Freunde dafür, dass ich nicht den allerletzten Prozentpunkten hinter dem Komma hinterherjagte und stattdessen am liebsten mit meiner Hausbank finanzierte. Nicht nur das unterscheidet mich von den Donald Trumps dieser Welt, die um den letzten Cent feilschen. 0,01 Prozentpunkte von einer Million sind zwar auch 1000 Euro in zehn Jahren. Aber das ist der Preis, den ich gerne zahle, um mein Leben zu erleichtern: um schnell an ein Angebot zu kommen, um Flexibilität zu haben. Bei einer Hausbank ist vieles möglich, was bei einem beliebigen Kreditinstitut nicht geht. Mit der gesparten Zeit, vor allem den gesparten Nerven, kann ich Besseres anfangen. Etwa mit meinen Kindern ins Schwimmbad gehen. Oder das nächste Investment anzetteln.

Zurück zu jenem grauen Novembertag. Wir unterzeichneten damals nicht nur den Kredit, sondern auch den Kaufvertrag beim Notar. Abends trafen wir das Verkäuferehepaar, um in einem Berliner Restaurant den erfolgreichen Vertragsabschluss zu feiern. Der Verkäufer und seine Frau, ein kinderloses älteres Ehepaar, waren in weitaus größerer Feierlaune als mein Mann und ich. Kein Wunder, sie hatten an diesem Tag ihr Investitionsprojekt erfolgreich zu Ende gebracht, während sich bei uns erst in 20, 30 Jahren zeigen würde, ob wir alles richtig gemacht hatten.

Ebenso fröhlich wie genüsslich knabberte das ältere Pärchen an der brandenburgischen Flugentenkeule und erfreute sich dabei an der Ahnengeschichte meines Mannes. Ich schien nicht zu existieren. «Herr von Hardenberg, ich habe ja immer nur mit Ihrer Frau gesprochen», sagte der Verkäufer eifrig. Stimmt, dachte ich. Für meinen Mann verliefen die vergangenen Wochen recht entspannt. «Aber ich bin mir sicher, die Strippen haben Sie gezogen.» Mir blieb der Semmelknödel im Hals stecken. Das hatte er jetzt nicht wirklich gesagt, oder? Dachte er wirklich, ich sei nicht in der Lage, ein Haus zu kaufen? Oh, Mann ... Dann aber lächelte ich zuckersüß: «Genau so war es!»

Am nächsten Morgen wachte ich vergnügt auf. Die Anstrengungen und Zweifel der vergangenen Wochen waren wie weggeweht. Ob es eine gute Investition war, würde ich erst in zehn Jahren wissen, wenn ich das Haus theoretisch erstmals verkaufen könnte.[9] Für dieses Jahr hatte ich genug von Schulden.

Wenig später klingelte mein Handy. «Hallo, meine Liebe, hier ist dein Schuldner», meldete sich mein Freund Moritz. Oh nein, wollte ich das Thema nicht gerade hinter mir lassen? Und jetzt rief Moritz an. Vor ein paar Wochen waren wir uns an einem Samstagmorgen auf dem Kollwitzmarkt über den Weg gelaufen. Moritz hatte sein Portemonnaie vergessen, ich hatte für ihn am Gemüsestand gezahlt. Nun wollte er seine Schulden beim Sushi-Essen begleichen.

Ein paar Tage später saßen wir beim Japaner. Moritz' Leben war gerade sehr bewegt. Ärger mit dem Chef, Freundin weg und dann sein neuestes Projekt – das Häuschen auf dem Lande. «Christiane, so etwas hast du noch nicht gesehen! Als ich das entdeckt habe, wusste ich sofort, das ist es», erzählte er mit leuchtenden Augen. Noch sei das Objekt allerdings in einem recht erbärmlichen Zustand: Das Dach müsse erneuert werden, Heizung und Elektrik ebenfalls, ganz zu schweigen von den Holzböden und Kachelöfen. «Meine Bank hat aber schon gesagt, sie gibt mir einen Kredit», sagte er. «Wie bitte?», fragte ich ungläubig nach. «Du verschuldest dich für eine Bruchbude in Brandenburg?» Ich war entsetzt.

Ich hatte mich zwar auch gerade verschuldet, aber doch nicht für ein Häuschen in Brandenburg! Nicht dass wir uns falsch verstehen: Ich habe weder etwas gegen Schulden noch gegen Brandenburg. Aber ich habe etwas gegen schlechte Schulden.

Ich hatte fast noch nie schlechte Schulden, aber meistens jede Menge gute Schulden. Mit den guten Schulden habe ich investiert, in Dinge, die ich mir ohne Kredit nicht hätte leisten können. Wie gerade in unser Zinshaus in Berlin. Ich hätte auch in Windräder, Solaranlagen oder Wälder investieren können, wenn ich davon Ahnung gehabt hätte. Alles, was regelmäßige Erträge bringt. Denn mit den Einnahmen zahle ich den Kredit zurück, mein Vermögen wächst monatlich.

Mit dem Haus auf dem Land ist das anders. So eine Immobilie frisst Geld, vom kaputten Dach bis zur Grundsteuer. Und es ist kein Selbstläufer, dass die Preise auf dem Land steigen. Manchmal fällt der Wert, bevor man den Kredit abbezahlt hat, etwa wenn plötzlich ein Windrad vor der Tür steht. Dennoch zahlt man Monat für Monat den alten Kredit ab. Das verfügbare Einkommen ist folglich geringer, man kann weniger Geld zur Seite legen, um ein Vermögen aufzubauen. Daher bin ich geradezu missionarisch, wenn es um Schulden geht: Schlechte Schulden macht man nicht, gute Schulden schon. Das eigene Haus oder die eigene Wohnung sollte möglichst schuldenfrei sein, vermietete Immobilien hingegen nicht.

Davon wollte ich auch Moritz überzeugen. «Was du machst, sind schlechte Schulden», redete ich ihm ins Gewissen. Zugegeben, ich war etwas übergriffig. Moritz schaute mich ungläubig an. «Wieso das denn jetzt?», fragte er. «Du verschuldest dich für etwas, das kein Geld bringt, sondern dir im Zweifel die Haare vom Kopf fressen wird», sagte ich nüchtern. Das war jetzt vielleicht kein guter Vergleich, denn Moritz hat sehr, sehr viele, sehr, sehr lockige Haare. Folglich könnte er sehr, sehr viel Geld ausgeben, bevor ihm die Haare ausgingen.

Wie auch immer, aus eigener Erfahrung weiß ich: So ein Haus in Brandenburg ist ein kostspieliges Hobby. Vor ein paar Jahren hatten wir uns ebenfalls ein Häuschen auf dem Land gekauft. Nicht auf Kredit, sondern von unseren Ersparnissen. Jedes Jahr verbrennen wir noch mehr Geld mit der Reparatur des alten Daches, der Abholzung toter Bäume und Äste, beim Pflanzen von Blumen und Büschen. Wir haben eine schöne Zeit auf dem Land, aber das ausgegebene Geld werden wir vermutlich nie wiedersehen. Das rechnete ich Moritz vor.

«Aber das sind doch alles Investitionen», warf er ein. «Eine Investition ist etwas, das regelmäßig Geld abwirft», erklärte ich. «Du hingegen spekulierst.» Moritz guckte mich fragend an. «Ein Investor verdient sein Geld, ein Spekulant gewinnt Geld, indem er zu niedrigen Preisen kauft und zu höheren Preisen wieder verkauft. Deine Rechnung geht nur auf, wenn sich Brandenburg in eine blühende Landschaft verwandelt und der Wert deines Hauses steigt», fuhr ich fort. Zwar gibt es immer mehr Berliner, die einen Zweitwohnsitz in Brandenburg haben, aber Brandenburg ist auch sehr groß und entsprechend groß ist das Angebot. Ob Moritz sein Haus später mit Gewinn würde verkaufen können, musste sich erst zeigen.[*] «Aber irgendwann will man doch

---

[*] Tatsächlich hat die Corona-Krise zu steigenden Immobilienpreisen auf dem Land geführt, das war zu dem Zeitpunkt unseres Gespräches jedoch alles andere als absehbar.

auch Geld ausgeben!», empörte sich Moritz laut. «Kannst du ja auch», beschwichtigte ich ihn. Ich will schließlich keine Spaßbremse sein. «Ich sage ja nur, dass es besser ist, zu investieren und das dann verdiente Geld zu verjubeln», erklärte ich.

Unser Gespräch drehte sich weiter. Von der Frage, welchen Ofen Moritz einbauen sollte, bis hin zu der Aktie, die Moritz zuletzt gekauft hatte (Moritz ist eben doch ein großer Spekulant). Irgendwann kamen wir auf seine alte Wohnung in Pankow zu sprechen, die er längst abbezahlt hatte und nun vermietete. «Du hast bitte was?», fragte ich entsetzt. Jetzt war ich wirklich empört. «So etwas macht man doch nicht!», sagte ich. Ich fasste es nicht. «Die Wohnung lässt du dir schön von der Bank finanzieren!» Moritz guckte mich fragend an. «Was denn jetzt?», fragte er ungeduldig. «Darf ich jetzt Schulden machen oder nicht?» – «Gute Schulden schon», sagte ich. «Diese Schulden zahlt nämlich dein Mieter ab.»

Ich holte mein Notizbuch hervor und fing an zu rechnen. «Angenommen, deine Wohnung in Pankow ist 100 000 Euro wert und du bekommst monatlich 500 Euro Nettomiete, dann hast du 6000 Euro Miete im Jahr, macht sechs Prozent Rendite auf dein eingesetztes Kapital», sagte ich und schrieb die Zahlen auf. «Davon musst du noch Steuern zahlen, bleiben gute drei Prozent übrig.» Drei Prozent nach Steuern waren keine berauschende Rendite, das wusste auch Moritz. «Wenn du jetzt aber nur 30 000 Euro Eigenkapital einsetzt und dir den Rest von der Bank leihst, steigt deine Eigenkapitalrendite um ein Vielfaches», erklärte ich. Abzüglich der Zinsen von geschätzt 1,5 Prozent auf 70 000 Euro blieben Moritz 4950 Euro Mieteinnahmen im Jahr übrig. Auf sein eingesetztes Kapital von 30 000 Euro machte das eine Eigenkapitalrendite von 16,5 Prozent. Moritz Augen flackerten auf, 16,5 Prozent klangen sehr viel besser. «Vermutlich weitgehend steuerfrei, weil du die fremdgenutzte Immobilie abschreiben kannst, die Zinsen auch, das geht bei der eigenen Immobilie nicht», erklärte ich Moritz weiter. «Das Ganze nennt sich Hebel- oder auch Leverage-Effekt: Durch den Einsatz von Fremdkapital erhöhst du deine Eigenkapitalrendite», beendete ich meine BWL-Vorlesung und ging zum praktischen Teil über. «Du leihst dir das Geld, zahlst mit den Mieteinnahmen brav deinen Kredit ab und baust dein Vermögen auf. So einfach ist das!», verkündete ich stolz. Moritz grübelte noch. «Und das sind dann gute Schulden, weil ich kein Geld verprasse, sondern etwas aufbaue, oder?», fasste er fragend zusammen. «Faszinierend», schloss er. «Ich dachte immer, Hebel und Hebelprodukte seien nur etwas für Zocker an der Börse.»

Moritz beglich unsere Rechnung, warf seine Jacke über und fragte mich: «Waren das jetzt eigentlich gute oder schlechte Schulden?» Ich zögerte einen Moment. Eigentlich waren es schlechte Schulden, denn das Gemüse vom Markt war längst aufgegessen. Aber ohne Moritz' Schulden hätten wir kein so unterhaltsames Mittagessen gehabt. «Das waren im besten Sinne schlechte Schulden», sagte ich lächelnd. Und vielleicht waren es am Ende doch gute Schulden? Mein Rat könnte deutlich mehr wert sein als die 15 Euro, die ich Moritz auf dem Markt geliehen hatte.

Mehr dazu, wie Sie Ihre Immobilien günstig finanzieren: Seite 250
Mehr dazu, wie Sie mit Schulden eine höhere Rendite erzielen können: Seite 251

18

DER VERWALTER, ZWEI SEITEN EINER MEDAILLE
- oder:
WIE SIE IHRE IMMOBILIEN MANAGEN

«Schatz», sagte ich bestimmt. Wenn mein Satz mit «Schatz» beginnt, dulde ich keinen Widerspruch. Ich bin mir meiner Sache sehr sicher. «Die Hausverwaltung für unser neues Haus übernehme ich!», erklärte ich. Mein Mann zuckte sichtlich zusammen. «Glaubst du *wirklich*, das ist eine gute Idee?», fragte er gedehnt. Ich wusste, was jetzt kommen würde. Immer dasselbe. Mein Mann erinnerte mich daran, dass ich es vor langer Vorzeit nicht so genau mit den Zahlen genommen hatte. «Du erinnerst dich schon», erwiderte er mit tiefer Stimme, «dass du gleich mehrmals durch die Buchhaltungsklausur geflogen bist, weil du einfach nicht wahrhaben wolltest, dass Soll und Haben exakt gleich sein müssen und nicht nur Pi mal Daumen?» Also wirklich, manchmal kann mein Mann sehr kleinlich sein. Das war im ersten Semester, und ich hatte seitdem sehr, sehr viel dazugelernt. «Das ist doch jetzt fast 20 Jahre her …» Tatsächlich war ich mittlerweile um einiges schlauer als damals. Es war ein Leichtes für mich, Excel-Tabellen über meine Aktien und andere Vermögenswerte zu führen. Seit der letzten Kreditfinanzierung hatte ich auch den lästigen Kleinkram wie jährliche Versicherungsabrechnungen und Steuerbescheide bestens im Griff. Da könnte es ja wohl nicht so schwer sein, ein Mietshaus zu verwalten. «Nein, ich mache das», entgegnete ich meinem Mann nachdrücklich. «Eine Immobilie ist umso rentabler, je besser sie gemanagt ist.» Das hatte ich in einem meiner schlauen Immobilien-Ratgeber gelesen.

In den vergangenen zehn Jahren hatte ich meine geerbten Häuser verwalten lassen. Aus Bequemlichkeit. Denn in meiner Jugenderinnerung rief eigentlich immer ein Mieter an, wenn die Familie gerade gemütlich beim Sonntagsfrühstück saß. Finster erinnere ich mich, wie meine Mutter tagelang die Betriebskostenabrechnung mit einem seufzenden «Ach, diese Abrechnung...» vor sich herschob. Kaum war meine Mutter gestorben, hatte ich die Häuser einer Verwaltung übergeben. Das war sehr angenehm. Ich bekam nichts mit, niemand rief um drei Uhr nachts an, weil der Keller nach einem Rohrbruch unter Wasser stand. Ich studierte in Ruhe und guckte gelegentlich auf die Abrechnungen.

Als ich mir nach zehn Jahren den Wolfsburger Immobilienmarkt näher ansah, stellte ich fest: Meine Sorglosigkeit hatte ihren Preis. Meine Immobilien warfen eine vergleichsweise schlechte Rendite ab. Eine Hausverwaltung muss gucken, dass alles läuft, von der Fensterreparatur über die Neuvermietung bis hin zum Zahlungseingang.[10] Meine Hausverwaltung war in vielerlei Hinsicht sehr gut, meine Häuser waren in einem ausgezeichneten Zustand, die Vermietung ging zügig, die Abrechnungen waren korrekt. Sie tat genau das, was ihr Name besagte: Sie verwaltete. Und das war mein Problem. Die Hausverwaltung – wie übrigens andere auch – hatte weder Interesse, meine Immobilien weiterzuentwickeln, noch hatte sie meinen Gewinn im Blick. Während meine Ausgaben jährlich stiegen, blieben meine Mieteinnahmen über 20 Jahre gleich. Von Jahr zu Jahr blieb weniger übrig.

«Meinen Sie nicht, wir könnten die Wohnung ein bisschen teurer vermieten?», fragte ich meine Verwalterin zaghaft, als der nächste Mieterwechsel anstand. «Ach, läuft doch alles ganz gut», winkte Frau Duve müde ab. Frau Duve war eine gewissenhafte Frau mittleren Alters, die sich selbst dann nicht aus der Ruhe bringen ließ, wenn ein Mieter ins Telefon brüllte, weil das Laub des Nachbarn auf seine Terrasse fiel. «Und wir suchen doch langfristige Mieter», fuhr sie fort. Frau Duves Gelassenheit war Vor- und Nachteil zugleich.

Mit dem Argument des langfristigen Mieters hatte sie mich ruhiggestellt. Schon meine Eltern hatten mir eingeschärft, jeder Mieterwechsel koste Geld. Ich hörte mir Frau Duves Beweggründe noch zwei, drei Mal an. Dann beschloss ich, die Dinge selbst in die Hand zu nehmen, zumindest die wirtschaftliche Seite. Ich fing an, die lokalen Wohnungsanzeigen zu studieren, engagierte mehrere Makler, die meine Immobilien schätzten. Was ich vermutet hatte, bestätigte sich schnell: Ich vermietete weit unter dem marktüblichen Preis. Kein Wunder, dass meine Wohnungen so schnell weg waren. Von jetzt an sollte Frau Duve mich über jede Kündigung informieren, die Höhe der Miete gab künftig ich vor.

Gleichzeitig kontrollierte ich die Kosten. Schnell wurde der Interessenkonflikt zwischen Verwaltung und mir deutlich: Die Hausverwaltung wollte mit mir Geld verdienen und darum den Aufwand möglichst gering halten. Ich wiederum wollte mit meinen Immobilien Geld verdienen und scheute keinen Aufwand. Fairerweise muss man sagen, dass dies kein spezifisches Problem meiner Verwaltung war, sondern ein generelles. Mit durchschnittlich 20 bis 30 Euro monatlich pro Wohnung sind die Verwaltungsgebühren günstig. Das Modell rechnet sich nur, wenn man mehrere tausend Wohnungen betreut. Folglich sind die Verwaltungen chronisch überlastet.

Schnell war mir klar, wie die eigentliche Aufgabenteilung sein müsste. Während die Hausverwaltung sich um das tägliche Klein-Klein kümmerte, musste ich die große Linie vorgeben und dafür sorgen, dass alles in meinem Sinne läuft. Im Immobilien-Deutsch spricht man vom Asset-Manager, der alle Prozesse und Verträge im Sinne des Eigentümers steuert. Wunderbar. Ich war nicht nur Chefin unseres Family Offices, ich war jetzt auch noch Asset-Managerin!

In meiner Rolle als selbst ernannte Asset-Managerin kümmerte ich mich zunächst um die stetig steigenden Kosten. Nach dem Motto «So viel wie nötig, so wenig wie möglich» fragte ich nach, ob die Neuverfugung des Terrassenbelags wirklich 1435 Euro kosten musste. Das schien mir doch sehr viel für eine Terrasse, die kaum größer war als ein Wohnzimmerteppich. «Der Mieter hat sich beschwert, dass er ständig stolpert», so Frau Duve. Frau Duve hatte wirklich ein Herz für meine Mieter. «Gut, aber geht das auch ein bisschen günstiger? Der Herr zahlt seit 16 Jahren dieselbe Miete», warf ich ein. «Und wir haben soeben drei Monatsmieten in seine Terrassenfugen versenkt.»

Reparaturarbeiten wie neue Fugen an sich rechtfertigen noch keine höhere Miete. Wenn aber die Instandhaltungskosten einer Wohnung insgesamt steigen und die Miete unter dem marktüblichen Preis liegt, ist die Frage nach höheren Einnahmen auf der anderen Seite durchaus angebracht. «Vielleicht wäre es an der Zeit, eine moderate Mieterhöhung zu vereinbaren?», hakte ich nach. «Das ist nicht so einfach, wie Sie sich das vorstellen, Frau von Hardenberg», wiegelte Frau Duve ab. Natürlich ist es nicht einfach, wenn es so wäre, würde ich es ja selbst machen und hätte keinen Verwalter! Aber es gibt schließlich Gesetze, die festlegen, inwieweit eine Miete erhöht werden darf oder nicht. Zumal ich wirklich weit unter der ortsüblichen Miete vermietete, dank Frau Duves mieterfreundlicher Verwaltung. Es war ein zähes Ringen zwischen Frau Duve und mir. Gegen alle Widerstände meiner Hausverwaltung setzte ich ein straffes Programm durch, ich kontrollierte die Kosten und vermietete zum ortsüblichen Preis. Innerhalb von drei Jahren hatte ich meinen Gewinn um rund 25 Prozent gesteigert. Insofern stimmt der Satz, dass eine Immobilie umso rentabler ist, je besser sie gemanagt wird.

Gestärkt von diesem Erfolg wollte ich jetzt unser neues Haus selbst verwalten. «Das Geld, das ich an die Hausverwaltung zahle, kann ich mir auch als Gehalt zahlen», erklärte ich meinem Mann an jenem Morgen. Er runzelte weiterhin die Stirn. «Ich glaube wirklich nicht, dass Verwaltung deine Kernkompetenz ist», sagte er. Also wirklich, nur weil ich hin und wieder vergesse, einen Strafzettel zu überweisen, heißt das doch nicht, dass ich nicht in der Lage bin, ein Haus zu managen!

Unbeirrt machte ich mich ans Werk. Als Erstes musste ich neue Konten einrichten, für die Mieter und die Kautionen. Ich brauchte einen Hausmeister, einen Reinigungsdienst und ein kleines Handwerkerteam. Verträge mit Versicherungen, Abfallentsorgern und Strom- und Wasserversorgern mussten neu abgeschlossen werden. Ich war einige Vormittage beschäftigt. Leise Zweifel kamen in mir auf, ob ich für das akribische Abarbeiten endloser To-do-Listen die nötige Geduld haben würde. Schließlich schrieb ich meine Mieter persönlich an, den Unterlagen zufolge sehr nette Menschen. Ich stellte uns und unsere Familie kurz vor, erklärte, wir wollten die Immobilie langfristig halten und nicht an den nächsten Investor verscherbeln (in der aufgeheizten Berliner Stimmung am Wohnungsmarkt steht man ja als Eigentümer meist unter Generalverdacht …). Dass ich dem Schreiben meine Handynummer beigefügt hatte, war ein grober Fehler. Innerhalb eines Nachmittages quoll meine Mailbox über. Von so berechtigten Beschwerden wie einer nicht schließenden Hoftür bis hin zu Anfragen, ob man den Hinterhof nicht in eine parkähnliche Landschaft verwandeln könne, war so ziemlich alles dabei. Nachvollziehbare Mängel ließ ich beseitigen, schließlich sind unsere Mieter unsere Kunden und sollen zufrieden sein. Überzogenen Vorstellungen versuchte ich freundlich, aber bestimmt eine Abfuhr zu erteilen. Allerdings hatte ich die Beharrlichkeit meiner Mieter unterschätzt. Es stieß auf so gar kein Gehör, dass es für uns wenig Sinn machte, 30 000 Euro in die Begrünung des Hinterhofs zu investieren und im Gegenzug null Euro zusätzliche Miete einzustreichen. Zumal der Hinterhof für Berliner Verhältnisse ohnehin schon recht grün war. «Auch wenn ich Sie wirklich sehr schätze, liebe Frau Winkler, ein 30 000-Euro-Geschenk geht nun doch etwas zu weit...», versuchte ich es freundlich. «Aber wir wohnen hier schon seit acht Jahren und zahlen unsere Miete immer pünktlich», entgegnete mir Frau Winkler. Ich wunderte mich, hielt ich die pünktliche Zahlung der Miete doch für eine Selbstverständlichkeit und keineswegs für einen Gefallen.

Stark unterschätzt hatte ich auch die mühsame Zusammenarbeit mit den Versorgern wie etwa der Müllabfuhr. Ich hatte bereits mehrere Vormittage in der Warteschleife des Callcenters zugebracht, um alle und alles umzumelden. Dennoch, das Altpapier wurde schon seit Wochen nicht mehr abgeholt. Die nette Russin im Callcenter am anderen Ende der Welt konnte sich nicht erklären, warum das Altpapier in Berlin-Mitte liegen blieb. Unterdessen klingelte mein Handy unentwegt. Im Hinterhof türmten sich die Papierstapel, und meine Mieter waren sauer. Es lief nicht gut für mich.

Dann kam der Tag der Betriebskostenabrechnung. «Und?», fragte mein Mann erwartungsvoll. «Läuft», gab ich vor. Das war eine bodenlose Übertreibung. Seit Wochen versuchte ich, den Zähler für den Allgemeinstrom ausfindig zu machen. Ich fand alle möglichen Zähler im Hauskeller vor, nur keine einzige Nummer stimmte mit den Vertragsunterlagen überein. Es war zum Haareraufen. «Kommt mir irgendwie bekannt vor, dass die Zahlen nicht übereinstimmen», bemerkte mein Mann in Anspielung auf meine Buchhaltungsklausur trocken. «Na gut, vielleicht hattest du recht», gab ich zerknirscht zu.

Ich musste mir an dieser Stelle eingestehen, dass ich für diese Arbeiten weder akribisch noch geduldig genug war. Ich engagierte einen Verwalter meines Vertrauens, der dankenswerterweise die Betriebskostenabrechnung für mich übernahm. Nach meinen Erfahrungen wusste ich ziemlich genau, welche Aufgaben die Verwaltung übernehmen sollte und welche ich. Heute sprechen wir uns regelmäßig zu anstehenden Reparaturen und Vermietungen ab, ich gebe die grobe Linie vor, er kümmert sich um die Umsetzung. Diese Rolle liegt mir sehr viel besser als die der Buchhalterin. Die gesparte Zeit und Nerven investiere ich in die Suche nach neuen Immobilienprojekten.

Mehr darüber, wie Sie Ihre Immobilien geschickt managen: Seite 241

19

EIN DEPOT FÜR TANTE LOTTI
- oder:
WIE SIE EIN PORTFOLIO AUFBAUEN

Unser Festnetzanschluss klingelte. Entweder war es ein Versicherungsverkäufer – oder meine Patentante. Sonst ruft niemand mehr auf dem Festnetz an. «Christiane», hallte es verzweifelt aus dem Telefon. Meine Patentante. «Kannst du mir BITTE helfen? Ich habe Post von der Bank bekommen, und ich verstehe ÜBERHAUPT NICHTS!» Das war zu befürchten.

Meine Patentante, Anfang 70, ist eine tolle Frau. Sie hat drei Kinder großgezogen, darauf bestanden zu arbeiten, in einer Zeit, als dies für Frauen und Mütter noch keineswegs eine Selbstverständlichkeit war. Tante Lotti ist meistens fröhlich und gut gelaunt. Vor allem schätze ich sie aber als lebenskluge Frau, die mir und der gesamten Großfamilie bei allen nur erdenklichen Lebensfragen zur Seite steht. Nur, wenn es um finanzielle Dinge geht, sollte man sich besser nicht an sie wenden. Die vergangenen 70 Jahre hatte sie dieses Thema mit den Worten «Geld ist doch nicht wichtig!» erfolgreich aus ihrem Leben verdrängt. Viel verdrängen musste sie allerdings auch nicht.

Dann starb Tante Lottis Mutter mit weit über 90 Jahren, und sie trat ihr lang ersehntes Erbe an. Zu ihrem Bedauern war es deutlich kleiner als vermutet. Das kam mir irgendwie bekannt vor. Große Sprünge würde sich meine Patentante auch jetzt nicht erlauben können, aber sie hatte immerhin ein kleines finanzielles Polster. Mit ihren 71 Jahren stand sie nun vor einem

Problem, das mir ebenfalls vertraut war: Sie wusste nicht, wie sie ihr Erbe anlegen sollte.

Aus Bequemlichkeit ließ sie ihr Geld bei der Vermögensberatung ihrer verstorbenen Mutter. «Es ist wirklich sehr nett von Herrn Funke, dass er das macht», erzählte sie. Herr Funke arbeitet bei einer dieser Beratungen für sehr reiche Menschen. Das war Tante Lottis Mutter vor einem halben Jahrhundert tatsächlich einmal gewesen, kurz vor ihrem Tod aber bei weitem nicht mehr. «Normalerweise nehmen die Menschen wie mich gar nicht!», sagte Tante Lotti dankbar. Ich hatte meine Zweifel, dass sich Herr Funke allein aus Nettigkeit um meine Tante kümmerte. Selbst wenn sie kein großes Vermögen besaß, war es doch leicht verdientes Geld. Meine Patentante stellte keine Fragen, hatte keine Sonderwünsche. Dafür, dass Herr Funke einmal im Jahr einen Depotauszug verschicken musste und zum Geburtstag anrief, nahm er doch eine recht ansehnliche Gebühr.

Das ging nun auch meiner Patentante erstmals auf. «Wieso kostet das denn so viel?», fragte sie mich, als wir uns einige Tage später trafen. Wir sahen uns ihren Depotauszug an, größtenteils Anleihen, ein paar Investmentfonds, ebenfalls anleihenlastig, so gut wie keine Aktien. Keine Katastrophe. Allerdings hielten sich Rendite und Verwaltungsgebühren in der Waage, es war ein Nullsummenspiel. Und das in einer Zeit, in der die Aktienmärkte weltweit seit Jahren im Aufwärtstrend waren! Ich seufzte. Man hätte das Geld vor ein paar Jahren einfach nur in den DAX investieren müssen und stünde heute so viel besser da. Aber das wollte ich Tante Lotti nicht sagen. «Kannst du das nicht für mich machen?» Tante Lotti blickte fragend von ihrem Depotauszug auf.

Ich zögerte. Beim Geld hört die Freundschaft bekanntlich auf. Andererseits, schlechter als bisher konnte es nicht laufen. Schließlich sagte ich «Ja».

Wenig später erschien Tante Lottis Depot neben meinem in der Online-Finanzübersicht. Ich machte mich ans Werk und räumte auf. Die Anleihen behielt ich, die Fonds verkaufte ich. Dann wurde es schon komplizierter, als ich es mir ausgemalt hatte. Will man von Zinsen und Aktiengewinnen leben, braucht man entweder sehr viel Startkapital *oder* sehr viel Zeit *oder* eine sehr hohe Rendite. Meine Patentante hatte weder ein großes Startkapital noch alle Zeit der Welt. Es lag also ein gewisser Druck auf mir, eine hohe Rendite zu erzielen. Je nachdem wie viel Tante Lotti ausgeben und wie lange sie leben würde, müssten jährlich zwischen acht und 15 Prozent her. Das ist keineswegs unmöglich. In den vergangenen Jahren hatten meine Renditen in diesem Bereich gelegen, manchmal sogar darüber. Da würde es ja wohl ein Leichtes sein, dies auch für meine Tante zu tun, hatte ich gedacht.

Allerdings gab es einen entscheidenden Unterschied zwischen mir und meiner Patentante. Ich konnte Risiken eingehen, Tante Lotti hingegen nicht wirklich. Ich hatte früh angefangen, Immobilien zu kaufen, Gewinne reinvestiert, wir waren sehr gut abgesichert. Zudem verdienten mein Mann und ich weiterhin. Das Geld, das ich in Aktien investiere, brauche ich auf absehbare Zeit nicht. Bei meiner Patentante war das ganz anders.

Ich wollte eine anständige Rendite für Tante Lotti. Gleichzeitig wollte ich nichts riskieren, es ging schließlich um ihre Altersvorsorge. Das Projekt war zum Scheitern verurteilt, aber mein Ehrgeiz war geweckt. Das musste doch zu schaffen sein! Stundenlang las ich Börsenmagazine, recherchierte, welche Aktien eine solide Wertentwicklung versprachen und zu meiner Tante passten. Zudem kaufte ich einige ETFs. Mit dem Vorsatz, alles richtig zu machen, tat ich Dinge, die ich sonst nicht tat. Im Grunde meines Herzens interessierten mich weder die Unternehmen noch die ETFs, in die ich nun investierte, entsprechend unaufmerksam und lustlos verfolgte ich die weitere Entwicklung.

Während sich meine Aktien weiterhin gut entwickelten, dümpelte Tante Lottis Depot vor sich hin. Das ging mir nicht schnell genug. Schließlich kaufte ich doch einige Wachstumstitel: Streamingdienste, Elektroautohersteller, Internetunternehmen, überwiegend aus Übersee. Unangenehmerweise sind diese Aktien sehr schwankungsanfällig. Bei jedem noch so kleinen Kursrückgang wurde ich nervös. «Was, wenn Tante Lotti heute ihr Geld braucht?» Diese Frage hing wie ein Damoklesschwert über mir. Wie sollte ich meiner Patentante erklären, dass ihr Vermögen von heute auf morgen um einige tausend Euro geschrumpft war? Aus lauter Angst tat ich Dinge, von denen ich weiß, dass man sie nicht tun sollte: Ich verkaufte mit Verlust, aus Sorge, noch weitere Verluste einzufahren. Später kaufte ich zu höheren Kursen wieder nach, diesmal aus Sorge, etwas zu verpassen.

Nach einigen Monaten war ich mir ganz sicher: Nicht ich, sondern eine mir völlig fremde und unbekannte Frau verwaltet Tante Lottis Depot! Diese Frau war unentschlossen, zögerlich, nervös, mutlos. In der Absicht, alles richtig zu machen, traf sie eine falsche Entscheidung nach der nächsten, was sie nur noch mehr verunsicherte.

Es war ein Desaster. Am liebsten hätte ich alles hingeschmissen. Aber die Blöße konnte ich mir nicht geben. Zu meiner Beruhigung hatte Tante Lotti noch genauso viel Geld wie anfangs, darauf hatte ich in all dem Hin und Her stets geachtet. «Mach doch einfach genau das, was du für dich auch machst», sagte mein kluger Mann zu mir. «Aber das ist ja genau mein Problem», entgegnete ich, «Tante Lotti und ich haben eine völlig unterschiedliche Ausgangslage!» Überdies, fuhr ich fort, war ich mir nicht sicher, wie sie reagieren würde, wenn ich ihr Geld in einen chinesischen Internetgiganten, einen niederländischen Online-zahlungsdienst und einen veganen Fleischproduzenten investierte. Meine Patentante war noch nie in China gewesen, zahlte stets bar und liebte ihren Sonntagsbraten. Vermutlich hätte sie schlaflose Nächte gehabt.

«Aber bei dir läuft es doch», entgegnete mein Mann. «Und wenn ein Crash kommt und Tante Lotti Geld braucht?», fragte ich. Noch ein Anfängerfehler: Aus Sorge vor dem nächsten Crash investiert man nicht. Man verpasst die Kursgewinne und übersieht, dass man selbst nach einer Marktkorrektur besser dastünde, als wenn man nicht investiert hätte.

Noch einige Wochen verharrte ich in der Schockstarre. Dann fasste ich mir schließlich ein Herz und begann nur Aktien zu kaufen, die ich entweder einst selbst besessen hatte oder noch besaß. Von Unternehmen, die ich gut kannte, die mich interessierten. Außerdem ließ ich einen größeren Geldbetrag auf dem Konto stehen, falls Tante Lotti plötzlich doch Geld brauchte. Nach und nach fand ich einen guten Mittelweg zwischen Risiko und Rendite. Ich kaufte Standardwerte wie etwa die Deutsche Post, BASF, Telekom, Allianz und adidas. Aktien, die man ohne großen Aufwand gut verfolgen konnte. Zudem zahlten die meisten eine Dividende. Selbst wenn es einmal nicht so gut lief, erhielt Tante Lotti jedes Jahr im Frühjahr ihre Gewinnausschüttung. Das beruhigte mich. Und natürlich war es meiner Tante sehr viel einfacher zu vermitteln, sie sei Anteilseignerin eines deutschen Automobilkonzerns und nicht etwa eines chinesischen Essenslieferanten.

Zusätzlich kaufte ich einige risikoreichere Aktien, nichts allzu Exotisches, wann immer sie mir günstig bewertet schienen. Aktien, die ich selbst besaß, wie Zalando, Amazon, Nvidia, Alphabet, Apple. Langfristig glaubte ich an diese Werte, auch wenn ich nach wie vor nicht wusste, was langfristig bei Tante

Lotti genau hieß. Dank günstiger Einstiegsmomente verbuchte ich erste Erfolge. Bestärkt verfolgte ich meine Strategie. Allerdings mit deutlich kleineren Renditezielen als für mich selbst, dafür auch mit deutlich weniger Aufregung.

Irgendwann, als es bereits eine Weile sehr gut lief, wollte ich es wissen. Die Aktie eines japanischen Medienkonzerns war im Tief. In den vergangenen Wochen hatte die Aktie über 30 Prozent verloren. Nach all dem, was über die Unternehmensbeteiligungen bekannt waren, musste die Aktie deutlich mehr wert sein. Ich kaufte einige Papiere. In den nächsten acht Wochen nahm die Aktie wieder Kurs auf alte Höchststände. Ich verkaufte und drückte meiner Tante den Gewinn in die Hand: «Bitte, mach etwas Schönes damit!», forderte ich sie auf. All die schweißtreibenden Stunden, die ich mit ihrem Depot verbracht hatte, sollten nicht umsonst gewesen sein. Tante Lotti sollte ihren Spaß haben. Und den hatte sie auch: Sie kaufte sich eine Seidenbluse, flog nach Athen und machte sich ein schönes Wochenende.

Mehr darüber, wie Sie Ihr Vermögen intelligent streuen: Seite 188

20

BILDLEIN, BILDLEIN AN DER WAND
– oder:
WARUM SIE MIT KUNST KEIN GELD VERDIENEN

An diesem Morgen im Winter 2014 schmückte ein Kleinwagen unser sonst eher sparsam eingerichtetes Wohnzimmer. Genauer gesagt ein Kleinwagen in Form eines Ölbildes. Echte Kunstsammler sprechen aber nicht von einem Bild, sondern von einer Arbeit. So viel hatte ich in meinem noch sehr, sehr jungen Dasein als Sammlerin bereits gelernt. Und nun hing diese Arbeit über unserem Esstisch. Verschiedenste Blautöne, die an den fließenden Übergang von Meer und Horizont erinnerten. Das Blau auf der Leinwand verband das Türkis unserer Küchenschränke mit dem Blau des Himmels, den man von unserem Wohnzimmer aus sah, auf ganz wunderbare Weise. Wenn da nur nicht der Preis gewesen wäre ...

Seit einigen Monaten lebten wir in unserer neuen Wohnung. An den Wänden herrschte gähnende Leere. Die Zeit der gerahmten Kalenderblätter war ein für alle Mal vorbei. Wir wollten Kunst kaufen! Allerdings hatten wir bis zu jenem Wintertag so gar keine gemeinsame Vorstellung, was wir kaufen wollten. Allein in Berlin gab es um die 400 Galerien. Wo sollten wir anfangen?

Wir gingen auf die Suche nach einem Bild, Verzeihung, einer Arbeit, für unser Wohnzimmer – so fängt es bei vielen Sammlern an. Wir fragten Freunde, die wirklich Ahnung von Kunst hatten, ob sie uns einige Galerien empfehlen könnten. Mehrere

Wochenenden in Folge schleiften wir unsere maulenden Kinder durch die genannten Galerien. Geradezu schüchtern fragten wir nach, ob wir denn etwas über den Künstler und seine Arbeit erfahren könnten. Diese ganze Welt der zeitgenössischen Kunst war ein großes Rätsel für uns. Ständig fielen Namen von aufstrebenden Künstlern, die man angeblich kennt. Ich kannte niemanden. Ich konnte weder sagen, was mich interessierte, noch, was ich gut fand.

Aber egal, wir suchten weiter. Wir verbrachten eine spannende Zeit in Galerien, auf Ausstellungen und Messen. Endlich hatten mein Mann und ich wieder ein anderes Gesprächsthema als Kinder und Job. Aber wie in aller Welt sollten wir nun unser Kunstwerk finden? «Das Bild muss mit dir sprechen», sagte eine befreundete Galeristin zu mir. Mit mir sprach alles und nichts zugleich. Ich war überwältigt von der schieren Bilderflut. Alles, was mit mir sprach, passte bedauerlicherweise nicht über unsere Couch. Und was in unser Wohnzimmer passte, sprach nicht mit mir. Irritierenderweise, zumindest für mich, fielen bei unserer Kunstsuche immer wieder die Wörter Geldanlage und Investition. Auch mein Mann hielt Kunst offenbar für eine Investition. Das musste er von seinem verstorbenen Großonkel haben. Dieser hatte schon sehr früh begonnen, Kunst zu kaufen, und sie geliebt. In jungen Jahren hatten er und seine Frau eine Zeichnung von Ernst Ludwig Kirchner gekauft, jenem deutschen Expressionisten, den man vielleicht als Gründungsmitglied der Künstlergruppe «Brücke» kennt oder gar aus dem New Yorker MoMA, wo seine «Berliner Straßenszenen» zu sehen sind.

Der Großonkel jedenfalls hatte «den Kirchner», wie er in der Familiensaga genannt wurde, auf den guten Rat seines Galeristen hin gekauft, lange bevor die Welt die deutschen Expressionisten entdeckte. Der Großonkel liebte seinen Kirchner, seine Frau hatte sich nach einigen Jahren an der Zeichnung sattgesehen. «Ich kann den Kirchner nicht mehr sehen», sagte seine Frau theatralisch. Um den Frieden zu wahren, brachte der Großonkel die Zeichnung zurück zu seinem Galeristen und kam mit dem Bild eines unbekannten Künstlers unter dem Arm zurück. Seine Frau war glücklich und erleichtert. Bis zu jenem Morgen, Jahrzehnte später, als das Ehepaar beim morgendlichen Frühstück die *Frankfurter Allgemeine Zeitung* aufschlug und auf der ersten Seite des Feuilletons «den Kirchner» sah. Die Zeichnung war gerade bei einem Auktionshaus zu einer ernst zu nehmenden Summe verkauft worden. Seit diesem Tag wird diese Geschichte in der Familie gerne weitererzählt. Irrwitzigerweise als Beleg dafür, dass man mit Kunst reich werden kann, obwohl man sich doch genau genommen arm getauscht hatte.

Vielleicht bin ich als Ökonomin einfach zu nüchtern. Jedenfalls verstand ich die ganze Aufregung um Kunst als Kapitalanlage nicht. Natürlich las auch ich von Rekordsummen, die auf Auktionen erzielt wurden, und von Künstlern, deren Verkaufswert sich innerhalb weniger Jahre vervielfacht hatte. Allerdings gab es auch sehr, sehr viele Kunstler. Die Wahrscheinlichkeit, dass gerade ich den Künstler kaufte, der eine steile Karriere vor sich hatte, schien mir verschwindend gering. Nicht zuletzt in der Preisklasse, in der wir uns tummelten. Dort gab es einfach sehr viele, sehr junge Künstler, von denen viele auch nicht weiterkommen würden. Der DAX hatte sich in den vergangenen zehn Jahren mehr als verdoppelt. Die Chancen, mein Vermögen mit einem DAX-Zertifikat oder den richtigen Aktien zu vermehren, schienen mir sehr viel größer, als den richtigen Künstler zu finden.

Vielleicht hatte ich einfach irgendetwas noch nicht richtig verstanden. Bevor wir uns einige tausend Euro ins Wohnzimmer hängten, wollte ich deshalb den Kunstmarkt besser verstehen. Ich meldete mich bei einem Seminar zum Thema Kunst als Wertanlage an. Die Dozentin erklärte kurz und knapp die Unterschiede zwischen jungen, Mid-Career- und etablierten Künstlern. Diese Einteilung war für mich sehr hilfreich. Mit steigender Anzahl von Ausstellungen stiegen auch die Preise. Immer wichtiger, so die Rednerin, sei heutzutage die Galerie. Welcher Galerie traut man es zu, die richtigen Künstler zu finden und zu etablieren? Insbesondere die amerikanischen Galerien machten die Preise. Interessant. Aber auch alles sehr weit weg von meiner Realität. Dann wurde ich hellhörig: «Kaufen Sie keine Arbeiten von Frauen», sagte die Frau am Rednerpult. Wie bitte? «Diese verdienen, wie auch in anderen Branchen, deutlich weniger.» Folglich werde auch ihr Wert nicht so stark steigen. Ich zuckte zusammen. Ich sollte keine Frauen kaufen, da sie geringere Aufstiegschancen hatten? Vielleicht gerade deswegen! Diese ganze Kunst-und-Geld-Nummer nervte mich. Ich wollte doch nur ein Bild über unserem Sofa! Ich wollte gerade gehen, da fiel der schrecklichste Satz überhaupt: «Interessieren Sie sich für die Kunstszene, sie ist hip und cool.» Ich sah mich um, die Menschen um mich herum waren so etwas von unhip und uncool. Vielleicht, weil sie mit Kunst Geld verdienen wollten, dachte ich mir. Nichts wie weg hier.

Als Nächstes kaufte ich mir auf den Rat einer Freundin ein Buch mit dem vielversprechenden Titel *A Poor Collector's Guide to Buying Great Art*.[11] Das Buch war absolut lesenswert mit spannenden Einblicken in die Welt der Künstler, Galeristen und Sammler. Es gab nur einen Haken: Offenbar war der Autor nicht ganz so arm. Sein erstes größeres Kunstwerk hatte er für 50 000 Dollar gekauft. Das war deutlich mehr, als mein Budget hergab. Etwas aber hatte ich nach der Lektüre verstanden: In der Liga, in der ich spielte, ging es in allererster Linie um Freude und Spaß an der Kunst. Geld verdienen müsste ich weiterhin mit Schweinebäuchen, DAX-Zertifikaten oder Amazon-Aktien.

Diese Gewissheit machte unsere Kunstsuche gleich sehr viel unbeschwerter, leichter und lustiger. Nach ein paar weiteren Samstagen in Berlins Galerien fanden wir schließlich drei kleine Aquarelle eines japanischen Künstlers. Diese würden zwar die Leere über unserem Sofa nicht füllen, fänden aber einen schönen Platz in unserem Flur. Heinrich, «unser» Galerist und neuer Freund, kam mit dem Künstler und den frisch gerahmten Aquarellzeichnungen vorbei und hängte sie gleich auf. Er sah sich in unserer Wohnung um und sagte: «Ich habe noch eine Idee für euer Esszimmer, ein Bild von einer japanischen Künstlerin, das bringe ich euch einmal mit.»

Einige Tage später stand er mit der Leinwand, ein Meter mal ein Meter, vor unserer Wohnungstür. «Weiß nicht, ob das so ganz eure Preisklasse ist», erklärte er fröhlich. «Was soll es denn kosten?», fragte ich zaghaft. «25 000 Euro», antwortete Heinrich lapidar. «25 000 Euro?» Ich schluckte. Völlig ungerührt bohrte Heinrich drei Löcher in unsere Wand und schon hing das Bild. «Ihr könnt es euch ja mal ein paar Tage ansehen», sagte er. «Und ich frage die Künstlerin noch einmal, vielleicht verkauft sie euch die Arbeit auch für weniger.»

«Da hängt übrigens ein 25 000-Euro-Bild in unserem Esszimmer», begrüßte ich meinen Mann, als er abends nach Hause kam. Mittlerweile ging mir die Summe schon recht lässig über die Lippen. Mein Mann guckte mich ebenso fragend wie entsetzt an. «Keine Sorge, ich habe es nicht gekauft», sagte ich. In den nächsten Tagen diskutierten wir ernsthaft über den Kauf, obwohl unser Budget das überhaupt nicht hergab. «Sammeln muss auch ein bisschen weh tun, haben meine Großeltern immer gesagt», so mein Mann. Er war drauf und dran, sich in dieses finanzielle Abenteuer zu stürzen. Unwillkürlich hörte ich eine Stimme in meinem Kopf, die sagte, Frauen könnten sich auf dem Kunstmarkt nicht so gut durchsetzen ... Mein größeres

Problem aber war, dass mir das Bild bei all seiner Schönheit zu wenig Energie, zu wenig Impulse gab. Das Bild sprach einfach nicht mit mir. Es schwieg. Wir sagten schließlich ab.

Einige Jahre später während der Art Basel, der größten Kunstmesse weltweit: Das Kunstmuseum Basel zeigte eine große Ausstellung «unserer» japanischen Künstlerin. Ihre Arbeiten wurden auf der Messe für deutlich mehr als 25 000 Euro verkauft. Aufgeregt rief ich meinen Mann an. «Hab ich's doch gesagt, hätten wir das Bild damals gekauft!», sagte er.

Ob «unser» Bild heute tatsächlich so viel mehr wert wäre, werden wir nie genau wissen. Ich vermute aber, dass unser Bild aus der falschen Zeit stammte. Manchmal explodieren die Preise für Künstler, aber nicht für alle Arbeiten gleichermaßen. Mit etwas Pech besitzt man gerade das Bild, das keiner haben will.

Ist aber auch nicht weiter wichtig. In all den Jahren hat es sich für mich bewährt, mein Geld mit Aktien und Immobilien zu vermehren. Kunst kaufe ich, weil es Spaß macht und unser Leben bereichert.

Mehr über Kunst, Antiquitäten, Gold und Diamanten:
Seite 262

21

WER HAT BEI IHNEN DIE SPENDIERHOSEN AN?

– oder:

WIE SIE RICHTIG SPENDEN

An einem Samstag im August 2017 fand unser alljährliches Straßenfest statt. Unsere Kinder waren in heller Aufregung. Sie machten sich große Hoffnungen, dass an jenem Tag ihre Einkommensverhältnisse exponentiell steigen würden. Als Ritter verkleidet wollten sie ihr Taschengeld aufbessern. Seit Tagen bauten die Jungs eine Burg aus Pappe. Die vorbeikommenden Kinder sollten eine Armbrust und Sektkorken in die Hand bekommen, mit denen sie die Zinnen (leere Tomatendosen, es hatte in den Tagen zuvor sehr viel Pasta bei uns gegeben) vom Turm schießen sollten. Als Belohnung gäbe es eine kleine Tüte Gummibärchen. «Drei Schuss 50 Cent», schrieb Franz in großen Lettern auf ein Pappschild. «Oder sollen wir lieber fünf Schuss ein Euro machen?», fragte er seine Brüder. «Wir müssen schließlich die Gummibärchen davon kaufen.»

Während die Kinder mit Heißklebepistole und Pinseln hantierten, mistete ich unsere Schränke aus. Vom ausrangierten Burberry-Hemd bis zur Salatschüssel kam alles auf den Straßenflohmarkt. «Mami, können wir deine Sachen verkaufen?», fragte Franz, damals zehn Jahre. «Klar», sagte ich, «aber dann müsst ihr auch den Stand allein auf- und abbauen.» Die Jungs schlugen ein. «Kein Problem», sagte Hans.

Es lief gut für unsere Jungs an diesem Samstagmorgen. Vor der Burg hatte sich eine lange Kinderschlange gebildet, eifrig sammelte Paul die verschossenen Sektkorken vom Boden. Hans konzentrierte sich auf den Flohmarktverkauf. Er hat ein gewisses Verkaufstalent, ist vor allem aber hart im Verhandeln. Zu meinem großen Entsetzen hatte er unserer Nachbarstochter sein altes Puky-Laufrad verkauft, mit dem die Kleine bis gestern noch umsonst durch unseren Garten gefahren war. Für satte 20 Euro.

Als wir am späten Nachmittag von unserem Spaziergang wieder nach Hause kamen, hatten die Kinder ihren Straßenstand bereits abgebaut. «Alles ausverkauft», sagte Paul. Mit ihren Ritterspielen hatten sie nach Abzug aller Kosten weit über 100 Euro verdient, das Geld lag bereits aufgeteilt in ihren Spardosen. Nun saßen die Jungs an unserem Esstisch, vor sich vier Geldstapel. «Das haben wir alles mit deinen Sachen verdient», sagte Hans stolz. 328 Euro, zählte er vor. Er zeigte auf die Geldstapel vor ihm. «100 sind für Franz, 100 für Paul, 100 für mich und der Rest», er zeigte großzügig auf ein Häufchen übrig gebliebene Münzen, «ist für euch.» – «Was?», empörte sich mein Mann. «Nur 28 Euro für uns? Das waren unsere Sachen, die ihr verkauft habt!»

«Aber wieso?», warf ich ein. «Sie haben den ganzen Tag gearbeitet, warum sollen sie dafür keinen Lohn bekommen?» – «Aber doch nicht jeder 100 Euro!», meinte mein Mann. Unsere Söhne protestierten lautstark. «Papi, du hast gar nichts gemacht und bekommst 28 Euro», sagte Hans. «Aber es sind meine Sachen, sie wurden mit meinem Geld gekauft», insistierte mein Mann. «Mein, dein – das sind doch bürgerliche Kategorien», machte unser Ältester vom Tischende das Känguru nach.[12] Es begann ein heftiger Verteilungskampf zwischen Vater und Söhnen. Mit roten Köpfen vertagten wir die Diskussion schließlich auf den nächsten Tag.

Ich war auf der Seite meiner Söhne. Nicht aus mütterlichen

Gefühlen, sondern aus wirtschaftlichem Interesse. Meine Kinder sollen nicht lernen, mit wenig, sondern mit mehr Geld zurechtzukommen. Damit wir uns nicht falsch verstehen, ich werfe ihnen das Geld nicht hinterher. Sie sollen schon etwas dafür tun, etwa unsere ausrangierten Sachen auf dem Flohmarkt verkaufen. Aber ich finde es durchaus sinnvoll, wenn meine Kinder schon früh lernen, mit größeren Summen zu jonglieren als mit ihren zwei Euro Taschengeld. Wie sollen sie sonst im späteren Leben den Mut haben, in Dinge zu investieren, die ihr Monatsgehalt übersteigen? Wie sollen sie einen gewissenhaften und gleichzeitig unverkrampften Umgang mit Geld bekommen, wenn ich die Hand darüber halte? Mein Mann jedoch witterte Gier und Maßlosigkeit bei unseren Kindern.

«Ich hab's», erklärte mein Mann am nächsten Morgen stolz am Frühstückstisch. «Ihr dürft die eine Hälfte behalten, und die andere Hälfte spenden wir.» Ich schluckte kurz. Spenden an sich fand ich eine gute Sache. Meine ersten Erfahrungen damit waren allerdings alles andere als glücklich verlaufen.

Ich war gerade einmal fünf Jahre alt gewesen, da fragte meine Mutter mich kurz vor Weihnachten, ob ich entweder zum Weihnachtsmarkt gehen und Karussell fahren oder das Geld lieber den blinden Kindern in Afrika spenden wolle. Den ganzen Nachmittag grübelte ich darüber, warum das eine Entweder-oder-Frage war. Hier gab es kein Entweder-oder! In dem einen Fall bekäme ich etwas, in dem anderen Fall bekäme ich nichts.

Ich spürte aber, welche Antwort meine Mutter erwartete, und sagte im vorauseilenden Gehorsam: «Dann spende ich lieber!» – obwohl ich natürlich viel lieber Karussell gefahren wäre. Wenige Wochen später bekam ich für meine großzügige Fünf-Mark-Spende einen sehr schönen Stroh-Engel von der Blindenmission. Dieser kam an unseren Weihnachtsbaum. Noch Jahre später trauerte ich beim Anblick des Engels der entgangenen

Karussellfahrt hinterher. Solch ein frühkindliches Spenden-trauma wollte ich meinen Kindern ersparen. Aber davon abge-sehen stimmte ich meinem Mann zu, die Kinder sollten lernen, andere Menschen zu unterstützen.

Offenbar waren meine Kinder aber bereits deutlich spendab-ler als ich damals. «Super Idee», verkündete Hans. «In der Schule sammeln wie gerade Geld für ‹Frischer Fisch›, für ein neues Klettergerüst auf dem Spielplatz, der alte Holzkletterfisch ist kaputt.» – «Lasst uns lieber etwas für die bedrohten Nashörner in Kenia tun», sagte unser Ältester. «Ich würde gerne in bessere Bildung für Mädchen in Entwicklungsländern investieren», schlug ich vor. «Mädchen?», riefen die Jungs entsetzt. «Wieso brauchen Mädchen Spenden?»

Die richtige Spendenorganisation zu finden, war ein Thema für sich. Monatelang stand diese Aufgabe anschließend ganz weit oben auf meiner To-do-Liste. Doch während es mir sehr leicht fiel, Zeit für meine Aktienrecherchen zu finden, kam ich bei diesem Thema nicht recht weiter. Mir fehlte die Orientie-rung im Spendendschungel. Für welches Thema wollte ich mich überhaupt starkmachen? Entwicklungshilfe? Klimaschutz? Tierschutz? Es läuft so einiges schief auf unserer Welt. Zudem las man immer wieder, ein großer Teil der Spenden käme gar nicht an. Wie sinnvoll waren die einzelnen Programme über-haupt? Insbesondere die großen Organisationen standen im Verdacht, Programme durchzuführen, die von den Regierun-gen in Entwicklungsländern beeinflusst wurden, aber nicht unbedingt zum Wohl der Menschen vor Ort beitrugen. Wie also fand ich eine Organisation, die ein ebenso sinnvolles wie wirkungsvolles Programm hatte?

Ganz einfach: Mein Mann fand sie. Als Sohn eines Entwick-lungshelfers war er dafür prädestiniert. Nach einiger Recherche stieß er auf «Give Directly». Die Organisation überweist sehr armen Menschen in Entwicklungsländern direkt Geld, eine Art bedingungsloses Grundeinkommen. Die Idee dahinter ist, dass Menschen selbst am besten wissen, was sie wirklich brauchen. Da das Geld direkt auf das Handy überwiesen wird, kommen von jedem Euro 88 Cent beim Empfänger an, sehr viel mehr als bei etablierten Hilfsorganisationen. Mit dem Geld können sich die Menschen Lebensmittel und Medikamente kaufen, aber auch in ihre Bildung investieren.

Das alles klang sehr gut. Auf der Website konnten wir Erfahrungsberichte nachlesen.[13] Rund 500 Dollar bekamen die Menschen in Kenia und Tansania, über mehrere Raten verteilt. Saumu hatte sich davon eine Kuh gekauft. Früher musste die Familie Milch bei ihrem Nachbarn kaufen. Fehlte das Geld, gab es kein Frühstück. Nun habe sie eine Kuh und jeden Tag Milch. Die überflüssige Milch kann die Familie wiederum verkaufen und ihr Einkommen so erhöhen. Oder die Geschichte von Magdalena: Die 29-jährige Kenianerin hatte sich eine eigene Nähmaschine gekauft, um sich selbstständig zu machen. «Früher musste ich einen großen Teil meines Einkommens für die Miete der Nähmaschine abgeben.» Heute seien das Magdalenas Gewinne. Andere wiederum investierten das Geld in die Reparatur ihres Daches. «Jedes Mal, wenn es regnete, waren wir anschließend krank und konnten nicht arbeiten», schrieb Salama auf der Website. «Jetzt regnet es nicht mehr in unsere Hütte.»

Unsere Kinder wollten am liebsten eine Kuh spenden. Mein Mann und ich stockten den Flohmarktgewinn auf und richteten gleich einen monatlichen Dauerauftrag ein. Ich wiederum war sehr erleichtert, den Punkt «Spendenorganisation» endlich von meiner To-do-Liste streichen zu können. Als unsere Einnahmen das nächste Mal stiegen, erhöhten wir auch den Spendenbetrag. Wir waren bisher ohne dieses Geld ausgekommen, also konnten wir auch in Zukunft auf einen Teil davon verzichten.

Dieser Ansatz hatte sich schon beim Sparen bewährt. Anders als Sparen hinterlässt Spenden aber das gute Gefühl, dieser Welt, von der wir so viel profitiert haben, etwas zurückzugeben.

Mehr über Spenden und Spendenorganisationen: Seite 272

22

CORONA-ALARM
– oder:
WIE SIE DURCH DIE NÄCHSTE KRISE KOMMEN

«Virus-Alarm!», schrie Paul über den Esstisch. «Kommt schnell nach China!» Hektik kam auf. «Mami, der Impfstoff muss sofort zu mir, du bist für die Logistik zuständig», teilte mich mein Ältester ein. «Papi, wir brauchen einen neuen Impfstoff, bevor das Virus nach Europa kommt!» Mein Mann bewahrte einen kühlen Kopf, wie eigentlich immer. «Wer hat noch Natriumchlorid? Her damit!», befahl er und breitete die Impfstoffe vor sich auf dem Tisch aus. «Oh, nein!», rief Franz. «Das Virus ist in Südamerika ausgebrochen, kommt schnell!» – «Geht nicht», entgegnete ich, «wir sind in Quarantäne.» Panik brach aus, das Virus verbreitete sich über den ganzen Globus, die Pandemie war nicht mehr aufzuhalten.

Das war Weihnachten 2016. Mein Mann hatte unserer Familie ein Brettspiel geschenkt, *Pandemie*. Vier Seuchen bedrohten die Welt, wir mussten sie bekämpfen, bevor es zu spät war. Dazu schlüpften wir in die Rollen des Wissenschaftlers, Logistikers und Quarantänespezialisten. Meine Begeisterung hielt sich in Grenzen. «Können wir nicht einmal etwas Lustiges spielen? Charade zum Beispiel?», fragte ich. Doch die Kinder waren wild entschlossen, die Welt zu retten. Abend um Abend saßen wir am Esstisch und spielten *Pandemie*. «Kann das eigentlich auch in echt passieren?», wollte Paul wissen.

Und ob. Anfang 2020 war Pandemie kein Spiel mehr.

Ende Januar 2020. In China wurden 580 Fälle eines neu-
artigen Virus gemeldet, COVID-19, landläufig Corona-Virus
genannt. Wie in unserem Spiel wurde eine ganze Stadt namens
Wuhan unter Quarantäne gestellt, um die Ausbreitung zu verhindern. «Das wäre bei uns politisch einfach nicht möglich»,
sagte ich zu meinem Mann. Der dachte bereits weiter: «Das
wird große Auswirkungen auf die Weltwirtschaft haben, wenn
in China die Fabriken schließen.»

Wir hatten gerade beruflich mehrere Monate in Asien verbracht, am nächsten Tag sollte es über Umwege zurück nach
Deutschland gehen. Während ich unsere Koffer packte, wurden
die ersten Fälle in Singapur bekannt. Wenig später saßen wir im
Taxi zum Flughafen Changi. Dort liefen bereits mehr Menschen
mit Mundschutz herum als ohne. Wenn ein Chinese hustete,
sprang ich verschreckt zwei Meter zurück. «Gut, dass wir jetzt
zurückfliegen», sagte ich zu meiner Familie. Aus der Ferne beobachteten wir, wie China in den Lockdown ging und Singapur
jeden Corona-Patienten rigoros aus dem Verkehr zog, alle Kon-
takte auch über Handydaten nachverfolgt wurden und Kontakt-
personen unter Quarantäne kamen. «Das würde bei uns alles gar
nicht gehen», wiederholte ich, wieder zurück in Deutschland.

Einen Monat später, Ende Februar. Das Leben ging weiter, in
Singapur wie in Berlin. In Deutschland gab es nach einer Kar-
nevalsfeier die ersten zwei Corona-Fälle. Ich telefonierte mit
einer Freundin in Singapur, fragte sie, wie die Lage sei und ob
sie denn überhaupt noch nach Deutschland dürften. Verständ-
nislosigkeit auf der anderen Seite der Erde, Singapur hatte das
Virus unter Kontrolle. «Das eigentliche Problem seid ihr Europäer», sagte sie. Das dämmerte nun auch langsam mir, als ich
nach Italien blickte.

Offenbar nicht nur mir. Es war Montag, der 24. Februar. Italien hatte am Wochenende 229 neue Corona-Fälle gemeldet

und sechs Tote. Die Aktienmärkte von Hongkong bis Frankfurt und New York begaben sich auf Talfahrt. Die Welt war aufgewacht, Corona war kein asiatisches Problem mehr, sondern ein globales. Dass es in Europa und in Deutschland ähnlich drastische Einschnitte geben würde wie in China war jedoch nach wie vor unvorstellbar. Die Schulen schließen wie in Hongkong? Einfach die deutsche Autoindustrie stilllegen? Restaurants und Läden zumachen? Wie sollte das in Deutschland gehen?

Unterdessen guckte sich mein Mann nüchtern die Corona-Statistiken an. Zu diesem Zeitpunkt gab es rund 80 000 Fälle weltweit, die meisten in China. «In vier Wochen werden es 325 000 Fälle sein, die meisten in Europa», prophezeite er. Das mit dem exponentiellen Wachstum hatte er ganz offensichtlich besser verstanden als ich. «Ich wette, der DAX wird in den nächsten Wochen um 30 Prozent abstürzen», sagte er. Steile These, selbst nach der heutigen Talfahrt. Nach dem jüngsten wochenlangen Höhenflug schien mir eine Pause oder vielleicht sogar das Ende der Hausse durchaus plausibel. Aber ein Absturz um 30 Prozent? Solange es keinen weltweiten, Monate andauernden Lockdown gäbe, würden die wirtschaftlichen Auswirkungen gering sein. Fluglinien- und Reiseveranstalter-Aktien wollte ich jetzt allerdings auch nicht mehr kaufen – wer würde in den nächsten Monaten noch um die Welt fliegen wollen?

Tags darauf machte sich an den Märkten wieder Hoffnung breit. Dieses Muster kannte ich bereits aus vergangenen Krisen, etwa der Finanzkrise 2008: An einem Tag verkaten alle alles, am nächsten Tag kauften die Optimisten wieder nach, die Kurse stiegen, dann verkauften die Pessimisten wieder, die Kurse fielen und so weiter. Dieses Rauf und Runter nennt sich Volatilität.

Ich machte mir das Zwischenhoch zunutze und räumte an diesem Morgen Ende Februar mein Portfolio auf. An den Zusammenbruch der Weltwirtschaft glaubte ich zwar nicht, neue

Höchststände würde es unter diesen Umständen aber sicher auch so schnell nicht geben. Die Aktien, die in den vergangenen Monaten sehr gut, vielleicht sogar zu gut gelaufen waren, verkaufte ich. Manche Titel überzeugten mich auch nicht mehr, Netflix zum Beispiel. Zuletzt waren die Abo-Zahlen in den USA stagniert, die Konkurrenz von Disney und Apple wurde immer größer. Und auch ich hatte schon lange nichts mehr Vernünftiges auf Netflix gefunden. In den vergangenen Jahren hatte ich sehr gut mit der Aktie verdient – genug ist genug, raus damit! Ich verkaufte an diesem Morgen über ein Drittel meiner Aktien. Mein Börsen-Alter-Ego machte es mir dabei nicht leicht: Obwohl ich mit Netflix und Co sehr gut verdient hatte, grämte es sich über die fünf Prozent «Verlust» seit dem Höchststand vor einer Woche. Seit ich in Aktien investierte, versuchte mein Alter Ego, der Schuft, mich immer wieder hinters Licht zu führen. Ich blieb standhaft, verkaufte und grämte mich nicht über den virtuellen Verlust.

An diesem Morgen machte ich noch etwas anderes: Ich schrieb alle nur erdenklichen Ausgaben auf, die in den nächsten zwölf Monaten auf uns zukommen könnten – sollte der globale Lockdown, an den ich zwar nicht glaubte, doch kommen. Sicher ist sicher. Ich stellte mir vor, was dann alles schiefgehen könnte: Mieten würden ausfallen, die Fertigstellung meines Neubaus würde sich verzögern, die Vermietung nur schleppend anlaufen, mein Buch würde erst erscheinen, wenn die Krise einigermaßen überstanden wäre und die Menschen wieder Geld zum Anlegen hätten. Ich gab mir Mühe, so pessimistisch wie möglich zu sein. Denn wenn ich etwas tunlichst vermeiden wollte, dann, dass ich irgendwann Aktien oder Immobilien verscherbeln müsste, nur weil ich Bargeld brauchte. Lieber säße ich auf meinem Geld. Am Ende des Vormittags guckte ich auf Soll und Haben und war beruhigt: Der Lockdown könnte kommen.

Anfang März: In Deutschland gab es 130 Corona-Fälle, in Italien bereits 1702. Um uns herum lief das Leben normal weiter, Corona war schließlich nicht schlimmer als eine Grippe, wie viele meinten. Aber die Warnrufe wurden zunehmend lauter. Seit ein paar Tagen schon erklärte der Chefvirologe der Charité, ein gewisser Christian Drosten, in seinem täglichen Podcast, warum Corona nicht mit einer Grippewelle vergleichbar, sondern sehr viel schlimmer sei. Der Hongkong-Korrespondent der *Financial Times* schrieb: «Ich verbringe einen großen Teil meiner Zeit damit, meinen Freunden und meiner Familie in Europa zu erklären, dass sich ihr Leben verändern wird, je weiter sich das Virus in Europa ausbreitet. Kommt jetzt der globale Shutdown? Ich habe nicht den Eindruck, dass Europa und die USA gut (auf das Virus) vorbereitet sind.»

In diesen Tagen drosselte die US-Notenbank plötzlich mir nichts, dir nichts die Zinsen um einen halben Prozentpunkt – noch bevor die US-Regierung die Corona-Krise überhaupt anerkannt hatte. Irgendetwas wissen die Notenbanker, dachte ich mir, was ich nicht weiß. Und noch etwas war seltsam: Normalerweise schossen die Aktienkurse nach einer solchen Zinssenkung in die Höhe. Aber diesmal verpuffte der Effekt, die Kurse fielen weiter. Das alles klang nicht mehr gut.

Mein Alter Ego meldete sich wieder zu Wort: «Verkauf deine Aktien, du kannst sie später wieder günstiger nachkaufen», sagte es. Ich hielt dagegen: «Das hat in der Vergangenheit selten geklappt.» Meistens verpasst man den richtigen Zeitpunkt, wieder einzusteigen. Wenn man erst einmal eine Aktie bei 100 Euro verkauft hat, fällt es sehr schwer, sie bei 105 Euro zurückzukaufen. Stattdessen guckt man zu, wie der Kurs langsam steigt, ringt mit sich, fragt sich, ob man den Einstieg verpasst hat, bis man sich endlich doch durchringt zu kaufen, viel zu spät, bei vielleicht 130 Euro. 30 Prozent Kursgewinn – ohne mich. Nein, erklärte ich meinem Alter Ego bestimmt, ich würde nicht verkaufen, um später günstiger wieder einzusteigen.

Es kam anders. Als ich am Montag, den 9. März, aufwachte, hatte Saudi-Arabien zu allem Überfluss einen Ölkrieg angezettelt. Es hatte so viel Öl auf den Markt geschmissen, dass der Rohölpreis am Montagmorgen um 30 Prozent nachgab. Damit stürzten die Saudis die US-Unternehmen in den Ruin, die nur zu deutlich höheren Preisen profitabel Öl fördern konnten. «Die spinnen, die Saudis», dachte ich. Mitten in der größten Krise seit der Lehman-Brothers-Pleite 2008 auch das noch! Das war nicht gut für die US-Wirtschaft und auch nicht für die Weltwirtschaft.

Die internationalen Finanzmärkte sahen das ähnlich. Der 9. März 2020 war der schlechteste Tag für die globalen Aktienmärkte seit Dezember 2008. Der DAX befand sich mittlerweile 20 Prozent unter seinem Höchststand vom Februar. In mir kamen Erinnerungen hoch: Nach dem Platzen der Dotcom-Blase gab es den 11. September, dann den Irakkrieg, drei Jahre ging es nur bergab. Auch nach der Lehman-Brothers-Pleite rutschten die Kurse ein halbes Jahr lang ab, und es dauerte noch einmal eineinhalb Jahre, bis die Aktien wieder auf Vorkrisenniveau waren.

Erstaunlicherweise hatten meine amerikanischen und chinesischen Tech-Aktien in dem jüngsten Trubel noch vergleichsweise wenig nachgegeben. Bisher gehörten Tech-Aktien immer zu den ersten, die die Investoren in einer Krise abstießen. Ich verkaufte abermals Aktien, wenn auch deutlich weniger als im Februar. Jetzt konnte kommen, was wolle. Ich fühlte mich auf der sicheren Seite. Und mit der gefüllten Kasse würde ich als eine Gewinnerin aus der Krise hervorgehen, schließlich hatte ich nun genügend Cash, um zu investieren.

Die nächsten Tage wurden sehr, sehr ungemütlich. Die Ereig-

nisse überschlugen sich geradezu. US-Präsident Trump ließ alle
Flüge von und nach Europa streichen, was die Märkte abermals
auf Talfahrt schickte. Der 12. März, ein Donnerstag, war der
schlimmste Börsentag seit dem 19. Oktober 1987. Die Wallstreet rutschte um zehn Prozent ab. Mittlerweile hatten DAX
und Dow Jones ihre Gewinne der vergangenen vier Jahre abgegeben. Die Europäische Zentralbank und die US-Notenbank
Fed verkündeten weitere Zinssenkungen und kauften Staats-
und Unternehmensanleihen in bis dahin ungekannter Höhe.
Die Journalisten sprachen von einem Feuerwehreinsatz, doch
auch der half wenig. Ich war sehr froh und erleichtert, einen großen Teil meiner Aktien bereits im Februar verkauft zu haben.
Das war doch einmal ein gutes Timing gewesen.

Von da an wurde die Lage stündlich unübersichtlicher. In
Deutschland diskutierten die Ministerpräsidenten aller 16 Länder, ob Geschäfte und Restaurants geschlossen werden sollten.
Bayern preschte vor, die anderen zogen nach. Meine Hamburger Freunde kamen gerade noch mit dem letzten Zug aus den
Tiroler Skiferien nach Deutschland und mussten zwei Wochen
in Quarantäne. Die Schulen wurden geschlossen, großer Jubel
bei den Kindern über die unverhofften Corona-Ferien. Die
Grenzen nach Frankreich, Österreich und in die Schweiz wurden ebenfalls geschlossen, stündlich kam ein neues Land auf die
Liste.

Die Bundesregierung spendierte 600 Milliarden Euro, um
die wirtschaftlichen Folgen der Corona-Krise abzufedern. Das
war fast doppelt so viel, wie sie zunächst im ganzen Jahr hatte
ausgeben wollen. «Wo kommt auf einmal eigentlich das ganze
Geld her?», fragte mein Ältester. Auch ich wunderte mich, was
in diesen Tagen alles möglich war. Selbst Angela Merkel zeigte
für ihre Verhältnisse erstaunlich viele Emotionen, als sie im
Fernsehen zur Hauptsendezeit zur Bevölkerung sprach.

Ich zog mich mit meiner Familie in unserem Häuschen nach Brandenburg zurück. Welch ein Segen! Die Welt schien im Chaos zu versinken, während um unser Haus seelenruhig die Rehe spazierten. Frau Merkel und Co hatten mich zur Lehrerin befördert: Vom Fingerspiel über Bruchrechnung und das Singen der «Ode an die Freude» bis hin zum Periodensystem wurde mir die ganze Bandbreite vorschulischer und schulischer Bildung abverlangt. Wenige Kilometer weiter markierte nun ein Schlagbaum die Grenze zwischen Brandenburg und Mecklenburg. Wie bitte? Eine neue innerdeutsche Grenze? Ich hielt es nicht für möglich. Nichts von dem, was gerade um mich herum geschah, hatte ich vor drei, vier Wochen für möglich gehalten.

In all dem Durcheinander verfolgte ich die Börse nur am Rande. Ende März guckte ich erstmals wieder in mein Depot. Zu meiner Überraschung sah es dort nicht so finster aus wie vermutet. Vor allem die Tech-Werte hatten sich erstaunlich schnell wieder erholt. Die Netflix-Aktie stand schon wieder bei 338 Dollar, ich hatte sie im Februar bei 335 Dollar verkauft. «Das ist sicherlich nur ein Zwischenhoch», sagte ich mir. «Das kenne ich aus vergangenen Krisen.»

Denn dass die Welt im Argen lag, war doch für jeden offensichtlich: Flugzeuge blieben am Boden, Fließbänder standen still, Aufträge wurden storniert, die Banken fürchteten um ihre ausstehenden Kredite. Konjunkturforscher waren sich einig: Was wir gerade erlebten, war die schwerste Wirtschaftskrise seit Ende des Zweiten Weltkrieges. Zu allem Überfluss ging in Asien gerade die zweite Welle los. Länder wie Singapur oder Japan, die bis dahin gut durch die Krise gekommen waren, befanden sich nun ebenfalls teilweise im Lockdown. Um uns herum Heulen und Zähneklappern. Nur an den Börsen herrschte Optimismus. Das konnte einfach nicht sein. Meinem Urteil nach stand der Aktienaufschwung auf tönernen Füßen. Ich setzte weiterhin auf fallende Kurse und vertagte meinen Wiedereinstieg.

Noch nie hatten mir steigende Aktienkurse so schlechte Laune bereitet wie in den nächsten zehn Tagen. Üblicherweise sind steigende Kurse ein Grund zur Freude, doch diesmal handelte es sich für mich um entgangene Gewinne. Ich wollte fallende Kurse! Aber egal, was passierte, die Märkte feierten jede noch so kleine Nachricht, die in normalen Zeiten nicht einmal eine Randnotiz wert gewesen wäre. US-Präsident Trump twitterte fröhlich, die Krise sei zu Ostern vorbei, obwohl allein in New York mehrere tausend Neuerkrankungen und Hunderte Tote täglich gemeldet wurden. Egal, die Kurse stiegen und stiegen.

Ich misstraute der guten Stimmung. Glaubten die Börsianer tatsächlich, nach Ostern wäre alles vorbei? Verzweifelt suchte ich die Medien nach schlechten Nachrichten ab. In Ecuador blieben die Corona-Toten einfach auf der Straße liegen. Fürchterlich, aber für die Aktienmärkte völlig unerheblich. Wenn ich abends schlafen ging, kletterten die Kurse an der Wallstreet weiter, wenn ich morgens aufwachte, befand sich die Hongkonger Börse bereits im Höhenflug. Krise? Welche Krise?

Nach rund zehn Tagen gestand ich mir ein: Ich hatte mich Anfang März geirrt. Zwar erlebten wir gerade die schwerste Wirtschaftskrise der Nachkriegszeit, aber an der Börse wird die Zukunft gehandelt. Und offenbar war die Zukunft vielversprechend. Vor allem für einige der Unternehmen, die als die großen Gewinner aus der Krise hervorgingen. Amazon, Adyen, Hellofresh, Paypal, Zalando – all diese Firmen profitierten davon, dass wir künftig zu Hause shoppen gingen. Disney und auch Netflix – vor wenigen Wochen noch von mir abgeschrieben – gehörten ebenfalls zu den Gewinnern. Ebenso der Videokonferenzanbieter Zoom, den bis vor ein paar Wochen noch keiner gekannt hatte, oder Docusign. Selbst Firmen wie Microsoft, die

Lizenzen für Home-Laptops verkauften, waren wieder gefragt. Bedauerlicherweise war ich nicht die Erste, die dies erkannte. Die Kurse waren seit dem Tief im März bereits so rasant gestiegen, dass mir schwindelig wurde.

Doch was sollte ich tun? «Die meisten Fehler, die man macht, kann man auch wieder geraderücken», hatten meine Eltern stets gesagt. Also fasste ich mir ein Herz und kaufte Aktien. Ich war mir keineswegs sicher, ob sie schon zu teuer waren. Daher kaufte ich in kleinen Schritten, auch jene Aktien, die ich wenige Wochen zuvor noch aus meinem Depot verbannt hatte. Für Netflix muss ich mittlerweile 355 Dollar hinblättern, verkauft hatte ich sie bei 335 Dollar. «Na bravo, hat ja super geklappt mit dem Günstiger-Nachkaufen», sagte ich meinem Alter Ego.

Es brauchte ein bisschen Mut, in jenen Tagen Aktien zu kaufen. Selbst die *Financial Times* blieb skeptisch. Sie hielt alles nur für FOMA, Fear of Missing Out, die Angst, den Kursanstieg zu verpassen. Diese Angst trieb die Kurse nach oben. Argwöhnisch beobachteten die Journalisten den Höhenflug der Technologieunternehmen – die ja noch nicht einmal Gewinne machten. Üblicherweise verkauften Investoren diese Aktien in der Krise als Erstes, diesmal entpuppten sie sich als sicherer Hafen. Das war genau meine Wette, und sie ging auf. Die Aktien stiegen schneller, als ich gucken konnte, ich fasste täglich neuen Mut. Ende April investierte ich sogar das Geld aus meinen Februar-Verkäufen. Diesmal konnte ich sogar günstiger nachkaufen.

Sell high, buy low. Das klingt so einfach und ist in der Realität so schwer. Man weiß leider nie genau, wann Höhe- oder Tiefpunkte erreicht sind. Im Februar hatte ich richtiggelegen, im März hatte ich mich verschätzt. Zwischen meinem Verkauf im März und dem Wiedereinstieg Anfang April hatte ich bereits den ersten Kursanstieg von rund zehn Prozent verpasst. Das war ärgerlich. Rückblickend aber war es das kleinere Übel. Hätte ich noch länger gezögert, wären weit höhere Kursgewinne an mir vorbeigegangen.

Während ich in jenen Wochen tagsüber Aktien kaufte, saß die Familie abends wieder am Esstisch und spielte erneut *Pandemie*. Mittlerweile waren wir ein eingespieltes Team. Diesmal gelang es uns, das Virus einzudämmen und die Welt zu retten.

Mehr dazu … gibt es leider nicht zu sagen. Nerven bewahren. Es kommt nie so schlimm, wie man denkt, und nie so gut, wie man hofft.

23

MEIN LETZTER WILLE
- oder:
WAS SIE BEIM VERERBEN UND ERBEN BEACHTEN SOLLTEN

Vor ein paar Jahren starb «unsere» Urgroßmutter. 96 Jahre alt wurde die «Ur-Momi», wie die Jungs sie nannten. Seit ich meinen Mann kannte, spekulierte die ganze Familie hoffnungsvoll auf das Erbe der Urgroßeltern, das vor langer Zeit recht ansehnlich gewesen sein musste. Diese Hoffnungen waren auch unseren Söhnen nicht verborgen geblieben. «Nur zu schade, dass wir alles durch vier teilen müssen», stellte Hans bedauernd fest. «Da hattest du es wirklich besser, Mami», sagte er mit Neid in der Stimme. «Du hast alles allein geerbt.» Ich warf ein, drei Brüder seien doch mehr wert als alles Geld der Welt, aber mein Sohn, durchaus materialistisch veranlagt, ignorierte meine Einwände.

«Wehe, du sprichst das Thema Erbe an, wenn wir auf der Beerdigung sind», schärfte mein Mann ihm daher auf der Zugfahrt nach Hamburg ein. «Wir sind nämlich alle sehr, sehr traurig, dass Ur-Momi gestorben ist», appellierte er an das Mitgefühl unseres Sohnes. Hans zeigte sich jedoch unbeeindruckt. Fröhlich rannte er zwischen der trauernden Familie durch die Wohnung und teilte schon einmal das Erbe auf. «Paul, du kannst die Spielzeugautos haben», erklärte er generös. «Und Franz und ich nehmen die Legoplatten.» – «Nein!», widersprach meine Schwiegermutter vehement. «Die Platten nehme ich mit nach Hause, und dann könnt ihr damit spielen, wenn ihr mich besuchen kommt.» Na großartig, die Urgroßmutter war noch nicht einmal unter der Erde und der erste Erbstreit schon entfacht! Das konnte ja heiter werden …

Der Erbstreit um die Legoplatten war wohl der kleinste Streit um ein Vermächtnis, den ich erlebt habe. Der aufmerksamen Leserin dürfte nicht entgangen sein, dass es so einige Todesfälle in meinem Leben gab. Mit Testamenten und Erbstreitigkeiten hatte ich mehr Erfahrung, als mir lieb war. Unausgesprochene Konflikte, Missgunst und Neid traten plötzlich zutage. Dinge, von denen man zu Lebzeiten des Erblassers nichts wusste – oder vielleicht auch nichts wissen wollte. Gibt es etwas Substanzielles zu vererben (wobei für manche offenbar schon Legoplatten substanziell sind), sollte man die Nachfolge deshalb schon zu Lebzeiten regeln.

Mein leiblicher Vater hatte sich offenbar sehr, sehr viele Gedanken über seine Hinterlassenschaft gemacht. Erzählungen zufolge hatte er seine letzten Lebensjahre damit verbracht, Berater und Notare in der ganzen Republik aufzusuchen, und immer wieder neue Versionen seines Testaments verfasst. Es heißt ja, ein Testament muss «leben». Alle zwei, spätestens drei Jahre sollte es auf Wiedervorlage, um es den veränderten Lebensverhältnissen anzupassen. Das Testament meines Vaters war offenbar sehr lebendig.

Vermutlich wollte er alles richtig machen und hat dabei eigentlich alles falsch gemacht. Zwei Dinge sind richtig schiefgelaufen: Zum einen hat mein Vater steuerliche Überlegungen über die Familieninteressen gestellt. Zum anderen hat er seiner Ehefrau, meiner Mutter, nicht vertraut. Beides finde ich als Tochter ziemlich unglaublich, habe aber zwischenzeitlich gelernt, dass mein Vater nicht allein war mit seinen Ansichten: Viele Menschen denken beim Erben offenbar mehr an Steuerersparnisse als an den Familienfrieden, und viele Menschen trauen ihren Kindern offenbar mehr als ihren Partnern. Das Testament meines Vaters dient immerhin als gutes Beispiel, wie man es nicht machen sollte.

Letztendlich war sein Testament ein Steuersparmodell. Aus heutiger Sicht scheint der Wirbel ums Steuernsparen irrwitzig: Natürlich spare ich dort Steuern, wo es das Gesetz hergibt. Aber Entscheidungen allein mit Blick auf die Steuerersparnisse zu treffen, halte ich für sinnlos. Ich würde auch kein Haus kaufen, wenn es sich nicht rechnet, nur weil ich Steuern sparen kann. Steuern gehören zum Leben wie das Amen in der Kirche. Am Ende profitieren wir von einem Staat mit einem funktionierenden Gesundheits- und Bildungssystem und vielem mehr.

Mein Vater sah das gänzlich anders. Er hatte zwei Weltkriege miterlebt, zweifelte an der Haltbarkeit der Bundesrepublik und misstraute dem Sozialstaat. Diesen wollte er keinesfalls mit seinem hart erarbeiteten Geld unterstützen. Um Erbschaftssteuern zu sparen, erbte nicht meine Mutter die eine Hälfte und ich die andere, wie es das Gesetz vorsah. Nein, die Chose ging größtenteils an mich, vom Unternehmen über die Immobilien bis zum Depot. Um Steuern zu sparen! Dass ich mit knapp vier Jahren weder in der Lage war, ein Unternehmen zu führen, noch, Aktien zu handeln, spielte keine Rolle, Hauptsache, wir hatten ein paar Mark gespart.

Diese wurden dann an anderer Stelle gleich wieder ausgegeben. Mein Vater hatte einen Geschäftspartner zum Vormund bestimmt, der meine Interessen bis zum 25. Lebensjahr wahrnehmen sollte. In den nächsten 20 Jahren musste jede größere Entscheidung – von langfristigen Investitionen bis zum Unternehmensverkauf – mit dem Vormund abgesprochen werden. Natürlich macht so ein Vormund diese Arbeit nicht umsonst. So kann man sich auch arm erben. Und ob am Ende tatsächlich bessere Entscheidungen getroffen wurden, sei dahingestellt.

Schlimmer als die wirtschaftlichen waren aber die menschlichen Folgen. Aus welchen Gründen auch immer hatte mein Vater Kinder und Enkelkinder aus seiner ersten Ehe noch weniger bedacht als meine Mutter. Nicht gut für den Familienfrieden. Und für unsere Mutter-Tochter-Beziehung war es ebenfalls nicht gerade vorteilhaft, dass die Mutter die ganze Arbeit, die Tochter das ganze Geld hatte (dafür haben wir uns sogar noch ganz gut verstanden).

Nicht zuletzt hat mein Erbe mich auf seltsame Weise geprägt. Wenn man schon im Kindergartenalter ein Unternehmen besitzt und mit dem fälschlichen Gedanken aufwächst, nie arbeiten zu müssen, entwickelt man ein ziemlich schräges Weltbild. Wie sehr viele Erben habe ich das Vermächtnis vor allem als Last empfunden. Egal, was ich tun würde, es würde nie genug sein. Meine Freunde ohne Hab und Gut habe ich um ihre Freiheit beneidet. Erst als ich das Erbe oder das, was davon übrig war, in die Hand genommen und etwas Neues aufgebaut hatte, ging es mir gut damit. Unsere Kinder werden daher nicht erben. Zumindest nicht viel. Das erklären mein Mann und ich unseren Söhnen bereits heute, sehr zu ihrem Bedauern übrigens.

Offenbar ist meine Familie nicht die einzige, die sich am letzten Willen eines Verstorbenen entzweit. In meiner erweiterten Großfamilie ereigneten sich noch einige Dramen. Sehr oft verliefen die Frontlinien zwischen der ersten und zweiten Familie des Verstorbenen. Meine Großtante hatte ein böses Erwachen, als sie nach dem Tod ihres Lebenspartners sein Testament nicht mehr auffinden konnte. Dort, wo es sein sollte, war es einfach nicht mehr! Nach über 20 gemeinsamen Jahren ging meine Großtante leer aus. Das Haus, in dem sie lebte, ging an die Kinder ihres verstorbenen Partners. Meine Großtante hatte nicht einmal ein Wohnrecht, sie wurde sozusagen vom Hof gejagt. Ich habe einen Restzweifel an der Unauffindbarkeit des Testaments. Vielleicht gab es tatsächlich gar keins? Das hätte ihrem Partner zwar nicht ähnlich gesehen, aber wer weiß. Wie auch immer, sinnvollerweise hinterlegt man sein Testament beim Notar. Noch besser ist es, sich im Vorfeld mit allen Beteiligten hinzusetzen und die Dinge auszusprechen und in einen guten Familientherapeuten zu investieren. Offenbar gab es in der Familie meiner Großtante viele unausgesprochene Verletzungen und Konflikte. Über das verlorene Testament hat sich die gesamte Familie so sehr zerstritten, dass die Kinder aus der ersten Ehe auf der einen Seite und meine Großtante und ihre Kinder auf der anderen Seite kein Wort mehr miteinander wechseln. Egal, was es zu vererben gibt, man regelt dies besser zu Lebzeiten.

Leichter gesagt als getan. Jedes Jahr in den Sommerferien nehme ich mir aufs Neue vor, mit meinem Mann ein Testament zu schreiben. Falls einem oder gar uns beiden morgen etwas passiert, nicht für den Todesfall in 20 Jahren. Es fühlt sich nicht besonders gut an, mit Mitte 40 über den eigenen Tod nachzudenken. Dieser ist hoffentlich noch in weiter, weiter Ferne. Ich vermute, meinem Vater ging es damals mit Mitte 60 ähnlich. So ein Testament wirft schließlich einige lästige Fragen auf. Was passiert, wenn mein Mann oder ich uns nach dem Tod des anderen neu verlieben? Sollte meinem Mann und mir gleichzeitig etwas zustoßen, wer kann sich um die Kinder kümmern? Wem würden wir es zutrauen, das Vermögen im Sinne unserer Kinder zu verwalten? Wer kennt sich überhaupt mit Aktien aus? Was macht man mit Häusern und anderen Vermögensgegenständen, die man nicht teilen kann? Fragen über Fragen. Und obwohl ich aus eigener Erfahrung weiß, wie wichtig dieses Thema ist und wie viel schiefgehen kann, schiebe ich das Thema auf die lange Bank. Jetzt aber – mache ich es ganz bestimmt!

Mehr über Finanzen rund um die Familie: Seite 275

Teil 2

1

FINANZIELLE ZIELE

Wenn Sie zu Geld kommen wollen, brauchen Sie ein finanzielles Ziel. Dieses sollte möglichst konkret sein, etwa «Wenn ich 60 Jahre alt bin, möchte ich eine Million Euro besitzen» oder «Ich will eine Rendite von acht Prozent im Jahr erzielen».[1] Sätze wie «Ich will ein Vermögen aufbauen» oder «Ich will etwas aus meinem Geld machen» sind vielleicht ein Anfang, aber kein Ziel.

Ziele setzen – das klingt jetzt vermutlich sehr langweilig, ist aber ungemein wichtig! Die wenigsten Menschen fangen eine achtstündige Wanderung an, ohne zu wissen, wohin es gehen soll. So ist es auch mit dem Vermögensaufbau: Sie sollten wissen, was Sie erreichen wollen. Denn ohne ein Ziel treffen Sie erratische Entscheidungen, lassen sich zu leicht von Gefühlen leiten und haben im Zweifel auch keine Strategie. Wenn Sie aber sagen, Sie wollen fünf Prozent Rendite pro Jahr erzielen, um in zehn Jahren X Euro zu haben, können Sie eine Strategie entwickeln und sich an Ihren Ergebnissen messen.

Es hat sich bewährt, mögliche finanzielle Ziele nach Bodo Schäfer[2] in drei Stufen zu unterteilen. Schäfer spricht von finanziellem Schutz, finanzieller Sicherheit und finanzieller Freiheit. Ich finde finanzielle Absicherung, Unabhängigkeit und Freiheit passender. Finanzielle Absicherung bedeutet, genügend Ersparnisse zu haben, um in einer Krise einige Monate auch ohne Einkommen überdauern zu können. Finanzielle Unabhängigkeit erreichen Sie meiner Meinung nach, wenn Sie genügend Kapital angespart haben, um von den Zinsen oder von der Rendite leben zu können. Große Sprünge sind aber auch dann noch nicht möglich. Von finanzieller Freiheit spricht Schäfer, wenn Sie von Ihren Kapitalerträgen auch Ihre Träume erfüllen können. Aber wie viel Geld brauchen Sie jetzt konkret? Und wie erreichen Sie diese Ziele?

Die finanzielle Absicherung

Das erste Ziel sollte die finanzielle Absicherung sein. Glücklicherweise kommt es eher selten vor, aber es gibt immer wieder Zeiten, in denen das Einkommen von heute auf morgen geringer ausfällt, im schlimmsten Fall ganz wegbricht, wie etwa während der Corona-Pandemie oder infolge von Krankheit oder gar Tod. Für solche Fälle brauchen Sie ein finanzielles Polster. Denn die Ausgaben bleiben auch in solchen Zeiten. Sie sollten zunächst unterscheiden zwischen notwendigen Ausgaben (Miete oder Hypothek, Lebensmittel, Versicherungen etc.) und solchen, die in der Krise wegfallen oder geringer ausfallen dürfen (Urlaub, Kleidung, Möbel). Wenn Sie fremdfinanzierte Immobilien besitzen, Unternehmerin oder Unternehmer sind, müssen Sie auch für diese Verbindlichkeiten Vorsorge treffen.

Um zu wissen, wie viel Sie zur Seite legen müssen, brauchen Sie zunächst einen Überblick über Ihre gesamten Einnahmen und Ausgaben.[3] Auch für alle weiteren Finanzentscheidungen ist diese Zusammenfassung wesentlich. Sie sollten daher ein bis zwei Stunden investieren, um eine passende Haushalts-App zu finden, mit der Sie Ihre monatlichen Ausgaben dokumentieren können. Sie verschafft Ihnen einen Überblick über die Einnahmen wie Gehalt, Mieteinnahmen, Kapitalerträge sowie Ihre Ausgaben für Miete, Kredit, Lebensmittel, Freizeit. Zeitungen wie die *Frankfurter Allgemeine Zeitung* oder die *Welt* veröffentlichen regelmäßig Testberichte zu neuen Apps, ich habe zuletzt

Tabelle 1, Stand 1. Januar 2021

Einkommen (jährlich)	Bemerkungen	Summe
Lohn (netto)		
Einkommen aus selbständiger Tätigkeit (netto)		
Tantiemen, Rechteveräußerung (netto)		
Gewerbeeinkünfte (netto)		
Miet- und Pachteinnahmen (kalt)		
Zinsen (netto)		
Dividenden (netto)		
Veräußerungsgewinne (netto)		
Kindergeld (netto)		
Steuererstattung		
Sonstiges		
Summe		

Ausgaben (jährlich)	Bemerkungen	Summe
Miete, inkl. Nebenkosten (bzw. Wohngeld)		
Gebühren für Medien, Strom, Heizung etc.		
Auto, inkl. Versicherung, Reparaturen, Benzin etc.		
Verkehr (Bus, Carsharing, Bahn, Flugzeug)		
Haushalt (Lebensmittel, Kleidung, Anschaffungen etc.)		
Kinder (Betreuungskosten, evtl. Schulgebühren)		
Freizeit (Clubbeiträge, Abos, Kultur etc.)		
Urlaub		
Sonstiges (Geschenke, Feste etc.)		
Versicherungen (Haftpflicht etc.)		
Beiträge Krankenversicherung		
Beiträge Kapitallebensversicherung		
Private Rentenversicherung		
Sparplan		
Bewirtschaftung vermietete Immobilien		
Kapitaldienst vermietete Immobilien		
Steuervorauszahlung		
Sonstiges		
Summe		
Haushaltsüberschuss		
Summe Einnahmen – Summe Ausgaben		

Andromoney genutzt. Wenn Sie das zwei, drei Monate machen, haben Sie einen guten Überblick, wo das Geld bleibt und wo Sie gegebenenfalls noch nachsteuern müssen.

Auf dieser Grundlage können Sie in wenigen Minuten Ihre Ausgaben zusammenschreiben und auf das Jahr hochrechnen (siehe Tabelle 1). Angenommen, Sie kommen auf 2500 Euro monatlich, die absolut lebensnotwendig sind, um Miete, Lebensmittel, Versicherungen, Mobilität zu begleichen. Dann multiplizieren Sie 2500 Euro mit zwölf und kommen auf den Notgroschen für ein Jahr, nämlich 30000 Euro.[4] So viel Geld brauchen Sie, um zurechtzukommen, wenn Sie plötzlich kein Einkommen mehr haben. Auf nicht notwendige Ausgaben wie Urlaub oder größere Anschaffungen müssen Sie im Notfall verzichten. Der Notgroschen muss absolut sicher angelegt sein, und Sie müssen schnell darauf zugreifen können. Da bleibt eigentlich nur das Tagesgeld- oder Girokonto, was in Zeiten niedriger Zinsen schmerzhaft ist. In schlechten Zeiten sind Sie mit so einem Notgroschen aber abgesichert.

Die finanzielle Unabhängigkeit

Das nächste Ziel sollte die finanzielle Unabhängigkeit sein. Mit dem Notgroschen kommen Sie eine gewisse Zeit über die Runden, dann sind Ihre Ersparnisse weg. Unabhängig sind Sie erst, wenn Sie genug Geld besitzen, um von den Zinsen leben zu können.

Zurück zur Haushaltsrechnung. Zusätzlich zu den notwendigen Ausgaben listen Sie noch die Aufwendungen für ein etwas luxuriöseres Leben auf, ein oder gar zwei Urlaube im Jahr, Spenden, größere Anschaffungen wie etwa ein neues Sofa.[5]

Diese Sonderausgaben teilen Sie durch zwölf, um die monatliche Belastung zu bekommen. Jetzt steht die Summe fest, die Sie jeden Monat brauchen, um angenehm zu leben. Angenommen, Sie kommen dabei auf 5000 Euro. Wenn Sie finanziell unabhängig sein wollen, müssen Sie also diesen Betrag aus Zinsen und Kapitalerträgen erwirtschaften. Um auf das dafür benötigte Kapital zu kommen, multiplizieren Sie diese Summe mit 150: Sie erhalten 750 000 Euro. Diese müssen Sie mit acht Prozent verzinsen, um monatlich 5000 Euro entnehmen zu können.

Acht Prozent können Sie mit einer Mischung aus Aktien, passiv gemanagten Fonds (ETFs) und fremdfinanzierten Immobilien über die Jahre durchaus erwirtschaften, ohne halsbrecherische Risiken einzugehen. Allerdings ist es schon ein bisschen Arbeit, gerade am Anfang. Vielleicht sind fünf Prozent zu Beginn einfacher und realistischer. Vielleicht werden Sie später mit mehr Erfahrung zehn bis zwölf Prozent erzielen. In jedem Fall wissen Sie jetzt, welchen Betrag Sie in der Zukunft benötigen werden, um von Ihren Kapitalerträgen leben zu können. Ziel ist es, diesen Betrag durch Sparen und geschicktes Investieren zu erwirtschaften. Anders als den Notgroschen parken Sie dieses Geld aber nicht auf dem Tagesgeld- oder Girokonto, sondern Sie investieren es. Wie viel Kapital Sie konkret bei welcher Rendite brauchen, lässt sich (fast) im Kopf ausrechnen.

Formel, um schnell und einfach das angezielte
Kapital zu berechnen

monatliche Summe x 125 = benötigtes Kapital bei zehn Prozent Rendite

monatliche Summe x 150 = benötigtes Kapital bei acht Prozent Rendite monatliche Summe x 250 = benötigtes Kapital bei fünf Prozent Rendite

Um den exakten Betrag zu errechnen, können Sie einen Entnahmeplan für Rente aus Kapitalvermögen im Internet nutzen, beispielsweise zinsen-berechnen.de. Hier können Sie unter anderem auch die Steuerlast eingeben oder, sollten Sie das Glück haben und von vornherein über eine gewisse Summe verfügen, errechnen, wie hoch die jährliche Rendite sein muss, um monatlich einen bestimmten Betrag herauszubekommen.

Die finanzielle Freiheit

Jetzt kann eigentlich nichts mehr passieren. Zeit, mutiger zu werden. Es geht jetzt darum, genug Kapital anzusparen und zu investieren, um sich seine Träume davon zu erfüllen.

Dazu schreiben Sie einen Wunschzettel, wie zu Weihnachten, nur unbescheidener. Weltumsegelung, Ferienhaus im Süden oder das Kunstwerk an der Wand. Für jeden Wunsch müssen Sie ein Budget veranschlagen, das Sie in monatliche Raten teilen. Schäfer empfiehlt, Konsumgüter in 50 Raten aufzuteilen, Immobilien in 120. Den jährlichen Urlaub im Fünf-Sterne-Hotel müssen Sie natürlich durch zwölf teilen.

Nun haben Sie den Preis für ein Leben, in dem Sie sich Ihre materiellen Träume erfüllen können. An dieser Stelle sollten Sie zudem Ihr monatliches Budget aufstocken. Denn vermutlich wird Ihr Lebensstandard insgesamt steigen, etwa wenn Sie sich ein Ferienhaus gekauft haben. Am Ende steht nun eine monatliche Summe, beispielsweise 10 000 Euro, mit der Sie all Ihre Wünsche erfüllen können. Diesen Betrag multiplizieren Sie mit

100, macht 1 000 000 Euro. Bei einer jährlichen Rendite von zwölf Prozent können Sie nun all Ihre Träume erfüllen. Da Sie zu diesem Zeitpunkt finanziell abgesichert sind, können Sie durchaus höhere Renditen anstreben. Schließlich geht es nicht mehr ans Eingemachte, sondern ums Vergnügen. Wenn Sie aber mehr als zehn Prozent Rendite erzielen wollen, müssen Sie größere Risiken eingehen, den Aktienanteil erhöhen und öfter auf riskantere Titel setzen. Das ist kein Hexenwerk, allerdings müssen Sie mehr Zeit und Risikofreude und nicht zuletzt Erfahrung mitbringen.

So weit die Theorie. In der Praxis würde ich diesem Muster nicht akribisch folgen. In jedem Fall aber sollten Sie einen Notgroschen auf der Bank haben und eine Zielrendite sowie das angestrebte Gesamtkapital im Hinterkopf. Aber ich würde durchaus früher Geld entnehmen, um mir hin und wieder kleinere Träume zu erfüllen. Wenn Ihre Kinder erst einmal 25 sind, wollen sie auch nicht mehr mit Ihnen verreisen. Auch vermute ich, dass die meisten von uns noch möglichst lange arbeiten und Geld verdienen und nicht nur von den Kapitaleinkünften leben wollen. Zudem stellt sich die Frage, ob und wie viel Vermögen Sie am Lebensende hinterlassen möchten. All diese Überlegungen spielen eine Rolle, wenn Sie sich Ziele setzen. In jedem Fall aber müssen Sie wissen, auf welchen Betrag und welche Rendite Sie hinarbeiten, und Ihre Entscheidungen entsprechend treffen.

SPAREN UND INVESTIEREN

Im vorangegangenen Kapitel war ganz selbstverständlich die Rede von der Summe X, die Sie investieren müssen, um von Ihren Kapitaleinkünften leben zu können. Wie kommen Sie aber überhaupt an diese Summe X, wenn Sie nicht im Lotto gewonnen, geerbt oder einen unverschämt hohen Bonus erhalten haben?

Ganz einfach, Sie müssen sparen. Viele Menschen legen den Geldbetrag zurück, der am Monatsende übrig bleibt. Im Zweifel: nichts. Diese Taktik ist ziemlich spaßfrei und wenig erfolgversprechend. Den ganzen Monat haben Sie das Gefühl, sich einschränken zu müssen, und dann bleibt am Monatsende nicht so viel übrig wie erhofft. Besser ist es, sich gleich am Monatsanfang ein Gehalt auszuzahlen und den Rest auf ein Investitionskonto zu legen. Denn im Grunde ist es genauso einfach oder schwer, mit 1000 Euro auszukommen wie mit 900 Euro. Überhaupt: Es klingt viel netter zu sagen, ich zahle mir ein Gehalt aus, als zu sagen, ich spare.

Wie viel Sie monatlich zur Seite legen, hängt von Ihren Prioritäten ab. Sie können an dieser Stelle Ihr Sparziel vielleicht auch noch einmal hinterfragen. Brauchen Sie wirklich 10000 Euro für das Leben Ihrer Träume oder sind Sie mit Ferien im Drei-Sterne-Hotel glücklich? Ob Sie nun Ihre Ansprüche herunterschrauben oder mehr sparen, das Ergebnis ist dasselbe. In jedem Fall werden Sie Geld zurücklegen müssen. Zehn Prozent des monatlichen Nettoeinkommens[6] sollten es mindestens sein. Wenn Sie schneller zum Ziel gelangen wollen, vielleicht sogar 20 bis 30 Prozent.

Wenn Ihre Einnahmen steigen, etwa das Gehalt, Honorare, Mieteinnahmen oder Sonstiges, ist dies eine günstige Gelegenheit, Ihre Sparquote zu erhöhen. Am besten legen Sie auch hier sofort wieder Geld zur Seite, bevor Sie sich überhaupt an das «neue» Geld gewöhnt haben, und zwar idealerweise zwischen 30 und 50 Prozent.

Dieses Geld kommt auf ein separates Anlage- oder Investitionskonto, das allein zum Investieren gedacht ist. Alle Einnahmen aus den Investitionen, wie Dividenden, Zinsen, Mieteinnahmen oder Kursgewinne, legen Sie dort wieder an, bis Sie Ihr Ziel erreicht haben. Der Schlüssel ist die Wiederanlage. Man spricht hier vom Zinseszinseffekt, was in heutigen Zeiten etwas irreführend ist, da es de facto keine Zinsen mehr gibt. Wie erheblich dieser Zinseszinseffekt ist, zeigt folgendes Beispiel: Sie legen einmalig 100 000 Euro an und erwirtschaften eine Rendite von jährlich acht Prozent. Im ersten Fall entnehmen Sie die Rendite, im zweiten Fall legen Sie sie wieder an. Der Unterschied ist beeindruckend.

	Nach 10 Jahren	Nach 20 Jahren	Nach 30 Jahren
Ohne Zinseszins	180 000 Euro	260 000 Euro	340 000 Euro
Mit Zinseszins	216 000 Euro	466 000 Euro	1 006 000 Euro

Die Ergebnisse sind gerundet.

Es reicht also nicht, nur zu sparen. «Vom Sparen allein ist noch keiner reich geworden», hieß es bei uns in der Familie. Zu Recht. Man muss investieren und seine Ersparnisse wieder investieren. Dabei kommt es natürlich auf die Rendite an. Denn wenn man beispielsweise von fünf Prozent Rendite ausgeht, sieht das Ergebnis gleich ganz anders aus:

	Nach 10 Jahren	Nach 20 Jahren	Nach 30 Jahren
Ohne Zinseszins	150 000 Euro	200 000 Euro	250 000 Euro
Mit Zinseszins	163 000 Euro	266 000 Euro	432 000 Euro

Auch hier wirkt der Zinseszins, jedoch machen drei Prozentpunkte Renditeunterschied über die Jahre sehr viel aus. Wer also ein Vermögen aufbauen will, hat im Wesentlichen zwei Ansatzpunkte (jenseits des Anfangskapitals): Zeit und Rendite. Je früher Sie anfangen, desto entspannter können Sie es angehen. Je höher die Rendite ist, desto schneller kommen Sie ans Ziel. Mit guten Renditen und viel Zeit lässt sich sehr viel erreichen. Im Umkehrschluss heißt das aber auch: Je später Sie anfangen, desto stressiger wird es.

3

DIE VERMÖGENSÜBERSICHT

Ihr Ziel steht fest, sowohl mit Blick auf das angestrebte Vermögen als auch auf die Rendite. Mindestens so wichtig ist es aber, dass Sie wissen, von welchem Punkt aus Sie starten. Vielen Menschen geht es vermutlich so oder ähnlich: Irgendwann, vielleicht kurz nach dem Studium, schließen sie die erste Altersvorsorge ab, beim ersten Kind den ersten Sparplan, sie kaufen ein paar Aktien, zum Teil ist das Geld noch auf dem Studentenkonto, sie heiraten. Eines Tages haben sie keinen Überblick mehr.

Die Vermögensaufstellung

Daher sind Sie gut beraten, die Ausgangslage festzuhalten, eine Vermögensübersicht zu erstellen und sie regelmäßig zu aktualisieren.[7] Auf diese Weise sehen Sie schnell, was gut läuft und was nicht. Vielleicht bemerken Sie, dass Sie an manchen Stellen überversichert sind, da beispielsweise beide Ehepartner eine Privathaftpflicht zu Studienzeiten abgeschlossen haben. Oder es stellt sich heraus, dass Sie vor allem im deutschen Aktienmarkt investiert sind, nicht aber im US-Markt. Das kann Ihnen leicht entgehen, wenn Sie hier einen Sparplan und dort eine Lebensversicherung abschließen.

Eine Vermögensaufstellung ist zudem unerlässlich, wenn Sie eine Immobilie auf Kredit finanzieren wollen – was meiner Erfahrung nach für den Vermögensaufbau unerlässlich ist. Die Bank will neben den monatlichen Haushaltsausgaben wissen, wie es um das Gesamtvermögen bestellt ist. Können Sie so eine Aufstellung schnell und übersichtlich vorlegen, ist das bei den Kreditverhandlungen äußerst hilfreich.

Schließlich ist so eine Aufstellung sehr wertvoll in dem hoffentlich nicht eintretenden Fall plötzlicher, schwerer Krankheit oder gar bei einem Todesfall. Es erspart der Familie sehr viel Arbeit und Ärger, wenn sie auf so eine Liste zugreifen kann.

Sinnvollerweise halten Sie Ihre Vermögenswerte in einer Excel-Tabelle fest und machen diese den Menschen Ihres Vertrauens zugänglich. Einmal im Jahr, etwa Anfang Januar, aktualisieren Sie die Tabelle. Das hat zudem einen Kontrolleffekt: Sie sehen dann, wie sich das Vermögen entwickelt hat und ob die erzielte Rendite tatsächlich mit Ihrer Zielrendite übereinstimmt oder nicht.

In dieser Aufstellung sind alle Vermögenswerte (Guthaben) und Verbindlichkeiten (Schulden) festgehalten. Dies ist eine beispielhafte Tabelle. Ähnliche Vorlagen sind auch im Internet zu finden.

Stand 1. Januar 2021			
Vermögensgegenstand	**Bemerkung**	**Beliehen**	**Wert**
Geldvermögen			
Bargeld			
Girokonto z. B. Deutsche Bank IBAN	Herr / Frau xxx 030 xxxxxxx		
Tagesgeldkonto			
Termingelder/festverzinsliche Gelder			
Hausbewirtschaftungskonto (für vermietete Immobilien)			
Rücklagenkonto (für vermietete Immobilien)			
Kapitalvermögen			
Aktien (auch Fonds, ETFs)			
Anleihen (auch Fonds, ETFs)			
Geschlossene Fonds (z. B. Immobilienfonds)			
Hochrisikoanlagen (z. B. Optionen)			
Kapitallebensversicherung (Rückkaufswert)	z.B.: läuft 2034 aus, entweder einmalige Auszahlung oder monatliche, lebenslange Rente Policennummer: Ansprechpartner:		
Risikolebensversicherung (Rückkaufswert)		z.B.: zu 50 000 Euro beliehen für Immobilie xy	
Sparplan			
Immobilien			
Selbstgenutzte Immobilien			
Fremdgenutzte Immobilien	z.B.: vermietete ETW Müllerstraße 13 Hausverwaltung xy Frau xyz , Tel 030 xxxxxxxx	z.B.: zu 100 000 Euro beliehen	

Übertrag			
Vermögensgegenstand	**Bemerkung**	**Beliehen**	**Wert**
Sonstiges			
Unternehmensbeteiligungen			
Sonstiges (z.B. Gold, Kunst, Antiquitäten)			
Summe Vermögensgegenstände			
Verbindlichkeiten			
Kreditkarte			
Dispokredit			
Sonstige Konsumkredite (z.B. Auto)			
Steuerschulden	z.B. Nachzahlung EKST 2019		
Immobilienkredite	z.B.: Kredit für ETW Müllerstraße Aktenzeichen Commerzbank Frau / Herr xxx Läuft bis 03/2024		
Summe Verbindlichkeiten			
Netto-Vermögen			
Summe Vermögensgegenstände			
Summe Verbindlichkeiten			
Ergebnis			

Die Immobilienaufstellung

Wenn Sie bereits ein Haus oder eine Wohnung besitzen, sollten Sie zusätzlich eine Immobilienaufstellung anfertigen. Darin stellen Sie den Wert Ihrer Immobilie(n) den Verbindlichkeiten gegenüber, sprich der derzeitigen Höhe Ihres Kredits. Zudem halten Sie die Mieteinnahmen, die Ausgaben für Zins und Tilgung sowie die Bewirtschaftungskosten fest. Dazu gehören die Ausgaben für Hausverwaltung, Instandhaltungskosten sowie eine Rücklage. Manche Ratgeber beziffern diese Aufwendungen mit 25 Prozent der Nettomieteinnahmen, ich rechne je nach Zustand des Objekts mit zehn bis 15 Prozent. Hier eine beispielhafte Immobilienaufstellung. Es gibt zahlreiche Vorlagen für Vermögens- und Immobilienaufstellungen im Internet etwa bei immopreneur.de (leider nicht kostenlos).

Anschrift				
Objektart	MFH			
Wohnfläche	350 m^2			
Gewerbefläche	50 m^2			
Wert	800 000			
Bank	Commerzbank, Frau xxx			
Restschuld	500 000			
Zins	1,5 %			
Laufzeit	10.2026			
NJKM*	36 000			
- BWK*	- 5400			
- Kapitaldienst	- 17 500			
Ergebnis	13 100			

* NJKM = Nettojahreskaltmiete
* BWK = Bewirtschaftungskosten (Hausverwaltung, Instandhaltung, Rücklagen)

VERMÖGEN STREUEN
UND VERWALTEN

Wenn Sie nun in der glücklichen Lage sind, einen größeren Betrag auf dem Konto zu haben, sei es, weil Sie jahrelang gut verdient, Ihre Wohnung mit Gewinn verkauft oder geerbt haben, stellt sich die Frage: Wohin mit dem Geld?

Selbstredend bin ich der Auffassung, dass Sie Ihr Geld selbst verwalten sollten und sich das notwendige Wissen in Büchern, Blogs, Videos und Seminaren aneignen können. Wer aber angesichts der Größe des Betrags unsicher ist, sollte vielleicht zunächst eine Honorarberatung in Anspruch nehmen. Ein Honorarberater hilft, die finanzielle Situation zu analysieren und Ziele zu setzen (er kümmert sich also um das, wovon die vergangenen drei Kapitel gehandelt haben). Aber auch bei anderen Themen können unabhängige Berater von Vorteil sein, von der Vermögensstrukturierung über die Immobilienfinanzierung bis hin zum Testament. Im Gegensatz zum Finanz- oder Bankberater bekommen Honorarberater keine Provision, wenn sie einen bestimmten Fonds oder eine Versicherung empfehlen, was sie unabhängiger macht.

Sie können natürlich auch zu Ihrer Bank oder einem Finanzberater gehen und sich Rat holen. Sie sollten allerdings wissen, dass es sich dann nicht im eigentlichen Sinne um ein Beratungsgespräch handelt, sondern um ein Verkaufsgespräch. Finanzberater bekommen beim Verkauf einer Versicherung oder eines Fonds eine Provision, daher ist ihr Rat nicht wirklich objektiv. Auch die Bank verdient besser, wenn sie statt Konkurrenzprodukten ihre eigenen Produkte verkauft, etwa die Deka-Fonds der Sparkasse oder die DWS-Fonds der Deutschen Bank. Je nachdem, an welchen Berater Sie geraten, kann der Gedankenaustausch aber durchaus sinnvoll sein. Ebenso mit dem Vermögensberater privater Vermögensverwaltungen, die sich eher an Menschen mit größeren Guthaben richten. Bei allem guten Rat sollten Sie nur nicht vergessen, dass die Berater mitverdienen. Geld, das Sie selbst dann nicht mehr haben.

Wenn Sie Ihr Geld stattdessen selbst anlegen wollen, stehen Sie schnell vor den nächsten Fragen: Wie teile ich mein Vermögen auf? Wie viel Geld will ich in welche Anlageklasse investieren? Immer wieder tauchen pauschale Formeln auf wie «60 Prozent Aktien, 40 Prozent Anleihen» oder «100 minus Lebensalter gleich Aktienanteil». Da wäre ich vorsichtig. Die 60/40-Formel gehört in Zeiten niedriger Zinsen auf den Prüfstand. Auch die Lebensalter-Formel greift zu kurz. Hätte ich mit 20 Jahren 80 Prozent meines Geldes in Aktien investiert, ohne die entsprechende Erfahrung zu haben, wäre das nicht gut ausgegangen. Umgekehrt wäre es heute ziemlich dumm, wenn ich mit meiner Erfahrung die Hälfte meines Gelds in sichere, aber renditearme Anlagen investieren würde. Kurzum, auf die Frage, wie Sie Ihr Vermögen streuen, gibt es leider keine pauschale Antwort. Es kommt – wie so oft – darauf an.

Wer sein Geld anlegen will – man spricht auch davon, ein Portfolio aufzubauen –, hat die Wahl zwischen folgenden Vermögensklassen:

- Aktien
- Anleihen
- Immobilien
- Rohstoffe
- Barvermögen (Girokonto, Tagesgeld, Festgeld mit kurzer Laufzeit)

Einige Anlagen sind risikoärmer, bieten dafür deutlich weniger Rendite, wie beispielsweise Anleihen. Immobilien gelten ebenfalls als risikoarm, können aber fremdfinanziert eine sehr viel höhere Rendite abwerfen als gemeinhin angenommen. Andere Klassen, wie Aktien, werfen im besten Fall hohe Renditen ab, sind aber auch deutlich risikoreicher. Und damit nicht genug, auch innerhalb der einzelnen Klassen gibt es Unterschiede: zwischen risikoärmeren Standardaktien und risikoreicheren Nebenwerten, zwischen riskanten Schwellenländeranleihen und sicheren Anleihen aus Industrieländern. Ziel ist es, dass Sie für Ihr Portfolio eine Mischung finden, die Ihrem Risikoempfinden und Ihren Renditevorstellungen entspricht.

Sinnvollerweise setzen Sie nicht alles auf eine Karte, sondern investieren in unterschiedliche Vermögensklassen. Man spricht in diesem Zusammenhang auch von Risikodiversifizierung. Standardportfolios gehen in etwa von 50 Prozent Aktien, 20 Prozent Immobilien, zehn Prozent Anleihen, zehn Prozent Rohstoffen und zehn Prozent Bargeld aus, um sich gegen Schwankungen abzusichern. Sollten beispielsweise die Aktienkurse fallen, könnten Sie immer noch auf Immobilieneinkünfte zurückgreifen und umgekehrt. Allerdings ist an dieser Stelle Vorsicht geboten: Die Rallye an den Aktienmärkten hat sich nach dem weltweiten Lockdown im März 2020 zur «Everything-Rallye» entwickelt. War es früher so, dass Gold- und Anleihenkurse stiegen, wenn die Aktienkurse fielen, sind zuletzt Gold, Aktien und Anleihen gleichermaßen gestiegen.

Wie Sie Ihr Geld auf die einzelnen Anlageklassen verteilen, hängt von Ihrer Zielrendite ab. Wenn Sie beispielsweise zwölf Prozent Rendite im Jahr erzielen wollen, werden Sie einen deutlich höheren Aktienanteil haben müssen, als wenn Sie mit fünf Prozent zufrieden sind. Bei fünf Prozent werden Sie aber vermutlich nachts besser schlafen können als bei zwölf.

Darüber hinaus stellt sich die Frage, wie schnell und wie oft Sie auf Ihr Vermögen zugreifen wollen. Mit fremdfinanzierten Immobilien können Sie beispielsweise eine recht hohe Rendite bei vergleichsweise geringem Risiko erzielen. Allerdings haben Sie in den meisten Fällen in den ersten zehn Jahren keinen Zugriff auf Ihr Vermögen.

Nicht zuletzt kommt es bei der Anlageentscheidung auf Ihre Erfahrung und die Zeit an, die Sie aufwenden können und wollen. Mein Portfolio besteht heute daher grob zu zwei Dritteln aus Immobilien, zum großen Teil fremdfinanziert, und zu einem Drittel aus Einzelaktien sowie Bargeldreserven. Jeder Vermögensberater würde beim Anblick meiner Vermögensstruktur die Hände über dem Kopf zusammenschlagen. Auf den ersten Blick widerspricht sie allen Regeln der Risikodiversifizierung.[8] Es ist aber tatsächlich das Portfolio, das sich nach all den Jahren unter Abwägung von Rendite, Investitionshorizont, erträglichem Risiko und möglichem Zeitaufwand als das sinnvollste erwiesen hat. Zur Nachahmung würde ich es aber dennoch nur bedingt empfehlen. So gerne ich an dieser Stelle ein Patentrezept zur Vermögensstreuung geben würde – Sie müssen für sich selbst herausfinden, was zu Ihnen passt.

Zwei Tipps kann ich an dieser Stelle aber geben, um Fehler zu vermeiden: Erstens sollten Sie nicht Ihr gesamtes Geld auf einmal investieren, sondern scheibchenweise über einen bestimmten Zeitraum. Auf diese Weise stellen Sie sicher, dass Sie nicht überall zum falschen Zeitpunkt einsteigen, also zu überhöhten Kursen. Zweitens sollten Sie als Anfängerin nicht zu viel Geld auf einzelne Aktien oder Anleihen setzen. Es ist durchaus sinnvoll, mit einem kleinen Geldbetrag erste Einzelaktien zu kaufen und zu lernen, wie der Aktienmarkt funktioniert. Um herauszufinden, ob es Ihnen überhaupt Spaß macht, in Unternehmen zu investieren. Den größeren Teil sollten Sie anfänglich aber doch lieber managen lassen, etwa über ETFs, das sind passiv gemanagte Fonds.

Zum Schluss kommt bedauerlicherweise noch eine schlechte Nachricht: Es ist leider nicht damit getan, einmal Ihr Vermögen zu strukturieren und es dann nie wieder anzufassen. Die Welt dreht sich weiter, Sie müssen Ihr Portfolio immer wieder an das wirtschaftliche Geschehen anpassen. Denn wenn sich beispielsweise einige Aktien besonders gut entwickelt haben, wie vor einiger Zeit Netflix oder Tesla, steigt auch ihr Aktienanteil am Portfolio. Wenn Sie Ihr Ursprungsportfolio beibehalten wollen, müssen Sie einen Teil verkaufen und den Erlös in andere Anlageklassen investieren. Zudem werden Sie mit Ihrem Portfolio wachsen. Über die Jahre sammeln Sie Erfahrungen, Sie haben ein Polster aufgebaut und können andere, risikoreichere Entscheidungen treffen. Dann ist das Portfolio, das Sie sich mit 30 Jahren eingerichtet haben, nicht mehr das richtige.

5

WICHTIGES RUND UM DEPOT
UND AKTIENHANDEL

Wenn Sie selbst investieren wollen, brauchen Sie ein gutes Netzwerk. Das kann Ihre Freundin sein, der Patenonkel, die Honorar- oder Steuerberaterin oder der Makler. Im Zweifel sollten diese Menschen mehr von der Materie verstehen als Sie selbst, damit Sie von ihnen lernen können. Darüber hinaus braucht es aber auch so banale Dinge wie zwei Konten bei der Bank und ein Depot.

Wie bereits in Kapitel 2 beschrieben, brauchen Sie neben Ihrem Girokonto ein Tagesgeldkonto, das sogenannte Investitionskonto. Da Sie von Ihrem Girokonto alle Ausgaben des täglichen Lebens begleichen, eignet es sich wenig zum Vermögensaufbau. Daher legen Sie am Monatsanfang einen bestimmten Sparbetrag auf ein separates Anlagekonto. Dazu richten Sie am besten ein Tagesgeldkonto ein, von hier können Sie keine Rechnungen überweisen und keine Kreditkarten einrichten – das diszipliniert zwangsläufig. Finanzratgeber sprechen in diesem Zusammenhang gerne vom Zwei-Konten-Modell: ein Konto für den täglichen Bedarf, ein anderes Konto zum Sparen und Investieren.

Zusätzlich zum Giro- und Investitionskonto brauchen Sie ein Depot, um Anleihen, Aktien oder Zertifikate zu kaufen. Weil es früher Aktien und Anleihen nur in Papierform gab und diese in einem Wertpapierfach, dem Depot, hinterlegt waren, nutzt man auch heute noch diesen Begriff. In meiner Kindheit hatte man sein Depot bei der Hausbank, rief seinen Berater an und orderte Aktien. Dafür kassierte die Bank ordentlich Geld, einmal für die Depotverwaltung und einmal für die Orderaufgabe.

Heutzutage handeln wesentlich mehr Menschen mit Aktien, und somit ist das Angebot an Direktbanken und Onlinebrokern gestiegen.[9] Zuerst sollten Sie sich fragen, ob Sie alle Funktionen – vom Gehaltseingang auf dem Girokonto über die Kreditkartenabrechnung bis hin zum Depot – unter einem Dach haben wollen oder nicht. Falls ja, müssen Sie zu einer Direktbank wie etwa Comdirect oder Consorsbank gehen. Falls Sie lediglich Aktien handeln wollen und ein Depot brauchen, können Sie Onlinebroker wie Onvista, eToro oder Smartbroker nutzen.

Bei der Auswahl des richtigen Depotanbieters sollten Sie sich einige Fragen stellen: Wie oft handeln Sie mit Aktien? Wie hoch ist Ihr Anlagevermögen? Wollen Sie einen ETF-Sparplan anlegen? Sind Sie am Frankfurter Börsenplatz Xetra gut aufgehoben, oder handeln Sie auch an ausländischen Börsenplätzen? Anhand dieser Kriterien können Sie über Vergleichsportale wie finanztip.de oder verivox.de den passenden Depotanbieter finden. In jedem Fall sollte die Depotführung kostenlos sein, und die Ordergebühren sollten zu Ihren Gewohnheiten passen: Wenn Sie eher kleinere Aufträge vergeben, fahren Sie mit einer prozentualen Gebühr besser, wenn Sie größere Summen investieren, ist eine Fixgebühr vorteilhaft.

Um die Dinge nicht zu kompliziert zu machen, können Sie erst einmal ein Onlinedepot bei Ihrer Hausbank einrichten. Das hat den Vorteil, dass Sie Ihre Finanzen im Blick haben, vom Girokonto über das Tagesgeldkonto bis zum Depot. Das mag banal klingen, aber der Überblick ist unerlässlich, gerade für Anfängerinnen. Sonst häufen Sie möglicherweise unbemerkt ein Klumpenrisiko an, weil Sie drei ähnliche Sparpläne bei drei unterschiedlichen Banken und Brokern haben. Die Depotkosten sollten Sie, wenn Sie bei Ihrer Hausbank bleiben, dennoch im Blick haben. In jedem Fall sollten Sie ein Onlinedepot führen und kein analoges Depot. Oft sind Banken bereit, bei den Ordergebühren einen Nachlass zu gewähren, wenn Sie Ihren Berater auf günstigere Internetangebote ansprechen.

6

BASISWISSEN VOLKSWIRTSCHAFT

Sie sollten mittlerweile Ihre Ausgangslage und Ihre Ziele kennen. Sie sollten überdies das Rüstzeug haben, Geld zu investieren, sprich zwei Konten sowie ein Onlinedepot. Bevor Sie aber investieren, brauchen Sie zumindest eine vage Idee von den volkswirtschaftlichen Zusammenhängen und wie sich diese auf Ihre künftigen Investitionen auswirken. Im Idealfall investieren Sie antizyklisch, Sie kaufen, wenn die Wirtschaft und die Aktienmärkte am Boden liegen, und verkaufen, wenn diese ihren Höhepunkt erreicht haben. In der Praxis werden Sie meistens irgendwo dazwischen agieren, das ist in Ordnung. Tunlichst vermeiden sollten Sie aber, auf dem Höhepunkt einzusteigen und auf dem Tiefpunkt wieder zu verkaufen – dann sind Sie Ihr Vermögen schneller los, als Sie gucken können.

Zudem möchte ich in diesem Kapitel mit zwei Missverständnissen aufräumen, die seit Jahren durch die Öffentlichkeit geistern: der Sorge vor Hyperinflation und der nächsten Schuldenkrise infolge der lockeren Geldpolitik. Gerne wird in diesem Zusammenhang der nächste Crash an die Wand gemalt.[10] Nun wird es sicher irgendwann auch wieder einmal bergab gehen. Wer aus Sorge vor dem nächsten Crash aber nicht investiert, verpasst eine große Chance.

Zuerst zur Konjunktur: Die Börse handelt die Zukunft. Sie ist der volkswirtschaftlichen Entwicklung meist um einige Monate voraus. In Zeiten des Aufschwungs wächst die Wirtschaft, sprich das Bruttoinlandsprodukt (BIP). Die Nachfrage nach Waren und Dienstleistungen ist groß. Die Unternehmen investieren in neue Fabriken und Maschinen. Sie stellen mehr Arbeitnehmer ein, um die hohe Nachfrage bedienen zu können. Die Arbeitnehmer verdienen in diesen Zeiten gut, da die Unternehmen attraktive Löhne zahlen müssen, um überhaupt gute Leute zu bekommen. Im ganzen Land steigt das Einkommen, zum einen, weil mehr Menschen einen Job haben, zum anderen, weil die Löhne steigen. Die Menschen blicken zuversichtlich in die Zukunft und konsumieren mehr: Sie kaufen das langersehnte größere Auto oder die neue Wohnzimmereinrichtung. Gespart wird in solchen Zeiten weniger.

Die Nachfrage steigt und steigt, doch irgendwann ist Schluss: Die Kapazitäten sind ausgelastet, die neue Fabrik, das neue Hotel kann nicht von heute auf morgen gebaut werden. Solange die Nachfrage hoch bleibt, werden die Preise steigen. Ein Beispiel: Der Hotelier, der nur 20 Gästezimmer, aber 40 Buchungsanfragen hat, wird seine Zimmer zu höheren Preisen vermieten können, als wenn er nur zehn Anfragen hat. Steigen die Preise, fordern Arbeitnehmer und Gewerkschaften höhere Löhne. Das wiederum führt zu höheren Kosten und höheren Preisen. Die Inflation steigt. Eine hohe Inflation ist daher vor allem das Resultat einer gestiegenen Nachfrage. Nicht weil die Notenbank Geld druckt, wie es in vielen Medien zu lesen ist.

Die Konjunktur ist überhitzt, heißt es in so einer Phase. Die Notenbank greift ein, denn hohe Verbraucherpreise verringern unsere Kaufkraft. Um die Inflation zu drosseln, hebt die Notenbank die Zinsen an. Das macht Kredite teurer, die Unternehmen investieren weniger, die Nachfrage geht zurück. Die Wirtschaft kühlt ab.

Im Falle einer Krise geschieht genau das Gegenteil. Die Nachfrage bricht ein, etwa weil im Ausland weniger gekauft wird oder ein Virus die Welt vorübergehend lahmlegt. Die Unternehmen drosseln daraufhin ihre Kapazitäten und entlassen im schlimmsten Fall ihre Mitarbeiter. Da es mehr Arbeitnehmer als

Arbeitsplätze gibt, fallen die Löhne. Das Einkommen sinkt, die Aussichten sind düster. Die Menschen legen ihr Geld zur Seite, um sich für noch schlechtere Zeiten zu wappnen. Das schwächt die Nachfrage zusätzlich. Die Preise steigen nicht mehr, die Inflation geht zurück, im schlimmsten Fall fallen die Preise sogar und man spricht von einer Deflation. Das Bruttoinlandsprodukt schrumpft, die Wirtschaft ist in einer Rezession.

Um diese Abwärtsspirale zu unterbrechen, greifen Notenbanken und Staat ein. Mit Konjunkturpaketen kurbelt die Regierung die Nachfrage wieder an, etwa mit der Abwrackprämie während der Finanzkrise 2008.[11] Neben dem Staat kann die Zentralbank der Wirtschaft auf die Beine helfen. Sie senkt den Leitzins, damit Unternehmen günstigere Kredite bekommen. Mit dem Ankauf von Staatsanleihen senkt sie die Finanzierungskosten für Unternehmen noch weiter. Mit diesen Mitteln will die Notenbank Investitionsanreize schaffen und die Wirtschaft wieder in Schwung bringen.

Gewinner ist, wer in der Krise genügend Geld zum Investieren hat und so vom kommenden Aufschwung profitieren kann. In der Praxis sind solche Gelegenheiten sehr rar. Wenn man sie bekommt, muss man sie nutzen.

Vermeintliches Schreckgespenst: lockere Geldpolitik und Inflation

Für viele Deutsche ist eine hohe Inflation das Schreckgespenst schlechthin. Zu tief sitzen die Erinnerungen an die Weimarer Republik, die den Aufstieg Hitlers ermöglichte. Andere Volkswirtschaften ohne diese kollektive Erinnerung haben weniger Angst vor Inflation. In gewissem Maße ist sie sogar wünschenswert, da sie das Ergebnis einer starken Wirtschaft ist.

Die lockere Geldpolitik der Europäischen Zentralbank (EZB) hat die alten Inflationsängste der Deutschen wieder geweckt. Seit einigen Jahren liegt der europäische Leitzins nahe null Prozent. Die EZB (und ähnlich sieht es in den USA und Japan aus) hat keinen Spielraum, die Zinsen weiter zu senken. Um die Finanzierungskosten dennoch zu drücken, kaufen die Notenbanken Staatsanleihen auf.[12] In den angelsächsischen Ländern gehört dies längst zum geldpolitischen Standardprogramm. In Deutschland ist der Aufschrei groß. Kritiker befürchten, die Inflation werde steigen, da die EZB quasi Geld drucke, so die verkürzte Darstellung. Meiner Meinung nach ist diese Sorge unbegründet: Wie oben beschrieben entsteht Inflation nur, wenn die Nachfrage steigt. In einer Rezession ist die Nachfrage naturgemäß sehr schwach. Genau deshalb pumpt die EZB Geld in die Wirtschaft, *damit* die Unternehmen günstige Kredite bekommen und die Nachfrage wieder anzieht. Ein bisschen Inflation ist von der EZB sogar gewollt. Wenn das Ziel erreicht ist, kann die EZB die Anleihenkäufe jederzeit wieder zurückfahren. Wo ist das Problem? Ich sehe keines.

Andere Kritiker bemängeln zudem, die lockere Geldpolitik führe zu steigenden Immobilien- und Aktienpreisen. Das ist kein Problem, sondern ein Segen für alle Anleger. Während die Inflation die Kaufkraft der Bürger mindert, bewirken höhere Immobilien- und Aktienpreise das Gegenteil. Immobilien- und Aktienbesitzer sind bei höheren Preisen wohlhabender und können mehr ausgeben.[13] Gefährlich wird es nur, wenn die Menschen Aktien und vor allem Immobilien mit Krediten kaufen, die sie nicht zurückzahlen können. So wie in Amerika vor der Finanzkrise 2008. Das ist aber in Deutschland nicht der Fall, da die Kreditvergabe hier vergleichsweise restriktiv ist.

Aus Sorge vor Inflation und einer möglichen Geldentwertung raten Crash-Propheten von Aktien ab und empfehlen

Gold. Sicherlich spricht nichts gegen ein bisschen Gold im Portfolio. Wer aber aus Angst vor dem nächsten Crash keine Aktien gekauft hat, hat seit 2008 große Chancen verpasst.

Keine Angst vor Staatsverschuldung

Ähnliche Schreckensszenarien entwerfen die Crash-Propheten in Bezug auf die Staatsverschuldung. Auch hier drohen ihrer Meinung nach die Geldentwertung und der Zusammenbruch unseres Wirtschaftssystems. Angeheizt wurde die Debatte während der Corona-Krise, als viele Länder Rekordsummen aufgenommen haben, um die wirtschaftlichen und finanziellen Folgen der Pandemie abzufedern.

Mit Staatsschulden verhält es sich ähnlich wie mit den Schulden, die Investoren für ihre Immobilienprojekte aufnehmen (mehr dazu im Immobilien-Kapitel). Solange der Staat in die Zukunft des Landes investiert, sind es gute Schulden. Selbst reiche Länder wie Norwegen oder Saudi-Arabien machen Schulden, obwohl sie gigantische Öleinnahmen haben. Das hat einen einfachen Grund: Damit ein Land auch in der Zukunft leistungs- und wettbewerbsfähig ist, muss es in Straßen und Schienen, in Universitäten und Schulen investieren. Je leistungsfähiger die Wirtschaft ist, desto stärker wächst sie, was zu höheren Steuereinnahmen führt. Mit diesen kann der Staat seinen Schuldendienst leisten.

Vielen Menschen bereitet die schiere Größe der Staatsverschuldung offenbar Unbehagen. Angesichts der Milliarden kommt die Frage auf, ob die Staaten ihre Schulden jemals zurückzahlen können. Hier liegt schon der erste Denkfehler: Staaten müssen ihre Schulden nicht vollständig zurückzahlen. Die Vereinigten Staaten von Amerika existieren seit über 200 Jahren und werden vermutlich auch noch eine ganze Weile bestehen. Sie waren etwa seit Beginn der statistischen Aufzeichnungen 1789 noch nie schuldenfrei. Denn Länder können ihre Schulden von Generation zu Generation übertragen. Wenn es sich dabei um gute Schulden handelt, mit denen investiert wurde, ist es nur recht und billig, künftige Generationen daran zu beteiligen. Schließlich profitiert unsere Generation noch heute davon, dass unsere Vorfahren Universitäten gegründet und Straßen gebaut haben. Es ist also gar nicht das Ziel eines Staates, komplett schuldenfrei zu sein.

Die entscheidendere Frage ist, ob sich die Schulden auf einem erträglichen Niveau befinden. Wo genau dieses Niveau liegt, ist selbst unter Volkswirten umstritten. 300 Milliarden Euro Schulden waren für die Griechen im Jahr 2012 zu viel, die Amerikaner könnten diesen Betrag hingegen locker aus ihrer Portokasse begleichen. Daher wird die Verschuldung immer im Verhältnis zum BIP gemessen. Doch selbst da gibt es keinen Einheitswert. Griechenland hat sich bei einer Schuldenquote von rund 150 Prozent des BIP für bankrott erklärt. Die Japaner hingegen gelten auch noch bei einer Schuldenquote von 230 Prozent des BIP als gute Schuldner.

Viel wichtiger ist die Höhe des Schuldendiensts. Dieser sollte im Vergleich zu den Steuereinnahmen nicht zu hoch sein. Derzeit profitieren die Regierungen von den niedrigen Zinsen. So musste Deutschland im Jahr 2019 nur elf Milliarden Euro Zinsen zahlen, zehn Jahre zuvor waren für denselben Betrag noch 38 Milliarden Euro Zinsen fällig. Als Faustregel gilt, das Wirtschaftswachstum sollte höher sein als das Zinsniveau. Dann baut der Staat seine Schulden automatisch ab. Schulden sind immer dann eine Gefahr, wenn sie nicht in die Leistungsfähigkeit des Landes investiert werden, sondern in den Kanälen der Bürokratie versickern, wie etwa in Griechenland. Solange Staaten aber in die Zukunft investieren und die Wirtschaft wächst, dienen Schulden künftigen Generationen.

Das sollte man verstehen und unterscheiden können. Denn es gibt derzeit nur allzu viele Journalisten und auch einige Ökonomen, die angesichts der hohen Staatsausgaben vor dem nächsten Crash warnen. Natürlich weiß niemand, was noch alles kommt. Die größere Gefahr ist jedoch, aus falscher Sorge vor einem möglichen Zusammenbruch keine oder falsche Entscheidungen zu treffen.

7

FESTVERZINSLICHE ANLAGEN

So wie man zwischen den einzelnen Anlageklassen unterscheidet, wie in Kapitel 4 geschehen, kann man auch zwischen festverzinslichen Anlagen und solchen, die keine bestimmte Rendite abwerfen, unterscheiden. Zu den festverzinslichen Anlagen gehören das Tagesgeld- und Festgeldkonto, Staats- und Unternehmensanleihen. Gemeinhin greifen Investoren zu festverzinslichen Anlagen, weil sie einen Teil ihres Geldes sicher anlegen wollen und dafür niedrige Zinsen bzw. eine niedrige Rendite in Kauf nehmen.

Tages- und Festgeldkonto

Das Tages- und Festgeldkonto kommt immer dann zum Einsatz, wenn Sie einen bestimmten Betrag nicht sofort, sondern erst später investieren wollen. Statt das Geld zinslos auf dem Girokonto herumliegen zu lassen, können Sie es auf ein Tages- oder Festgeldkonto legen. So weit die Theorie. Heutzutage – und wahrscheinlich auch auf absehbare Zeit – gibt es so gut wie keine Zinsen mehr. Dennoch sollten Sie verstehen, was es mit diesen beiden Konten auf sich hat.

Sowohl über das Tages- als auch das Festgeldkonto können Sie keine Zahlungen abwickeln. Weil Sie weniger Funktionen zur Verfügung haben, bekommen Sie Zinsen. Auf Ihr Tagesgeld können Sie jedoch, wie der Name schon sagt, täglich zugreifen. Anders beim Festgeld: Hier verzichten Sie für die nächsten drei, sechs oder zwölf Monate oder gar zwei Jahre auf Ihr Geld. Im

Gegenzug bekommen Sie Zinsen, die höher sind, je länger Sie Ihr Geld anlegen, und meist auch, je höher Ihr Anlagebetrag ist. Haben Sie sich einmal entschlossen, Ihr Geld für eine bestimmte Zeit anzulegen, gibt es kein Zurück, komme, was wolle.

In Zeiten niedriger Zinsen locken viele Banken mit höheren Zinsen auf Festgelder, allerdings oft einmalig für Neukunden. Häufig gibt es eine Mindestanlagesumme. Auf dem Informationsportal finanztip.de können Sie sich schnell und leicht einen Überblick verschaffen. Zu beachten ist in jedem Fall, dass ausländische Banken oft nicht dieselbe Einlagensicherung bieten wie deutsche Banken. So sind Guthaben bis 100 000 Euro pro Kunde bei deutschen Banken gesetzlich gesichert, bei ausländischen Banken ist das nicht zwangsläufig so.

Anleihen

Auch wenn Sie derzeit kaum Geld mit Anleihen verdienen können, sollten Sie wissen, was Anleihen sind und wie sie funktionieren. Die gängigsten sind Staats- und Unternehmensanleihen, es gibt aber auch andere Formen, beispielsweise die Wandelanleihe, die sich eher an Investment-Profis richtet.

Staatsanleihen

Staaten verschulden sich, etwa um den Bau von Schulen und Straßen zu finanzieren. Die Bundesrepublik gibt beispielsweise Anleihen mit fünf-, zehn- oder 30-jähriger Laufzeit aus. Wenn Sie eine solche Anleihe kaufen, bekommen Sie eine jährliche Zinszahlung und erhalten Ihr Geld am Ende der Laufzeit in voller Höhe zurück. Während der Laufzeit können Sie die Anleihen an der Börse zum aktuellen Kurs kaufen und verkaufen.

Dieser Kurs hat einen erheblichen Einfluss auf die Rendite. Geht man von einer Anleihe mit einem Nominal- oder Nennwert von 100 Euro aus, spricht man von einem Kurs von 100 Prozent. Anders als bei Aktien wird der Preis der Anleihen nicht in Euro, sondern in Prozent ausgedrückt. Angenommen, der Zins, auch Coupon genannt, beträgt fünf Prozent bei einer Laufzeit von zehn Jahren, dann setzt sich die Rendite wie folgt zusammen:[14]

1. Beispiel: $\dfrac{5\ \text{Euro}}{100\ \text{Euro}} \times 100 = 5$ Prozent

2. Beispiel: $\dfrac{5\ \text{Euro}}{80\ \text{Euro}} \times 100 = 6{,}25$ Prozent

3. Beispiel: $\dfrac{5\ \text{Euro}}{120\ \text{Euro}} \times 100 = 4{,}17$ Prozent

Die Rendite wird also nicht nur vom Zins, sondern auch vom Kurs bestimmt. Wenn Sie bis zum Ende der Laufzeit warten, können Ihnen die Kursschwankungen nichts anhaben. Vielleicht wollen Sie aber in eine «gebrauchte» Anleihe investieren und davon profitieren, dass Sie sie unter dem Nennwert kaufen können, also bei einem Kurs von beispielsweise 97 Prozent. Doch Vorsicht! Wenn eine Staats- oder auch Unternehmensanleihe weit unter dem Nennwert gehandelt wird, etwa bei 85 Prozent, gibt es einen Grund – vermutlich, dass der Staat oder das Unternehmen in finanziellen Schwierigkeiten ist.

Wenn Sie in Staatsanleihen investieren, haben Sie die Wahl zwischen Euro- und Fremdwährungsanleihen, zwischen Industrie- und Schwellenländeranleihen. Die Bundesrepublik Deutschland gibt Anleihen mit einer Laufzeit von fünf Jahren aus, sogenannte Bundesobligationen. Bundesanleihen haben eine Laufzeit von zehn bis 30 Jahren. Da Deutschland ein ausgezeichneter Schuldner ist, kann sich die Regierung zu extrem niedrigen Zinsen Geld leihen. Zuletzt waren die Renditen sogar negativ. Ähnlich sieht es in den europäischen Nachbarländern aus. Selbst italienische zehnjährige Anleihen werfen derzeit nicht einmal ein Prozent ab, obwohl das Land nach der Corona-Krise ein noch massiveres Schuldenproblem haben wird.

Außerhalb des Euro-Raums sind US-Anleihen sehr beliebt. Wie Deutschland sind die USA gute Schuldner und zahlen ebenfalls kaum Zinsen. Als Anlegerin erhalten Sie nicht nur wenig Zinsen, sondern handeln sich zusätzlich noch ein Wechselkursrisiko ein. Denn die Anleihen werden in Dollar ausgegeben. Aber wollen Sie eine sichere Anlage wie die Anleihe mit einem unkalkulierbaren Risiko – dem Wechselkurs – verknüpfen? Die Antwort ist: Nein! Sie sollten entweder in eine sichere oder in eine risikoreiche Anlage investieren, aber nicht beides zusammen. Kurzum, Staatsanleihen von Industrieländern sind für Privatanleger heutzutage völlig uninteressant.[15] Sie fahren besser damit, Ihr Geld auf einem Festgeldkonto zu parken.

Finanz- und Bankberater bringen angesichts der niedrigen Zinsen gerne Schwellenländeranleihen ins Spiel. Schwellenländer wie die Türkei oder Indonesien verändern sich gerade rapide vom Entwicklungs- zum Industrieland. Um das Wirtschaftswachstum zu finanzieren, verschulden sie sich. Da die Entwicklung aber oft riskant ist – man denke nur an den Militärputsch in der Türkei von 2016 –, verlangen die Investoren höhere Zinsen. Anleger können hohe einstellige, sogar zweistellige Renditen einfahren. Das klingt verlockend, wäre da nicht das Wechselkursrisiko. Währungen wie die türkische Lira oder die indonesische Rupiah schwanken stark. Im schlimmsten Fall ist die Rendite durch den Wechselkursverlust dahin. Mit dem eigentlichen Gedanken, mit Anleihen kein Risiko einzugehen, haben Schwellenländeranleihen wenig zu tun.

Wer dennoch in Staatsanleihen investieren möchte, sollte dies mit einem Rentenfonds (ein Investmentfonds für Anleihen) oder einem passiv gemanagten Fonds (ETF) tun. Für mich persönlich stehen Aufwand und Nutzen in keinem vernünftigen Verhältnis, sodass ich selten in Anleihen investiere. Mit Aktien lassen sich bessere Renditen erzielen. Um dennoch Sicherheit zu haben, parke ich lieber etwas mehr Geld auf dem Konto.

Unternehmensanleihen

Etwas mehr Rendite können Sie mit Unternehmensanleihen erwirtschaften. Firmen geben Anleihen aus, um an Fremdkapital zu kommen, das ist oft einfacher, als einen Bankkredit aufzunehmen. Wie bei Staatsanleihen gibt es auch hier eine feste Laufzeit[16] und einen festgelegten Zins. Innerhalb der Laufzeit können Sie die Papiere an der Börse verkaufen.

Die Auswahl ist allerdings viel komplexer als bei Staatsanleihen, da es unzählige Firmen auf dieser Welt gibt, von sehr guten bis hin zu maroden. Ein solides Unternehmen wie etwa die Allianz oder die Deutsche Telekom zahlt derzeit nur wenig Zinsen. Denn wenn ein Unternehmen einen Bankkredit für 1,5 Prozent bekommen kann, warum sollte es Anlegern wesentlich mehr Zinsen zahlen?

Finanzschwache Firmen werden hingegen deutlich mehr Zinsen bieten müssen. Auch hier gilt, je höher der Zins, desto größer das Risiko. Wenn ein Unternehmen in der derzeitigen Situation einen Zins von beispielsweise acht Prozent veranschlagt, ist Vorsicht geboten. Spätestens dann sollten Sie recherchieren und sich etwa das Rating ansehen.

Das Rating

Agenturen wie Moody's, Standard & Poor's und Fitch bewerten Staaten und Unternehmen auf ihre Zahlungsfähigkeit. Dazu analysieren sie Bilanzen und Unternehmenskennzahlen, verfolgen die Nachrichten und sprechen mit Experten. In der Finanzkrise 2008 haben Moody's und Co drastisch an Glaubwürdigkeit eingebüßt, da sie an US-Immobilienanleihen hervorragende Noten vergeben hatten, obwohl dahinter Schrottimmobilien mit faulen Krediten standen. Seitdem stehen die Agenturen verstärkt unter öffentlicher Beobachtung. Im Zuge der Krise haben sich neue Ratingagenturen etabliert, etwa die deutsche Firma Scope.

Absurderweise gibt es kein einheitliches System für die Notenvergabe unter den Ratingagenturen. So vergibt Moody's die Bestnote Aaa, Standard & Poor's und Fitch hingegen ein AAA. Beide Noten stehen für das bestmögliche Rating, die Unternehmen oder Staaten gelten als absolut sicher und es gibt kein Ausfallrisiko. Die Noten reichen mit vielen Zwischenstufen von A bis C bzw. D. Dazu kommt noch der Ausblick, also ob die Analysten die künftige Zahlungskraft des Schuldners als positiv, neutral oder negativ einstufen.

Generell kann man sich merken, dass AAA bis BBB- (bei Moody's Aaa bis Baa3) für solide Anlagen stehen. Man spricht vom Investment Grade. Versicherungen, Pensionsfonds und institutionelle Anleger dürfen überhaupt nur Anleihen dieser Kategorie kaufen, um das Geld ihrer Kunden nicht zu verspielen. Von einem «Speculative Grade» spricht man bei BB+ bis B- (bei Moody's Ba1 bis B3). C- und D-Ratings sind höchst riskant, sie heißen deshalb auch «Junk Bonds». Diese Papiere sind unter Zockern durchaus beliebt, da sie sehr hohe Renditen abwerfen. Für private Anleger sind sie aber nicht geeignet – genauso gut können Sie am Roulettetisch auf die schwarze Null setzen und auf einen Gewinn hoffen.

Wie Sie Anleihen kaufen und verkaufen

Die mageren Renditen in diesen Zeiten sprechen gegen Anleihen. Wie in jedem Markt gibt es aber auch hier Gelegenheiten. Wenn Sie in Anleihen investieren wollen, sollten Sie sich zunächst überlegen, wie lange Sie Ihr Geld anlegen wollen, welche Rendite Sie gerne hätten und wie viel Risiko Sie eingehen können. Die passende Anleihe können Sie im Internet, etwa über den Onlinebroker oder über finanzen.net, finden. Sie geben Ihre Wunschlaufzeit und Wunschrendite ein und der Anleihenfinder zeigt entsprechende Papiere an.

An dieser Stelle stellen Sie wahrscheinlich entsetzt fest, dass viele Unternehmen einen Mindestanlagebetrag verlangen, der schon mal bei 50 000 oder 100 000 Euro liegen kann. Diese Anleihen sind vor allem professionellen Anlegern vorbehalten, wie Pensionsfonds oder Versicherungen. Für Privatanleger liegt der Mindestbetrag oft bei 1000, 5000 oder 10 000 Euro. In diesen Schritten müssen Sie investieren, Sie können keine «krummen Geschäfte» machen. Anders als beim Aktienkauf geben Sie jedoch nicht die Stückzahl ein, etwa 45 Microsoft-Aktien, sondern den Nominalbetrag, beispielsweise 5000 Euro. Das heißt aber nicht, dass Sie tatsächlich 5000 Euro zahlen. Je nachdem, ob der Kurs unter oder über 100 Prozent (auch «pari» genannt) liegt, müssen Sie weniger oder mehr zahlen. Wie bei allen Finanzgeschäften fallen auch beim Anleihenkauf Transaktionskosten an.

8

AKTIEN

Wenn Sie ein Vermögen aufbauen wollen, kommen Sie nicht umhin, in Aktien zu investieren. Aktien entscheiden neben Immobilien (mehr dazu in Kapitel 11) darüber, ob ein Anleger zu Geld kommt oder nicht. Wenn Sie einige Regeln beachten, sich langsam an das Thema herantasten und Erfahrungen sammeln, können Sie über die Jahre sehr attraktive Renditen erzielen. Da Aktien jedoch höhere Risiken bergen als andere Anlagen, sollten Sie nur das Geld investieren, das Sie in den nächsten fünf, besser noch zehn Jahren nicht brauchen. Auf lange Sicht kann es zwischendurch aber immer wieder zu dramatischen Kursverlusten kommen, wie etwa in der Finanzkrise 2008 oder in der Corona-Krise 2020. Wer dann seine Aktien verkaufen muss, weil er knapp bei Kasse ist, vernichtet sein Geld. Auch sollten Sie nie alles auf eine Karte setzen. Wer erstmals in seinem Leben in Aktien investiert, sollte den größeren Anteil zunächst in Fonds anlegen und mit einem kleinen Teil Erfahrungen sammeln.

Was sind Aktien und wie funktionieren sie?

Bei einer Anleihe leihen Sie einem Unternehmen Ihr Geld und erhalten im Gegenzug Zinsen. Bei einer Aktie hingegen kaufen Sie einen Unternehmensanteil, sind also Miteigentümer von Apple, Danone, Volkswagen oder Zoom. Folglich sind Sie am Unternehmensgewinn, aber auch am Verlust beteiligt. Die Unternehmensanteile werden in Form von Aktien an der Börse gehandelt, etwa am elektronischen Börsenplatz Xetra in Frankfurt. Dort entsteht der Preis für die Aktienkurse. Wenn sehr viele Investoren davon ausgehen, dass Apple künftig noch mehr Smartphones verkaufen kann und der Gewinn weiter steigen wird, werden die Anleger noch mehr Aktien kaufen wollen. Die Nachfrage nach Apple-Aktien steigt, folglich geht der Aktienkurs nach oben. Umgekehrt fällt der Kurs, wenn die Investoren die Zukunft weniger rosig einschätzen und ihre Aktien verkaufen. Wichtig zu wissen ist, dass an der Börse die Zukunft gehandelt wird, nicht, was war, nicht, was ist.[17]

Mit Aktien können Sie auf zweierlei Weise Geld verdienen: indem Sie einen Kursgewinn realisieren oder eine Dividende einstreichen – oder beides. Wenn Sie beispielsweise im Herbst 2019 eine Zalando-Aktie bei 40 Euro gekauft und im Herbst 2020 für 78 Euro verkauft haben, konnten Sie einen Gewinn von 38 Euro verbuchen. Sie haben Ihr Geld also innerhalb eines Jahres verdoppelt, wobei Sie auf den Gewinn noch eine Abgeltungssteuer von 25 Prozent zahlen müssen.

Als Unternehmensinhaber, nichts anderes sind Sie als Aktionärin, sind Sie am Gewinn beteiligt. Diesen schütten die Firmen in Form einer Dividende aus. Sie wird, zumindest in Deutschland, einmal jährlich am Tag nach der Hauptversammlung ausgezahlt. So hat die Allianz im Mai 2020 eine Dividende in Höhe von 9,60 Euro pro Aktie gezahlt, bei einem Kurs von rund 160 Euro. Auf die Dividenden müssen Sie ebenfalls Steuern zahlen, sobald der Sparerpauschbetrag (schönes Wort, oder?) von 801 Euro pro Person oder 1602 Euro pro Ehepaar ausgeschöpft ist. Danach müssen Sie die Dividenden mit dem Einkommenssteuersatz versteuern, der oft höher ist als die Abgeltungssteuer. Auch ein Grund, warum Sie auf Kursgewinne setzen sollten.

So attraktiv die Rendite mit Aktien sein kann, sie geht mit Risiken einher. Zum einen gibt es das Marktrisiko. Davon spricht man, wenn sich der gesamte deutsche Aktienmarkt schlechter entwickelt als andere Märkte, etwa weil die deutsche Wirtschaft langsamer wächst, die Arbeitslosigkeit gestiegen ist oder Ähnliches. Neben dem Marktrisiko gibt es noch das Unternehmensrisiko, wenn ein Konzern in Schwierigkeiten gerät, etwa weil der Absatz einbricht. Oder aber weil sich das ganze Unternehmen als Kartenhaus entpuppt, wie im Sommer 2020 der Finanzdienstleister Wirecard. Von einem Tag auf den anderen war die Wirecard-Aktie nicht mehr 104 Euro, sondern nur noch 13 Euro wert.

Um mögliche Verluste zu begrenzen, müssen Sie Ihren Aktienbesitz möglichst breit streuen: von deutschen über europäische und amerikanische Aktien bis hin zu Schwellenländern, von der Automobilbranche über die Lebensmittelindustrie bis hin zu Technologiebranchen, von kleinen über mittelständische bis zu großen Unternehmen. Das können Sie einerseits erreichen, indem Sie über einen Fonds passiv investieren. Der Zeitaufwand ist überschaubar, die Renditen sind durchaus ansehnlich. Zeitintensiver ist es, in Einzelaktien zu investieren. Die Rendite kann aber auch sehr viel höher sein, wenn Sie auf die richtige Aktie gesetzt haben. Das ist das Ziel des aktiven Investierens: besser als der Markt zu sein. Das gelingt nicht immer, wem es aber gelingt, der freut sich wie nach einem gewonnenen Tennisspiel oder Rennen.

Was treibt die Kurse?

Langfristig steigen die Aktienkurse. Das war zumindest in der Vergangenheit so und wird wohl auf absehbare Zeit so bleiben. Denn solange die Wirtschaft wächst, wachsen Umsätze und Unternehmensgewinne. Da die Aktienkurse die Gewinn- und

Umsatzerwartungen spiegeln (wohlgemerkt die Erwartungen, nicht die Vergangenheit), steigen die Kurse.

Trotzdem kann es zwischendurch immer wieder zu heftigen Ausschlägen kommen und sogar zu länger anhaltenden Abwärtsphasen. Diese Rückschläge können eine große Chance sein, günstig Aktien zu kaufen. Viele Kleinanleger machen jedoch den Fehler, in der allgemeinen Euphorie bei hohen Kursen einzusteigen, aus Sorge, etwas zu verpassen, und verlieren dann bei fallenden Kursen die Nerven und verkaufen. Das ist der sicherste Weg, das eigene Vermögen zu vernichten.

Aktienkurse werden von ganz unterschiedlichen Faktoren getrieben wie **Zinsen,** Konjunkturdaten, Unternehmensnachrichten, Politik und nicht zuletzt vom Herdenverhalten. In den vergangenen Jahren hatte die Geldpolitik erheblichen Einfluss, deshalb sollten Sie ein Grundverständnis davon haben. Die Notenbanken bestimmen die Geldpolitik, indem sie den Leitzins senken oder anheben. Dieser Zins ist maßgeblich für die Verzinsung von Staats- und Unternehmensanleihen. Wenn die Papiere nun weniger Gewinn abwerfen, greifen Anleger in der Hoffnung auf höhere Rendite zu Aktien. Folglich steigen die Aktienkurse, solange der Markt von niedrigeren Zinsen ausgeht.

Unternehmensnachrichten sind überdies von Interesse für Investoren, vor allem Umsatz und Gewinn. Bei traditionellen Unternehmen wie BASF, BMW oder Adidas steht der Gewinn mehr im Fokus, bei Wachstumsunternehmen wie Hellofresh, Zalando oder auch Amazon der Umsatz. Da diese Firmen stark wachsen und viel investieren müssen, um den Marktanteil auszubauen, machen sie oft keinen Gewinn. Anhand des Umsatzes können Sie sehen, ob die Unternehmen ihren Marktanteil ausbauen konnten.

Börsennotierte Unternehmen sind verpflichtet, viermal im Jahr ihr Betriebsergebnis zu veröffentlichen. Vorab prognostizieren Analysten Umsatz und Gewinn. Liegt das Ergebnis darüber, steigt der Kurs – und umgekehrt. Als Anlegerin müssen Sie daher schnell abschätzen, ob es sich nur um einen vorübergehenden Rückgang handelt, dann können Sie bei fallenden Kursen zugreifen, oder ob es ein strukturelles Problem gibt, dann sollten Sie sich mit Käufen zurückhalten. Nachrichten über das Management oder über neue Produkte bewegen die Kurse überdies.

Konjunkturdaten geben Aufschluss darüber, wie sich die Volkswirtschaft eines Landes künftig entwickeln wird. Große Beachtung findet beispielsweise der Ifo-Geschäftsklimaindex. Einmal monatlich befragt das Münchener Ifo-Institut Unternehmen, wie sie ihre Geschäftsaussichten einschätzen. Fallen die Erwartungen rosiger aus als vermutet, steigen die Kurse. Informationen über das Wirtschaftswachstum (Bruttoinlandsprodukt) haben hingegen keinen Einfluss. Sie dokumentieren nur, was längst geschehen ist.

Politische Ereignisse können ein Kursfeuerwerk oder einen Kursrutsch auslösen. Im Jahr 2016 hielt es kaum jemand für möglich, dass Donald Trump einmal US-Präsident werden würde. Die Märkte hatten einen Sieg Hillary Clintons eingepreist. Trumps Sieg überraschte die Finanzmärkte, die seine wirtschaftsfreundliche Politik liebten. Folglich stiegen die Kurse. Ähnlich überraschend kam das Brexit-Votum der Briten. Hier purzelten die Kurse jedoch von heute auf morgen. Niemand hatte mit einem «No» Großbritanniens gerechnet.

Vom **Herdenverhalten** spricht man immer dann, wenn alle Investoren in dieselbe Richtung losmarschieren und damit die Börse bewegen. Wenn alle dasselbe tun, kaufen oder verkaufen, verstärkt sich der Effekt bis hin zur sich selbst erfüllenden Prophezeiung. Als sich in der ersten Märzhälfte 2020 die Corona-Krise zuspitzte, verlor der deutsche Aktienmarkt innerhalb von zwei Wochen ein Drittel seines Wertes. Aus Angst, Verluste einzufahren, verkauften Investoren wahllos, was die Kurse noch weiter ins Taumeln brachte.

Standardwerte, Nebenwerte, Wachstumsaktien

Wer mit Aktien Geld verdienen möchte, braucht eine gute Mischung aus Standard- und Wachstumsaktien, auch Value- und Growth-Aktien genannt. Standardwerte wie etwa die Deutsche Telekom gelten oft als langweilig, da sie selten große Kurssprünge machen. Dafür sind sie in schlechten Zeiten deutlich weniger schwankungsanfällig als Wachstumswerte wie Netflix oder Zalando. Letztere überraschen mit Kurssprüngen, weshalb sie so beliebt sind. Die Kurse können aber ebenso schnell wieder einbrechen, weshalb Sie diese Aktien wohl gewichten sollten. Idealerweise mischen Sie Standard- und Nebenwerte so, dass Rendite und Risiko für Sie stimmen.

Zu den Standardwerten zählen konjunkturunabhängige Unternehmen, von der Ölindustrie über Lebensmittel bis hin zu Banken, wie die Allianz, Beiersdorf, Deutsche Telekom, Münchener Rück, Shell oder Nestlé. Kennt jeder, benutzt jeder. Oft finden Sie diese Werte in den großen Aktienmarktindizes wie dem DAX, Euro Stoxx oder S&P 500. Wer Standardaktien kauft, versteht die Aktie als das, was sie eigentlich ist: als Unternehmensanteil, mit dem Sie langfristig am Wachstum partizipieren wollen – und nicht am kurzfristigen Gewinn. Wer in Standardaktien investiert, gehört zu den sogenannten Value-Investoren, der wohl bekannteste unter ihnen ist Warren Buffett.

Standardaktien sollen Ruhe ins Depot bringen, Wachstumsaktien sorgen für Schwung. Dabei handelt es sich um Papiere von vergleichsweise jungen, aber stark wachsenden Unternehmen. Zu den bekanntesten Wachstumsaktien der vergangenen Jahre gehören Facebook, Amazon, Apple, Netflix und Google (mittlerweile Alphabet), auch geläufig unter dem Akronym FAANG. Seit der Pandemie machen Docusign, Tesla und Zoom von sich reden. Diese Unternehmen können Ihnen sehr hohe Kursgewinne bescheren, aber auch Rückschläge.

Die Kunst ist es, solche Wachstumsaktien möglichst früh zu finden. Das klassische Kurs-Gewinn-Verhältnis hilft hier nicht. Da die Unternehmen stark wachsen und ihren Marktanteil sichern wollen, machen sie in den Anfangsjahren vor allem Verluste, keine Gewinne. Daher sollten Sie auf Umsatz, Umsatzwachstum und Marktanteil gucken. Heute braucht es nicht viel, um zu erkennen, dass Amazon ein schnell wachsendes Unternehmen ist. Beim Börsengang 1997 musste man hingegen Visionär sein und Mut haben, um in den Online-Buchhändler zu investieren. Dafür wurde man aber auch belohnt: Wer 1997 für 1000 Dollar Amazon-Aktien kaufte, ist heute mehrfacher Millionär.

Über die großen Wachstumsfirmen wird in den Nachrichten ständig berichtet. Die kleineren Growth-Aktien sind jedoch nicht in den großen Aktienmarktindizes zu finden, sie müssen sich erst noch behaupten. Deswegen müssen Sie in der zweiten und dritten Reihe suchen, im MDAX, SDAX oder TecDAX. Oder in Schwellenländern wie China. Manche Wachstumsaktien sind mittlerweile schon bekannt, wie Zalando, Hellofresh, Alibaba; andere wie den chinesischen Essenslieferanten Meituan kennt kaum jemand. Womit wir zu einem Problem kommen, das viele Wachstumsaktien und Nebenwerte mit sich bringen: der spärliche Informationsfluss. Während Sie täglich über Amazon, Apple und Co lesen können, gibt es deutlich weniger Informationen über Meituan und selbst MDAX-Werte wie Shop Apotheke.

Mit welchen Anteilen Sie die beiden Aktientypen gewichten, hängt von Ihrer Renditeerwartung und Risikoneigung ab. Und nicht zuletzt von Ihrer Erfahrung und Ihrer gesamten Vermögensstruktur. Zurzeit besitze ich überwiegend Wachstumsaktien, darunter viele Nebenwerte. Einsteigern würde ich allenfalls raten, mit einem sehr kleinen Betrag in diese Werte zu investieren.

Wie eine Dividendenstrategie funktioniert

Eine deutlich entspanntere Art, mit Aktien Geld zu verdienen, ist die Dividendenstrategie. Dabei interessiert Sie nicht der Kursgewinn, sondern die Gewinnausschüttung. Wer diese Strategie verfolgt, sollte bei der Aktienauswahl drei Kriterien berücksichtigen: die Dividendenrendite, ob das Unternehmen regelmäßig Dividenden auszahlt und diese kontinuierlich erhöht.

In Deutschland wird der Gewinn einmal im Jahr, meist am Tag nach der Hauptversammlung ausgeschüttet.[18] Der Aktienkurs gibt tags darauf um die ausgezahlte Dividende nach, das nennt man den Dividendenabschlag. Als Aktionärin möchte ich eine gute Dividendenrendite erzielen. Diese setzt sich aus Aktienkurs und Gewinnausschüttung zusammen, ähnlich wie die Anleihenrendite.

$$\text{Dividendenrendite} = \frac{\text{Dividende}}{\text{Aktienkurs}} \times 100$$

Nehmen wir eine Dividende von fünf Euro und einen Aktienkurs von 100 Euro an, dann beträgt die Dividendenrendite fünf Prozent. Fällt der Kurs, die Dividende aber bleibt gleich, erhöht sich meine Rendite automatisch.

Dividendenrendite alt:

$$\frac{5}{100} \times 100 = 5 \text{ Prozent}$$

Dividendenrendite nach Kursrückgang:

$$\frac{5}{90} \times 100 = 5,6 \text{ Prozent}$$

Kursrückschläge sind in diesem Fall eine günstige Gelegenheit, Aktien zu kaufen und eine höhere Dividendenrendite zu erzielen. Umgekehrt können Sie als Aktionärin Kursrückgänge aussitzen, solange die Dividende unberührt bleibt.

Auf der Suche nach dem richtigen Dividendentitel dürfen Sie sich nicht von einer hohen Rendite blenden lassen. Der Medienkonzern ProSiebenSat1 trumpfte 2012 mit einer Dividendenrendite von über 25 Prozent auf. Dabei handelte es sich jedoch um eine einmalige Zahlung infolge eines Unternehmensverkaufs, in den Folgejahren lag die Rendite wieder bei vier Prozent.

Besser ist es, auf Unternehmen zu setzen, die als zuverlässige Dividendenzahler gelten. Das US-Unternehmen Colgate-Palmolive schüttet seit über 120 Jahren ununterbrochen eine Dividende aus. In Deutschland gehören Allianz, Munich Re, BASF und Siemens zu den zuverlässigsten Zahlern, in der Schweiz das Pharmaunternehmen Novartis.

Besonders erfreulich ist es, wenn ein Unternehmen nicht nur regelmäßig zahlt, sondern die Dividende auch noch kontinuierlich erhöht. Der deutsche Medizinhersteller Fresenius hebt seine Gewinnausschüttung bereits seit 25 Jahren an, Coca-Cola seit 50 Jahren. Da der Einstiegskurs derselbe bleibt, steigt die Rendite automatisch. Mit viel Geduld erhalten Sie am Ende mehr, als Sie einst für Ihre Aktie bezahlt haben. So ergeht es zumindest US-Investor Warren Buffett mit seinen Coca-Cola-Aktien.

Bei allen Erfolgsbeispielen sollten Sie eine Dividende aber nicht mit einer Zinszahlung verwechseln. Sie ist keineswegs garantiert. Es kommt durchaus vor, dass Unternehmen in schlechten Zeiten ihre Dividenden streichen, wenn der Gewinn dahinschmilzt.

Auf der Suche nach einer hohen Dividendenrendite lohnt der Blick in die zweite und dritte Reihe, also in den MDAX und SDAX, sowie über die Grenzen. Eine gute Website ist beispielsweise dividendenchecker.de, die eine Übersicht über die Dividendenzahlungen deutscher, schweizerischer und österreichischer Unternehmen gibt. Bei ausländischen Aktien fällt allerdings eine Quellensteuer an, die bei der Zahlung einbehalten wird. Diese können Sie sich aber erstatten bzw. anrechnen lassen kann. Wenn es zwischen den beiden Ländern ein Doppelbesteuerungsabkommen gibt, wie etwa zwischen Deutschland und den USA, geschieht dies automatisch. Sie sollten sich in jedem Fall vorab informieren, weitere Informationen finden Sie beispielsweise auf der Website finanztip.de.

Einige ausgewählte Dividendenpapiere im Depot zu haben beruhigt jedoch. Die jährlichen Ausschüttungen sind einigermaßen kalkulierbar. Wenn Sie den ausgeschütteten Gewinn in neue Dividendenaktien investieren, bauen Sie Schritt für Schritt Ihr Vermögen auf. So wie Warren Buffett, bei dem lief es bisher ja recht gut. Fallende Kurse sind bei diesen Dividendenaktien kein Grund zur Beunruhigung, sondern oftmals eine günstige Einstiegsmöglichkeit.[19] Schließlich schneiden Dividendenaktien oft besser ab als andere Aktien, wenn man Kursgewinne und Dividenden zusammenrechnet.

Wie finde ich die richtige Aktie für mich?

Eines vorweg: Einzelaktien zu kaufen, ist deutlich zeitaufwendiger, als in Fonds zu investieren. Im Schnitt verbringe ich eine halbe Stunde am Tag damit, Zeitungen zu lesen, mich zu informieren und Aktien zu kaufen oder zu verkaufen. Es gibt eigentlich nur zwei Gründe, diese Zeit zu investieren: weil es Spaß macht, am Puls der Zeit zu sein, oder weil man den sportlichen Ehrgeiz hat, mit Einzelaktien den Markt zu schlagen.[20]

Wie finden Sie nun die für Sie richtige Aktie? Zunächst müssen Sie **gut informiert** sein. Das tägliche Lesen des Wirtschaftsteils der *Frankfurter Allgemeinen Zeitung* oder des *Handelsblatts* gehört dazu. Erhellender ist meiner Meinung nach die *Financial Times* oder das *Wall Street Journal.* Konkrete Empfehlungen und Tipps finden sich in Börsenblättern wie *Börse Online* oder dem *Aktionär*, den ich persönlich bevorzuge. Allerdings lese ich ihn nur gelegentlich. Meiner Erfahrung nach verleiten Börsenbriefe und -zeitschriften dazu, sich zu schnell aus der Ruhe bringen zu lassen.

In all den Jahren hat es sich für mich bewährt, nur in Werte zu investieren, für die ich mich **interessiere.** Als Aktionärin muss ich mich mit dem Unternehmen beschäftigen, die Nachrichten verfolgen und erkennen, ob das Geschäft läuft. Das geht nur, wenn ich mich für das Thema und die Menschen dahinter begeistern kann. Zudem sollten Sie nur Aktien kaufen, wenn Sie **verstehen,** womit das Unternehmen sein Geld verdient.[21]

Als Börseneinsteigerin könnten Sie vielleicht zunächst einen kleinen Teil Ihres Geldes in alltägliche Produkte wie Lebensmittel, Waschmittel, pharmazeutische Produkte, Autos, aber auch bekannte Technologieunternehmen wie Microsoft, Amazon, Apple und Google investieren. Diese Alltagsfirmen haben den

Vorteil, dass Sie das Geschäftsmodell leicht verstehen und sich gut über das Unternehmen informieren können. Produkte oder Dienstleistungen, die alle Menschen ständig benutzen, sind oftmals eine gute Wahl als Anlagen, denn offensichtlich gibt es einen Markt. Deutlich mehr Wissen brauchen Sie für Nischen- oder Spezialprodukte, wie etwa Zulieferer in der Autoindustrie oder spezielle Softwarehersteller.

Ein anderes wichtiges Kriterium ist der **Blick in die Zukunft**. Die Welt ändert sich schnell. Man denke an die Tourismus- und Reisebranche, die sich derzeit neu sortieren muss. Oder an die Autoindustrie. Welchem Unternehmen trauen Sie auch in Zukunft eine marktbeherrschende Position zu? Tesla, Volkswagen oder Daimler? Sie müssen diese Veränderungen frühzeitig erkennen, ohne jedem Trend hinterherzulaufen. Denn nicht jeder Trend setzt sich durch, manchmal sind es auch nur Modeerscheinungen.

Das **Management** ist zudem entscheidend. Nur ein gut geführtes Unternehmen wird Erfolg haben. Woran aber erkennen Sie einen guten Manager? Leider gibt es keine pauschale Antwort. Müssen es schillernde und erfolgreiche Persönlichkeiten sein wie der verstorbene Apple-Chef Steve Jobs, Amazon-Gründer Jeff Bezos oder Tesla-Erfinder Elon Musk? Mit ihrer Detailverliebtheit, Besessenheit und ihrem Erfindergeist haben sie ihre Unternehmen dorthin gebracht, wo sie jetzt sind. In anderen Unternehmensphasen braucht man allerdings einen Manager mit Erfahrung, der die Firma in ruhige Gewässer bringt, wie beispielsweise Apple-Chef Tim Cook. Viele Beobachter hatten ihn zunächst als langweilig abgestempelt, doch offenbar weiß er, wie man Geld verdienen kann, selbst wenn der Smartphone-Markt langsamer wächst. Biographien, gut geführte Zeitungsinterviews, aber immer mehr auch Podcasts[22] können oft kurzweilig und informativ sein.

Wenn Sie ein Gespür für den Markt und das Unternehmen gewonnen haben, sollten Sie die **Unternehmenszahlen** gegenchecken. Für manche Anleger – eher die Rechenkünstler unter uns – kann es die richtige Strategie sein, sich allein auf die Zahlen zu konzentrieren. Wichtig ist es, sich diese Zahlen immer im Verlauf und im Vergleich zur Konkurrenz anzusehen. Für Wachstumsunternehmen wie etwa Hellofresh oder Zoom sind Umsatz und Umsatzwachstum von großer Bedeutung: Wenn der Umsatz steigt, spiegelt sich das im Kurs wider. Insbesondere wenn das Unternehmen schneller wächst als die Konkurrenz.

Bei traditionellen Branchen, also bei den meisten Unternehmen im DAX 30, zählt immer noch das Kurs-Gewinn-Verhältnis. Dieses setzt sich wie folgt zusammen:

Kurs-Gewinn-Verhältnis (KGV) = Aktienkurs / Gewinn pro Aktie

Wenn der Kurs beispielsweise bei 50 Euro liegt, der Gewinn pro Aktie bei vier Euro, ist das Unternehmen mit einem KGV von 12,5 bewertet. Andersherum: Das KGV gibt an, wie viele Jahre Sie brauchen, um mit dem Gewinn den Aktienpreis zu bezahlen. Als Faustregel gilt, ein KGV unter zwölf ist ein Schnäppchen. Doch Vorsicht, Sie sollten sich nicht nur auf diese eine Kennzahl verlassen. Ein niedriges KGV kann auch der Vorbote einer niedergehenden Industrie sein. Sie müssen sich immer ein Gesamtbild verschaffen.

Die richtige Aktie auszuwählen, ist eine Kunst für sich. Aber Sie können sie erlernen! Interesse, Verständlichkeit, Zukunft, Management und Kennzahlen sind einige Kriterien. Letztendlich müssen Sie für sich selbst herausfinden, was funktioniert, was Ihnen Spaß macht, welches Risiko Sie eingehen können. Für mich hat es sich bewährt, nur eine oder einige wenige Aktien zu kaufen, wenn ich bei einem Unternehmen zunächst unsicher bin. Auf diese Weise fange ich an, mich genauer mit der Firma zu beschäftigen. Das funktioniert besser, als sie nur auf irgendeiner Watchlist zu beobachten. Das Wichtigste ist, überhaupt anzufangen.

Wie kaufe ich Aktien?

Wer erstmals eine Aktie online kaufen will, im Fachjargon ordern, muss einige Fragen beantworten: Market oder Limit? Heute oder ultimo? Und an welchem Börsenplatz will ich überhaupt handeln?

Im Vorfeld müssen Sie sich überlegen, welchen Betrag Sie anlegen wollen. Wenn Sie beispielsweise 5000 Euro in Allianz-Aktien investieren wollen, können Sie bei einem Kurs von 165 Euro rund 30 Aktien kaufen. Die erste Frage, die Ihnen das Online-Banking dann üblicherweise stellt, ist, an welchem Börsenplatz Sie handeln wollen. Der geläufigste Börsenplatz ist der elektronische Börsenhandel Xetra in Frankfurt, Tradegate ist eine weitere elektronische Börse mit Sitz in Berlin. Kleinere Börsenplätze sind in vielen Landeshauptstädten zu finden. Zu den bekanntesten ausländischen Börsenplätzen gehört der New York Stock Exchange (NYSE).

Unter den einzelnen Börsenplätzen ist zu sehen, wie viele Aktien dort jeweils gehandelt werden. Beispielsweise werden rund 700 000 Allianz-Aktien am Frankfurter Xetra gehandelt, bei Tradegate rund 115 000, an der Hamburger Börse jedoch nur rund 3000. Je höher das Handelsvolumen, desto wahrscheinlicher ist es, dass Sie Ihren gewünschten Preis bekommen. Üblicherweise werden die meisten Aktien am späten Nachmittag gehandelt. Für viele Standardwerte ist Xetra der beste Handelsplatz, bei mittelständischen oder ausländischen Aktien hat sich die Stuttgarter Börse bewährt.

Als Nächstes werden Sie gefragt, ob Sie Ihre Aktie zum Marktpreis oder mit Limit kaufen wollen. Schwankt die Allianz-Aktie an diesem Tag beispielsweise zwischen 163 und 167 Euro, kann es passieren, dass Sie 167 Euro pro Aktie zahlen müssen, obwohl der Kurs nur kurz bei diesem Preis lag. Daher sollten Sie ein Limit eingeben, beispielsweise 164 Euro ein. Dann wird die Order nur zu diesem Preis oder darunter ausgeführt. Übrigens: Das Limit ist beim Verkauf ebenso wichtig, sonst laufen Sie Gefahr, die Aktie zu günstig zu verkaufen.

In der Praxis hat es sich bewährt, das Limit nicht zu eng zu setzen. Wenn Sie eine Aktie langfristig halten wollen, müssen Sie den aufgerufenen Preis zahlen. Sie können aber für einige Aktien darüber hinaus ein «Abstauberlimit» setzen. Gerade bei schwankungsanfälligen Technologieaktien können Sie sich solche Kursrücksetzer zunutze machen. Das macht Spaß, garantiert aber nicht den langfristigen Erfolg eines Depots. Schließlich werden Sie noch gefragt, ob Sie Ihre Order heute oder bis ultimo, also bis Monatsende, ausführen lassen wollen.

Soweit die technischen Details. Interessanter ist vermutlich die Frage, zu welchem Zeitpunkt Sie die Aktien kaufen sollen. Eines vorweg: Den idealen Kaufs- und Verkaufszeitpunkt werden Sie nicht erwischen, und wenn doch, ist es Zufall und Glück. Haben Sie einen größeren Geldbetrag zur Verfügung, sollten Sie ihn nicht auf einmal investieren, sondern nach und nach Aktien kaufen. Auf diese Weise vermeiden Sie zu hohe Kurse beim Einstieg. Eine Ausnahme gibt es aber: wenn sich die Börsen nach einem Crash wieder beruhigt haben, wie etwa im Frühling 2020 nach dem Corona-Crash. Dann können Sie guten Gewissens Ihr ganzes Geld auf einmal investieren.[23]

Wie verkaufe ich Aktien?

Wer erfolgreich Aktien gekauft hat, wird schnell feststellen, dass der Verkauf ähnlich viele Fragen aufwirft: Welche Aktien? Wann? Wie viele? Grundsätzlich spricht nichts dafür, Aktien eines Unternehmens zu verkaufen, an das Sie glauben. Auch hohe Kursgewinne nicht. Wenn ein Unternehmen gut aufgestellt ist und wächst, wird der Kurs weiter steigen. Selbst wenn sich der Aktienpreis bereits verdoppelt hat, kann er sich abermals verdoppeln. Denken Sie nur an Apple oder Amazon. Diese Aktien haben sich immer wieder verdoppelt.

Der naheliegende Gedanke, Kursgewinne mitzunehmen und dann wieder günstiger einzusteigen, erweist sich in der Realität oft als Trugschluss. Üblicherweise verpasst man den Zeitpunkt, wieder einzusteigen. Wenn Sie ein überzeugendes Unternehmen gefunden haben, ist es nicht so einfach, ein besseres zu finden, in das Sie investieren können. All das heißt natürlich nicht, dass Sie sich nie von Aktien trennen sollten. Zeigt das Geschäftsmodell Risse oder überzeugt das Management nicht mehr oder ändert sich das gesamtwirtschaftliche Umfeld drastisch, ist es Zeit, zu verkaufen.

Und manchmal braucht man schlicht Geld. Wenn Sie Ihr Depot «entsparen» müssen, so der sperrige Fachbegriff, sollten Sie sich zunächst im Klaren darüber sein, wie viel Geld und wann sie es über den Zeitraum der nächsten sechs oder zwölf Monate benötigen. Sie werden wohl oder übel akzeptieren müssen, dass Sie den idealen Ausstiegszeitpunkt ebenso selten treffen werden wie den optimalen Einstiegszeitpunkt. Daher trennen Sie sich am besten schrittweise von Ihren Aktien. Verkaufen Sie zuerst eine Tranche von Aktien, die bereits gut gelaufen sind *und* bei denen Sie wenig Potenzial nach oben sehen. Steigen die Kurse dennoch weiter, können Sie höhere Gewinne mitnehmen. Fallen sie, bekommen Sie leider etwas weniger. Aber auf diese Weise können Sie vermeiden, all Ihre Aktien zu billig zu verkaufen. Wie beim Kauf setzen Sie auch beim Verkauf ein Limit, damit Sie nicht zu wenig für Ihre Aktie bekommen.

Keinesfalls verkaufen sollten Sie aus Panik im Crash. Wenn Sie den Absprung im Vorfeld verpasst haben, dürfen Sie nicht die Nerven verlieren und dann auf dem Tiefpunkt verkaufen. Die Kurse werden auch irgendwann wieder steigen. Nicht immer geht das so rasant wie nach der Corona-Krise im März 2020. Manchmal dauert es Jahre. Trotzdem: Sollten Sie den Zeitpunkt verpasst haben, halten Sie durch! Wenn Sie auf dem Höhepunkt ein- und auf dem Tiefpunkt aussteigen und das womöglich ein paar Mal machen, sind Sie Ihr Geld sehr schnell los.

9

INVESTMENTFONDS

Mit Einzelaktien können Sie sehr hohe Renditen erzielen. Sie müssen aber Lust haben, sich mit den Unternehmen zu beschäftigen, und Zeit, eine gewisse Risikofreude sowie ein bisschen Kapital mitbringen. Wer all dies nicht hat, kann alternativ in aktiv gemanagte Investmentfonds und passiv verwaltete ETFs (Kapitel 10) investieren. Mit den richtigen Fonds können Sie ebenfalls gut verdienen, bei deutlich geringerem Zeitaufwand und Risiko.

Zunächst sollten Sie zwischen offenen und geschlossenen Fonds unterscheiden. Offene Investmentfonds sind anders als geschlossene Fonds nicht an einen bestimmten Wert wie eine Immobilie oder ein Schiff gebunden, sondern bündeln verschiedenste Wertpapiere. Als Anleger halten Sie einen Anteil am gesamten Fondsvermögen, den Sie jederzeit über die Fondsgesellschaft oder an der Börse handeln können.

Fonds gibt es für alle nur erdenklichen Anlageklassen, am geläufigsten sind sicherlich Aktienfonds. Es gibt aber auch Anleihenfonds, sogenannte Rentenfonds, Geldmarktfonds oder Mischfonds, die beispielsweise aus Aktien und Anleihen bestehen. Unter all den Angeboten die richtige Anlage für sich zu finden, erfordert ein bisschen Zeit.

Fonds, die sich lohnen

Aktienfonds haben in den vergangenen Jahren an Beliebtheit eingebüßt. Nicht ganz zu Unrecht, die Kosten stehen nicht immer im Verhältnis zu den erzielten Renditen. Dennoch ist es falsch, sie zu verteufeln. Ein engagierter und geschickter Fondsmanager kann durchaus höhere Renditen erzielen als der Markt, insbesondere in kleineren Märkten.

Viele Fonds spezialisieren sich auf einzelne Länder wie die USA oder Japan oder auf ganze Regionen wie Südostasien oder Osteuropa. Wenn der Leitindex aus sehr vielen Titeln besteht, wie etwa der amerikanische S&P 500, dann sind solche Fonds sehr sinnvoll. Ein erfahrener und geschickter Fondsmanager setzt auf die Spitzentitel und sortiert die Verlierer aus. Anders als ein ETF, der den gesamten Markt abbildet.

Länderfonds sind auch dann ein gute Wahl, wenn der führende Index des Landes sehr branchenlastig ist. In China beispielsweise befinden sich im Leitindex sehr viele Finanztitel, vielversprechende Aktien wie Alibaba sind dagegen mit einem vergleichsweise geringen Anteil vertreten. Das gilt oft auch für kleinere regionale Märkte wie etwa in Südostasien oder Lateinamerika. Auch dort dominieren Banken und Infrastrukturunternehmen den Markt, während Wachstumsunternehmen wie etwa der lateinamerikanische Onlinehändler Mercadolibre unterrepräsentiert sind. Ein gut gemanagter **Regionalfonds** hat deshalb gute Chancen, den Markt zu schlagen.

Ähnlich verhält es sich mit Fonds, die auf **mittelgroße** und **kleinere Unternehmen** (Mid-Caps und Small Caps) setzen. In Deutschland sind diese Unternehmen im MDAX und SDAX gelistet, aber auch im Ausland gibt es ähnliche Indizes. Gerade unter den weniger bekannten Unternehmen gibt es viele profitable Weltmarktführer, die niemand in aller Einzelheit beobachten kann oder will. Insofern sollten Sie die Auswahl lieber professionellen Managern überlassen. Ob ein aktiver Fonds tatsächlich den passiv gemanagten ETF schlägt, hängt sehr vom Engagement des Fondsmanagers ab.

Bei **Themen- oder Branchenfonds** wie etwa zu digitaler Sicherheit oder erneuerbaren Energien sollten Sie die Auswahl auch lieber einem erfahrenen Fondsmanager überlassen, es sei denn, Sie haben Spezialwissen auf dem Gebiet. Da sich diese Branchen schnell verändern, kann ein geschickter Fondsmanager flexibel reagieren. Aber Achtung: Die Finanzbranche springt schnell auf jeden Zug auf, erklärt ein Thema zum Megatrend und bewirbt es als Zukunftschance. Aber nicht jedes Modethema verändert die Welt. Wasser beispielsweise wird gefühlt alle Jahre zum Megatrend ausgerufen und versickert immer wieder. Oder «Ageing Population». Der Trend ist so alt, wie er klingt, irgendwie verfängt die Idee nicht an den Märkten.

Fonds, die Sie nicht unbedingt brauchen

Hinter **Value- oder Growth-Fonds** verbergen sich meist Aktien, die selbst weniger erfahrenen Anlegern bekannt sein dürften. Allianz, Nestlé oder Microsoft beispielsweise sind Value-Unternehmen, über die es viele Informationen gibt. Ähnlich verhält es sich mit Wachstumsunternehmen wie Alphabet (ehemals Google), Apple oder Netflix. Mit ein bisschen Übung können Sie diese Aktien selbst auswählen und die teuren Fondsgebühren sparen. Wichtig ist natürlich, dass Sie nicht Ihr ganzes Kapital in nur eine oder zwei Aktien investieren. Ähnliches gilt auch für **Dividendenfonds.** Auch hier können Sie mit wenig Aufwand selbst einige Titel auswählen, etwa Dividendenklassiker wie die Allianz, Munich Re, Swiss Re, Deutsche Post, BASF oder die Deutsche Telekom. Wenn Sie die ausgezahlten Dividenden stets in neue Aktien investieren und die Titel lang genug halten, können Sie gute Renditen erzielen und sich den Fondsmanager sparen.

Anleihenfonds, landläufig als Rentenfonds bekannt, sind in Zeiten niedriger Zinsen kaum zu empfehlen. Die Renditen sind mager. Wenn davon noch der Fondsmanager bezahlt werden muss, bleibt wenig übrig, selbst wenn die Fondsgebühren geringer sind als bei Aktienfonds. Ähnliches gilt für **Geldmarktfonds,** die Anleihen und Termingelder mit einer kurzen Restlaufzeit bündeln. Diese werden gerne als Alternative zum Tages- oder Festgeldkonto angepriesen. Die Renditen sind ebenfalls mau. Derzeit müssen Sie wohl oder übel akzeptieren, dass es keine attraktiven sicheren Geldanlagen gibt. **Mischfonds** investieren in unterschiedliche Anlageklassen gleichzeitig. Je höher der Anleihenanteil, desto weniger schwankungsanfällig ist der Kurs, die Rendite wird aber auch geringer ausfallen.

Keinesfalls sollten Sie in einen **Dachfonds** investieren. Diese werden immer noch gerne von Finanzberatern verkauft und klingen auf den ersten Blick verlockend. Unter einem «Dach» stellt ein Fondsmanager die besten Fonds zusammen. Sie bekommen vermeintlich die «Crème de la Crème». Das Ganze hat einen gewaltigen Haken: Als Anleger zahlen Sie zweimal Fondsgebühren, für den Einzelfonds sowie den Dachfonds. Außerdem besteht die Gefahr, dass Sie in manchen Aktien überproportional investiert sind. So könnte beispielsweise eine Allianz-Aktie sowohl in einem Value-Fonds, einem Deutschland-Fonds als auch einem Dividenden-Fonds vertreten sein.

Obwohl aktiv gemanagte Aktienfonds derzeit starke Konkurrenz von den passiv gemanagten ETFs haben, können sie in bestimmten Teilmärkten durchaus attraktiv sein. Da die Transaktionskosten jedoch sehr hoch sind, eignen sich Fonds nur als langfristiges Investment, also mindestens fünf, besser zehn Jahre, und nicht für ein schnelles Rein-und-wieder-raus.

Fonds, die Sie meiden sollten

Anders als bei offenen Fonds sammelt die Investmentgesellschaft bei einem geschlossenen Fonds Geld für ein bestimmtes Projekt ein, etwa für eine Immobilie, einen Kinofilm oder einen Windpark. Mit dem Geld wird das Projekt finanziert. Sie sind quasi Miteigentümerin des Unternehmens und erhalten Ihre Rendite aus den künftigen Gewinnen.

Als Neuling sollten Sie die Finger von geschlossenen Fonds lassen. Die Risiken sind vergleichsweise hoch, auch wenn das die Anbieter in den aufwendig gestalteten Werbeprospekten oft anders darstellen. Zunächst gibt es eine Mindestanlagesumme, die oft ziemlich hoch ist. Die Fondsanteile können vor Ablauf der Laufzeit in der Regel nicht zurückgegeben werden, sie werden auch nicht an der Börse gehandelt. Anders als bei offenen Fonds gibt es keine staatliche Aufsicht, als Mitunternehmerin sind Sie verantwortlich für Ihr unternehmerisches Handeln. Womit wir beim größten Haken wären: Bei Verlusten müssen Sie als Anteilseignerin sogar noch nachschießen. Sie haben also nicht nur Ihr Geld verloren, Sie müssen auch noch draufzahlen. Es wundert also nicht, dass vor allem geschlossene Fonds in Verruf geraten sind.

Die in jüngsten Jahren in Mode gekommenen Crowdinvestments sind im Grunde genommen ebenfalls geschlossene Fonds. Auch sie sammeln Geld ein, um ein Projekt zu finanzieren. Im Gegenzug versprechen sie einen festen Zins. Viele Anleger verwechseln das mit einem garantierten Zins. Bei einem festen Zins steht lediglich die Höhe fest, garantiert ist die Zahlung nicht. Sie hängt vom Projekterfolg ab. Sowohl bei geschlossenen Fonds als auch bei Crowdinvestments müssen Sie wissen, dass Sie nicht nur am unternehmerischen Erfolg, sondern auch am Misserfolg teilhaben.

Wie kaufen Sie den richtigen Fonds?

Bei der Wahl des richtigen Aktienfonds müssen Sie sich nicht nur für eine Branche oder einen Markt entscheiden, sondern auch zwischen den einzelnen Fondsgesellschaften. Diese können sich bei Gebühren und Performance stark unterscheiden.

Die Zahl der Investmentgesellschaften ist groß. In Deutschland ist die Fondsgesellschaft der Deutschen Bank, die DWS, die größte. International gehören J.P. Morgan, Templeton und Fidelity zu den bekanntesten. Entscheidend ist, dass Kosten und Wertentwicklung stimmen. Anders als bei Aktien bestimmt sich der Wert eines Fondsanteils nicht aus Angebot und Nachfrage, sondern aus den Aktien im Fondsvermögen. Insofern sind die richtige Auswahl und Gewichtung der Aktien durch den Manager entscheidend.

Wenn Sie einen Fonds kaufen, müssen Sie einen Ausgabeaufschlag bzw. ein Agio zahlen, beispielsweise von fünf Prozent. Bei einem Fondsanteil im Wert von 100 Euro zahlen Sie also insgesamt 105 Euro. Bei der Rückgabe verlangen die Gesellschaften noch einen Rückgabeaufschlag. Für Verwaltung und Management fallen jährlich etwa 1,5 Prozent an. Diese Kosten drücken die Rendite. Ein aktiver Fonds lohnt sich daher nur, wenn Sie Ihr Investment lang genug halten.

Bei der Wahl des Fonds können Sie zwischen thesaurierenden und ausschüttenden Fonds unterscheiden. Thesaurierende Fonds schütten Dividenden und Zinsen nicht aus, sondern investieren sie wieder. Dadurch steigt das Fondsvermögen und folglich der Wert Ihres Anteils. Ausschüttende Fonds zahlen einmal oder mehrmals jährlich Dividenden und/oder Zinsen aus. Um Vermögen aufzubauen, sollten Sie die Erträge wieder anlegen, also in thesaurierende Fonds investieren.

Wie finden Sie nun den richtigen Fonds? Zunächst müssen

Sie sich für eine Branche oder einen Markt entscheiden. Das Wirtschaftsmagazin *Capital* oder die *Frankfurter Allgemeine Zeitung* veröffentlichen regelmäßig Rankings, über Internetplattformen wie finanzen.net, onvista.de oder morningstar.de können Sie selbst recherchieren. Es ist wichtig, auf die Kosten zu achten, sie sind aber nicht das alleinige Entscheidungskriterium. Es kommt auf die dauerhafte Wertentwicklung an, ob der Fonds über mehrere Jahre hinweg besser abgeschnitten hat als die Konkurrenz. Sie können Fondsanteile direkt bei der Investmentgesellschaft kaufen oder über die Börse und Ihr Onlinedepot. In jedem Fall sollten Sie sich vor dem Kauf darüber informieren, welche Aktien vertreten sind und zu welchem Anteil.

10

ETFS

Angesichts der hohen Kosten aktiv gemanagter Fonds sind ETFs in den vergangenen Jahren immer beliebter geworden. Zudem erleichtern sie den Einstieg in den Aktienmarkt ungemein. Statt einzelne Aktien auszuwählen, setzen Sie damit auf den ganzen Markt und streuen so Ihr Risiko. Im Vergleich zu Aktienfonds sind sie sehr viel transparenter, kostengünstiger und oft rentabler. Wenn Sie keine Zeit und Lust haben, sich mit Einzelaktien zu beschäftigen, und nicht genug Kapital, um Ihr Risiko zu streuen, sind ETFs für Sie ideal. Auch für Sparpläne eignen sich ETFs sehr gut.

Den Markt können Sie per definitionem nicht damit schlagen, Sie können aber auch nicht verlieren. Wenn Sie erst einmal etwas Erfahrung, Zeit und Geld haben, können Einzelaktien oder spezielle Investmentfonds sehr viel interessanter und gewinnbringender sein. Als Einstieg eignen sich ETFs auf den DAX, MSCI World oder MSCI Emerging Market aber sehr gut.

Wie funktionieren ETFs?

Die Logik hinter ETFs ist folgende: Nur wenige Fondsmanager schaffen es, mit ihrer Aktienauswahl den Markt zu schlagen.[24] Als Anlegering können Sie es sich einfach machen und von der allgemeinen Marktentwicklung profitieren. Die geringen Verwaltungskosten – man braucht weder einen hoch bezahlten Fondsmanager noch eine aufgeblähte Vertriebsorganisation – sind ein großer Vorteil. Zudem sind ETFs meistens sehr viel transparenter. Ein ETF bildet den zugrunde liegenden Aktien-markt eins zu eins ab. In einem DAX-ETF sind also genau jene 30 Unternehmen vertreten, aus denen der Deutsche Aktienmarktindex besteht, auch mit derselben Gewichtung. Das macht es etwa für Börseneinsteiger einfach, die Entwicklung zu verfolgen. Der aktuelle DAX-Stand erscheint jeden Abend in den Nachrichten, Sie können Ihr Investment kaum aus den Augen verlieren.

ETFs gibt es auf Aktienindizes in Industrieländern, in Schwellenländern, auf Rohstoffe und sogar ganze Themen-komplexe wie digitale Sicherheit. Von einem Index spricht man, wenn mehrere Aktien zusammengefasst werden, um die Wert-entwicklung abzubilden, im DAX sind dies etwa die 30 größten deutschen Unternehmen. Innerhalb der einzelnen Länder gibt es ganz unterschiedliche Indizes, etwa für große, mittlere und kleine Unternehmen sowie für Technologiewerte. Bei diesem großen Angebot stellt sich sofort die Frage: In welchen Markt wollen Sie investieren?

Wollen Sie deutsche Aktien kaufen, können Sie in den DAX investieren, weil er die 30 größten deutschen Unternehmen umfasst. Anders als andere Indizes ist er ein Performance-Index, das heißt, die Dividendenzahlungen werden eingerechnet bzw. reinvestiert. Wer auf mittelgroße Unternehmen wetten will, kann auf den MDAX oder SDAX setzen, in denen die jeweils nächstgrößeren 50 Firmen vertreten sind. MDAX und SDAX sind oft deutlich schwankungsanfälliger, entsprechend höher können Gewinne, aber auch Verluste ausfallen.

Wer auf europäische Aktien setzen will, wählt beispielsweise einen ETF auf den Euro Stoxx 50. Hier sind die 50 größten börsennotierten Unternehmen der Eurozone zu finden. Dem-gegenüber bildet der Stoxx Europe 50 auch europäische Unter-nehmen außerhalb der EU und der Eurozone ab, also auch aus

Großbritannien, der Schweiz und Norwegen. Im Gegensatz zum DAX sind weder Euro Stoxx 50 noch Stoxx Europe 50 thesaurierend, das heißt, die Dividenden werden regelmäßig ausgeschüttet.

Obwohl der amerikanische Dow Jones weithin bekannt ist, eignet er sich nicht als ETF-Investment. Er besteht aus nur 30 Unternehmen; wertvolle Konzerne wie Google oder Apple sind nicht vertreten. Repräsentativer ist daher der S&P 500, der die 500 größten US-Unternehmen abbildet. Technologieanhänger können in den Nasdaq investieren.

Wollen Sie ohne viel Arbeit ein ausgewogenes Aktienportfolio erstellen oder aufbauen, bietet es sich an, zu 75 Prozent in den MSCI World und zu 25 Prozent in den MSCI Emerging Markets zu investieren. Im MSCI World sind 1600 Unternehmen aus 23 Industrieländern vertreten, von Kanada über Deutschland bis Neuseeland. Mit 60 Prozent ist der Anteil amerikanischer Unternehmen sehr hoch, wofür der Index häufig in der Kritik steht. Zu seinen Schwergewichten gehören Apple, Amazon, Alphabet und Microsoft.

Wer vom Wirtschaftswachstum in den Schwellenländern profitieren will, sollte auf den MSCI Emerging Markets setzen. Hinter diesem ETF verbergen sich 1400 Unternehmen, von Argentinien bis Thailand. Schwergewicht ist China mit 34 Prozent, gefolgt von Südkorea und Taiwan mit je zwölf Prozent. Wenn Sie also in den MSCI World und den MSCI Emerging Markets investieren, müssen Sie wissen, dass Sie stark von der wirtschaftlichen Entwicklung in den USA und China abhängig sind – was in den vergangenen Jahren nicht das Schlechteste war, aber eine bestimmte Wirtschaftsdynamik voraussetzt.

Wichtig ist, wie auch bei Aktien- oder Fondsinvestments, dass Sie nicht Ihren gesamten Anlagebetrag auf einmal investieren. Das kann sinnvoll sein, wenn die Börse in einer Talsohle steckt. Da Sie aber nie genau wissen, wann das ist, sollten Sie Ihr Geld lieber in Tranchen über einen festgelegten Zeitraum anlegen.

Wenn Sie etwas mehr Zeit haben und Einsatz zeigen wollen, lohnt sich die Überlegung, ob Sie eines der bekannten Muster-Portfolios nachbauen. Am bekanntesten sind das All-Weather-Portfolio des Fondsmanagers Ray Dalio sowie das Weltportfolio von Gerd Kommer, das von Anleihen über Aktien und Rohstoffe bis zu Immobilien alle genannten Anlageklassen abbildet. Sie können diese Portfolios mit wenigen ETFs nachbilden, entsprechende Vorlagen, zum Teil mit ausgewählten ETFs, finden Sie im Internet, beispielsweise bei finanzfluss.de oder justetf. com.[25]

Wie finden Sie den richtigen ETF?

Was müssen Sie beim Kauf eines ETFs beachten? Zunächst gilt es, den richtigen Basiswert, also den Aktienindex, für sich zu finden. Wollen Sie beispielsweise in einzelne Länderindizes, in den MSCI World oder den MSCI Emerging Markets investieren, können Sie sich einen entsprechenden ETF auf den gängigen Finanzplattformen wie justetf.com oder finanzen.net heraussuchen. Neben der Wahl des Basiswerts gibt es einige Kriterien zu beachten: Sie sollten dann auf das Fondsvolumen (größer = besser) achten, auf sowohl die Ausgabekosten als auch die laufenden Kosten (weniger = besser) sowie die Frage, ob der Fonds thesaurierend ist oder nicht. Letzteres gibt Aufschluss darüber, ob die Dividenden ausgezahlt oder re-investiert werden. Wichtig ist auch die Währungsfrage, da viele Fonds in Dollar abgerechnet werden. Nach Möglichkeit sollten Sie das Währungsrisiko ausschließen und in Euro investieren.

Schließlich stellt sich noch die Frage, ob der ETF den Markt replizierend oder synthetisch nachbildet. Sie sollten zumindest schon einmal davon gehört haben, für die Wertentwicklung ist die Frage nicht unbedingt entscheidend. Replizierend heißt, der ETF kauft genau die Aktien nach, die im Index sind. Synthetisch heißt, dass der ETF den Index mit Hilfe von Finanzinstrumenten nachbildet.[26] Bei entwickelten Märkten macht es heutzutage keinen Unterschied, ob replizierend oder synthetisch. Wenn Sie den richtigen ETF gefunden haben, können Sie ihn online an der Börse kaufen, beispielsweise an der Stuttgarter Börse.

Themen-ETFs und Rohstoff-ETFs

Die ETF-Branche boomt, immer mehr Themenfonds kommen auf den Markt. In diesen Tagen steht beispielsweise das Thema digitale Sicherheit ganz weit oben. Diese Themen-ETFs versprechen eine höhere Rendite als beispielsweise der DAX, weil sie auf sogenannte Megatrends setzen. Sie suchen nach disruptiven Industrien, die die Wirtschaft umkrempeln. Wenn Sie sich mit einem Thema, beispielsweise Elektromobilität, beschäftigt haben, Sie aber davor zurückschrecken, einzelne Unternehmen auszuwählen, dann kann ein Themen-ETF durchaus sinnvoll sein. Alternativ sollten Sie aber im Vorfeld vergleichen, ob ein aktiv gemanagter Elektromobilitätsfonds nicht besser abschneidet.

Rohstoffe gehören in regelmäßigen Abständen ebenfalls zu diesen Megatrends. Im Sinne eines ausgewogenen Portfolios empfehlen Finanzexperten Investments in Rohstoffe, meistens in Gold. Da in der EU und damit auch in Deutschland ETFs auf einzelne Rohstoffe[27] gesetzlich verboten sind, werden Sie in der

Regel auf einen Korb von Rohstoffen oder einen Index setzen müssen.

ETFs auf Edelmetalle können sehr sinnvoll sein. Denn Rohstoffe wie Gold, Silber und Platin können tatsächlich gekauft und hinterlegt werden. Der ETF spiegelt dann den Wert der hinterlegten Edelmetalle. Sie können Ihren ETF-Anteil sozusagen in Gold aufwiegen. Allerdings können Gold-ETFs aus den genannten Gründen in Deutschland nicht gehandelt werden, Leserinnen mit einem Schweizer Konto können allerdings sehr wohl einen Gold-ETF kaufen. Dieser ist eine gute Alternative zu den sehr viel schwerer handelbaren Münzen und Barren. Alle anderen Leserinnen können entweder auf einen Edelmetall-Korb setzen, der aber nicht dieselbe Sicherheit wie Gold bietet. Oder aber einen Gold-ETC kaufen, wie in Kapitel 12 beschrieben.

Alle anderen Rohstoffe eignen sich für die Privatanlegerin nicht. Bei Agrarrohstoffen müssen Sie wissen, dass diese ETFs nicht den aktuellen Preis, sondern den zukünftigen Preis spiegeln. Voluminöse Rohstoffe wie Kaffeebohnen oder Weizensäcke lassen sich anders als Gold nicht physisch hinterlegen. Wo sollte ein Fonds die Kaffeebohnen und Weizensäcke auch lagern? Deshalb kauft der Fonds nicht physischen Kaffee, sondern ein sogenanntes Future auf Kaffee. Ein Future ist ein Termingeschäft an der Börse, bei dem man heute Kaffee kauft, diesen aber erst in der Zukunft erhält und bezahlt. Dafür, dass der Kaffeehändler den Kaffee bis zu diesem Tag lagern muss und auch erst später bezahlt wird, verlangt er einen höheren Preis als den Tagespreis.

Da der Rohstoff-ETF aber gar keinen Kaffee besitzen will, muss er kurz vor Ablauf seines Vertrags den Kaffee weiterverkaufen und ein neues Termingeschäft mit längerer Laufzeit eingehen. Der künftige Preis liegt aus den genannten Gründen über dem aktuellen Tageskurs. Die Kosten, die beim Umschichten entstehen, nennt man Roll-over-Kosten. Sie sind nicht unerheblich und können dazu führen, dass der ETF Verluste macht, obwohl der Kaffeepreis steigt. ETFs auf den Ölpreis sind ebenso konzipiert. Auch wenn Sie in den Zeitungen immer wieder von steigenden Kaffeepreisen lesen oder beim Auf und Ab des Ölmarkts große Chancen wittern: Privatanlegerinnen sollten nicht in Rohstoff-ETFs investieren, erst recht nicht unerfahrene Investorinnen.

IMMOBILIEN

Wer finanziell unabhängig werden will, wird um den Kauf einer Immobilie nicht umhinkommen. Kaum eine andere Anlage eignet sich so sehr zum Vermögensaufbau wie die fremdgenutzte Immobilie. Studien zufolge ist der Besitz von Immobilien sogar der entscheidende Faktor bei der Vermögensbildung. Das Schöne ist: Man braucht weit weniger Kapital als landläufig angenommen wird. Indem Sie Ihre Immobilie mit einem Kredit finanzieren, können Sie sich mehr leisten, als Ihre eigenen Mittel hergeben. Schulden haben in Deutschland – zu Unrecht – einen schlechten Ruf. Solange Sie mit Ihren Schulden investieren und das Geld nicht verprassen, sind Schulden aber gut. Zudem sollten Sie die disziplinierende Wirkung von Schulden nicht unterschätzen: Da Sie einen Kredit tilgen müssen, bauen Sie zwangsläufig ein Vermögen auf. Eine Art erzwungene Sparquote. Anders als bei Aktien oder Fonds, die Sie schnell verkaufen können, sollten Sie doch einmal einen Engpass haben. Meiner Erfahrung nach hat sich dieser «erzwungene» Vermögensaufbau mit Immobilien sehr bewährt.

Natürlich bringt der Haus- und Grundbesitz Nachteile mit: Die Anlaufkosten bei Immobilieninvestitionen sind sehr hoch, von der Suche nach dem geeigneten Objekt bis zur Hausverwaltung. Sie benötigen gerade beim Kauf der ersten Immobilie viel Energie und Zeit. Sie sollten überdies eine gewisse Leidensfähigkeit mitbringen. Nicht oft, aber immer wieder einmal können Sie Pech mit Mietern haben, im schlimmsten Fall geraten Sie an Mietnomaden. Natürlich können Sie auch Pech mit Aktien haben. Allerdings sind meiner Erfahrung nach Streitigkeiten mit Mietern sehr viel nervenaufreibender als ein plötzlicher Kursrutsch am Aktienmarkt, selbst wenn es oft um weniger Geld geht. Wenn Sie mit diesen Hindernissen umgehen können, ist der Immobilienkauf eine sehr gute Investition. Vor allem in jungen Jahren, denn die Zeit arbeitet für Sie. Wie schon bei Aktien gilt auch hier: Je früher Sie anfangen zu investieren, desto ruhiger können Sie es angehen. Allerdings sollten Sie es auch noch wagen, wenn Sie die 40 oder 50 überschritten haben. Es geht nicht immer darum, am Ende des Lebens eine schuldenfreie Immobilie zu besitzen und von den Mieteinnahmen zu leben. Sie können sich auch mit einer Restschuld eine Rente auszahlen. Oder Sie verkaufen die Immobilie und streichen den Gewinn ein.

Die Idee hinter der Immobilie

Die Idee hinter der Immobilie ist simpel: Sie kaufen eine Immobilie, vermieten diese als Wohnung, Büro, Ladenfläche oder gar Pflegeeinrichtung. Der Mieter zahlt eine Miete, mit der Sie Ihren Kredit tilgen. Kurzum: Der Mieter baut Ihr Vermögen auf. Die meisten Anleger fangen mit einer Wohnimmobilie an. Aus der eigenen Lebenserfahrung wissen sie, wo und wie es sich gut lebt. Mit dem gesammelten Know-how können Sie sich später an komplexere Projekte wagen, etwa Gewerbeimmobilien oder Häuser, die noch saniert werden müssen.

Ein kurzes Rechenbeispiel, um die Idee zu veranschaulichen: Sie kaufen sich eine kleine Einzimmerwohnung, nicht in einer der beliebten Großstädte, sondern in einer sogenannten B-Stadt zum Preis von 100 000 Euro für 50 Quadratmeter. Den Kaufpreis finanzieren Sie über einen Kredit. Die Kaufnebenkosten, also Makler, Notar und Grunderwerbssteuer, in Höhe von rund 15 Prozent bzw. 15 000 Euro bringen Sie als Eigenkapital ein.[28]

Die Wohnung vermieten Sie nun für 8,50 Euro den Quadratmeter, das macht Mieteinnahmen von 425 Euro monatlich, insgesamt 5100 Euro im Jahr. Von diesen Einnahmen zahlen Sie die Kreditzinsen. Bei einem konservativ angenommenen Zinssatz von zwei Prozent wären dies 2000 Euro im Jahr. Je nach Einkommens- und Vermögensverhältnissen kann der Zins darüber oder darunter liegen. Nach Zinszahlung bleiben Ihnen 3100 Euro übrig. Davon gehen die Kosten für Hausverwaltung und Reparaturen ab. Je nach Zustand der Immobilie sollte man zwischen zehn und 20 Prozent der Mieteinnahmen für die Bewirtschaftung zur Seite legen. In unserem Beispiel legen Sie 600 Euro zur Seite, da die Immobilie in gutem Zustand ist und Sie die Wohnung selbst verwalten. Jährlich bleiben also 2500 Euro übrig, um den Kredit zu tilgen, das entspricht 2,5 Prozent Tilgung. Üblicherweise verlangen die Banken eine Tilgung von mindestens zwei Prozent jährlich. Wenn Sie weniger tilgen wollen, werden Sie höhere Zinsen zahlen müssen. Nach einem Jahr betragen die Schulden statt ursprünglich 100 000 Euro nur noch 97 500 Euro. Ihr Vermögen ist also um 2500 Euro angewachsen. Und das bei einem Eigenkapitaleinsatz von nur 15 000 Euro.

Zeitgleich spielt Ihnen die Inflation in die Hände: So wie Lebensmittel teurer werden, steigen auch die Preise für Mietwohnungen. Innerhalb des gesetzlichen Rahmens ist es durchaus legitim, die Mieten zu erhöhen, denn auch die Kosten für Sie als Vermieterin steigen, beispielsweise für Verwaltung und Instandhaltung.

Zurück zu unserem Beispiel. Nach einigen Jahren erhöhen Sie die Miete auf neun Euro pro Quadratmeter. Die jährlichen Mieteinnahmen betragen dann bereits 5400 Euro, bei zehn Euro pro Quadratmeter wären es sogar 6000 Euro. Da sich der Wert einer Immobilie immer an den Mieteinnahmen misst, ist auch der Wert Ihrer Immobilie gestiegen. Üblicherweise berechnet sich der Kaufpreis aus einem Vielfachen der Nettojahreskaltmiete, dem sogenannten Faktor. In unserem Beispiel betrug der Kaufpreis in Höhe von 100 000 Euro das (aufgerundet) 20-Fache der Nettojahresmiete von 5100 Euro. Erhöhen Sie die jährliche Miete auf 5400 Euro bzw. 6000 Euro, steigt der Wert der Immobilie bei gleichbleibendem Faktor 20 auf rund 108 000 Euro bzw. 120 000 Euro. Wie stark die Miete und damit der Wert Ihrer Wohnung steigt, hängt davon ab, ob der Standort beliebter geworden ist. Etwa dann, wenn aus dem ehemaligen Studentenviertel ein beliebtes Wohngebiet für Akademiker geworden ist.

Als Privatanlegerin sollten Sie eine vermietete Immobilie mindestens zehn Jahre halten, dann erst ist der Verkaufsgewinn steuerfrei. Unsere Beispielrechnung sieht dann so aus: Die Restschuld liegt bei 70 000 Euro, der Verkaufspreis nach zehn Jahren bei beispielsweise 120 000 Euro. In den vergangenen zehn Jahren haben Sie also 50 000 Euro verdient. Bei einem Einsatz von 15 000 Euro ist das mehr als eine Verdreifachung Ihres Kapitals in zehn Jahren. Das ist mit Technologieaktien vielleicht zu schlagen, mit einem ETF auf den MSCI oder DAX aber fast unmöglich – es sei denn, Sie finden den optimalen Einstieg und Ausstieg, was eigentlich nie vorkommt.

Selbst wenn Sie die Immobilie nach zehn Jahren nicht verkaufen wollen, können Sie von der Wertsteigerung profitieren. Sie können Ihre Immobilie zum gestiegenen Wert neu beleihen, sich neues Geld für neue Investitionen leihen, und das Spiel geht von vorn los. So einfach ist das mit Immobilien!

Wie Sie eine Immobilie kaufen

Wie finden Sie nun die richtige Immobilie? Zunächst müssen Sie sich überlegen, welchen Anteil Ihrer Ersparnisse Sie in Immobilien investieren wollen. Es sollte Geld sein, auf das Sie die nächsten zehn Jahren verzichten können. Wie der Begriff «Immobilie» schon verrät, ist diese Vermögensklasse sehr immobil und damit illiquide. Darüber hinaus müssen Sie einmal mehr wissen, welches Ziel Sie mit dem Immobilienkauf verfolgen. Wollen Sie vordergründig ein Vermögen aufbauen? Dann sollte Ihr Eigenkapitaleinsatz möglichst gering sein. Wollen Sie Ihr Geld sicher parken und von den monatlichen Mieteinnahmen leben? In dem Fall ist es durchaus sinnvoll, mehr Eigenkapital einzusetzen. Sind Sie an kurzfristigen Gewinnen interessiert? Dann müssen Sie viel Zeit für die Immobiliensuche, Baumaßnahmen und Verwaltung mitbringen.

Viele von uns haben zwischen Job und Familie nur begrenzte zeitliche Kapazitäten, dafür aber noch reichlich Lebenszeit vor sich. Daher sollten Sie in dieser Lebensphase eine unkomplizierte Immobilie finden, die Sie mit möglichst viel Fremdkapital finanzieren. Idealerweise können Sie die Immobilie im Laufe der Zeit aufwerten, etwa durch hochwertige Renovierungen einzelner Wohnungen oder einen Dachausbau. Verkaufen sollten Sie die Immobilie frühestens nach zehn Jahren, um vom steuerfreien Verkauf zu profitieren.

Wenn Sie wissen, wie viel Zeit und Geld Sie haben und welche Ziele Sie verfolgen, fangen Sie am besten dort an, wo Sie sich gut auskennen: in der Stadt, in der Sie leben. Im Zweifel wissen Sie, welche Straßen und Viertel beliebt sind, welche gerade noch beliebter werden. Sie können schnell an dem Objekt vorbeigehen, um sich selbst ein Bild davon zu machen. Finden Sie auf dem heimischen Immobilienmarkt kein passendes Objekt, lohnt der Blick in die alte Heimat oder den Studienort. Die erste Investition erfordert Mut. Die Hürde ist sehr viel geringer, wenn Sie sich auskennen. Die Standortkriterien müssen aber dennoch stimmen: Die Bevölkerungsstruktur sollte durchmischt sein, insgesamt sollte die Einwohnerzahl zunehmen. Entscheidend sind zudem wirtschaftliche Faktoren, wie Wirtschaftswachstum, niedrige Arbeitslosigkeit sowie eine gesunde und durchmischte Unternehmensstruktur. Im Fachjargon heißt das Standortanalyse. Wenn die Kriterien stimmen, können Sie in der ganzen Republik investieren.

Ob das erste Projekt nun eine Eigentumswohnung oder gleich ein Mehrfamilienhaus ist, hängt vordergründig von Ihren finanziellen Mitteln ab. Eine Wohnung ist deutlich erschwinglicher, hat aber den Nachteil, Teil einer Wohnungseigentümergemeinschaft zu sein. Sie können anfallende Kosten, etwa für einen unnötigen Treppenhausanstrich, nicht allein steuern, sondern müssen sich der Mehrheit beugen. Ein Mehrfamilienhaus hat neben der alleinigen Eigentümerschaft den Vorteil, dass der Quadratmeterpreis deutlich günstiger ist als bei einer einzelnen Wohnung. Wenn Sie das Eigenkapital dafür nicht aufbringen können, können Sie vielleicht Co-Investoren im erweiterten Familien- und Freundeskreis suchen.

Wenn Sie wissen, welche Art von Immobilie Sie suchen, halten Sie Ihr Suchprofil am besten Schwarz auf Weiß fest, beispielsweise «Suche Eigentumswohnung bis 250 000 Euro bei jährlichen Mieteinnahmen von mindestens 12 500 Euro in meinem Geburtsort». Ansonsten laufen Sie schnell Gefahr, sich bei der Suche zu verzetteln, zumindest als Anfängerin. Nun können Sie ganz klassisch Anzeigen auf Immobilienscout durchsuchen, Makler beauftragen, sich im Freundeskreis umhören, sich bei Zwangsversteigerungen umsehen, Bauträger ansprechen (es gibt immer wieder Wohnungen bei Neubauprojekten, die am Ende übrig bleiben und die Sie günstiger kaufen können) oder einfach Zettel in die Briefkästen der Nachbarschaft werfen. Wichtig ist, dass Sie sich Ihr eigenes Netzwerk aufbauen und pflegen.

In dieser Suchphase müssen Sie sehr umtriebig, vor allem aber sehr schnell sein. Sinnvollerweise nehmen Sie sich über einen bestimmten Zeitraum vor, beispielsweise sechs Wochen, intensiv zu suchen und zu besichtigen. Dabei sollten Sie auch jene Objekte besichtigen, die nicht 100 Prozent in Ihr Suchprofil passen. Nur so bekommt man ein besseres Gefühl für den Markt. Bei jeder Besichtigung lernen Sie etwas, je mehr Sie gesehen haben, desto leichter wird es Ihnen fallen, neue Angebote einzuschätzen und gegebenenfalls auszusortieren oder weiterzuverfolgen.

Um schnell zu entscheiden, müssen Sie die Immobilie bewerten. Das geht zunächst mit Hilfe einer einfachen Kopfrechnung, als erster Überschlagswert reicht das völlig aus. Für die genaue Prüfung, mit allen wirtschaftlichen und technischen Details, können Sie sich später Zeit nehmen. Der bereits erwähnte Faktor, auch Vervielfältiger oder Multiplikator genannt, gibt an, wie viele Jahre Sie brauchen, um mit den Mieteinnahmen den Kaufpreis zu bezahlen:[29]

$$\frac{\text{Kaufpreis}}{\text{Jahresnettokaltmiete}} = \text{Faktor}$$

Bei dem oben gewählten Suchbeispiel liegt der Faktor bei 20, denn 250 000 Euro/12 500 Euro = 20

Im Umkehrschluss gibt der Faktor Aufschluss über die erwartete Bruttorendite:

Faktor	12	15	18	20	25	30
Rendite in Prozent	8,3	6,6	5,6	5	4	3,3

Leider kann man nicht pauschal sagen, ein Faktor von 30 ist schlecht und ein Faktor von zwölf ist gut. Die Faktoren unterscheiden sich von Stadt zu Stadt sowie nach Objektzustand. In München werden Sie kaum eine Immobilie unter dem 20-Fachen finden, in der ostdeutschen Provinz ist eine Immobilie mit einem 20er-Faktor überteuert. Wenn Sie ein Objekt zum 15-Fachen kaufen und dann weitere 15 Jahresmieten in die Kernsanierung investieren, ist das 15-Fache auch kein Schnäppchen mehr.

Der Faktor und die sich daraus ergebende Rendite geben eine erste Richtung vor. Zudem sollten Sie sich vergleichbare Angebote hinsichtlich Objektgröße, Zustand und Lage ansehen. Interessanter als der aufgerufene Kaufpreis ist jedoch der tatsächlich bezahlte Betrag. Den finden Sie beispielsweise über den Makler Ihres Vertrauens heraus. Wenn Sie vorhaben, öfter zu investieren, sollten Sie eine Excel-Tabelle mit den Daten zu den einzelnen Immobilienangeboten anlegen. So gewinnen Sie einen Überblick über die einzelnen Objekte, aber auch die Entwicklung über die Zeit.

Wenn die Zahlen auf dem Papier stimmen, sollten Sie sich bei der Besichtigung die Umgebung genau ansehen. Wie ist die Versorgungslage? Wie die Anbindung an den öffentlichen Nahverkehr? Wie sind die Freizeitmöglichkeiten? Gibt es Spielplätze oder einen Park in der Nähe? Wie entwickelt sich das Viertel? Wenn Sportwettenbüros verschwinden und durch Biomärkte ersetzt werden, spricht das für Aufwärtspotenzial. Wer unsicher ist, kann zudem den Immobilien-Kompass des Wirtschaftsmagazins *Capital* zu Rate ziehen. Jährlich werden hier Städte, sogar einzelne Stadtteile, auf ihr Potenzial hin untersucht. Ob die geplante Investition wirtschaftlich sinnvoll ist, zeigt ein einfacher Cashflow-Überschlag. Das klingt komplizierter, als es ist. Letztendlich geht es um die Frage, ob am Monatsende noch ein paar Euro übrig sind.

Cashflow = Nettokaltmieten – Bewirtschaftungskosten – Kapitaldienst

Für das das oben genannte Beispiel gilt eine Nettokaltmiete von 12 500 Euro, abzüglich Bewirtschaftungskosten für Instandhaltung, Rücklagen und Hausverwaltung in Höhe von 20 Prozent der Nettokaltmiete, also 2500 Euro. Der Kapitaldienst, also Zins und Tilgung, sollte fünf Prozent des finanzierten Kaufpreises betragen. Damit der Cashflow positiv ist, darf er in unserem Beispiel maximal 10 000 Euro betragen (Nettokaltmiete von 12 500 Euro – Bewirtschaftungskosten von 2500 Euro = maximaler Kapitaldienst von 10 000 Euro), lieber sogar weniger, damit noch ein Puffer übrig bleibt.

In dem Beispiel dürften Sie daher maximal 200 000 Euro des Kaufpreises finanzieren,[30] um nicht am Monatsende selbst noch Geld für den Kredit nachschießen zu müssen (12 500 Euro – 2500 Euro – 10 000 Euro = 0). Wie hoch Sie die Bewirtschaftungskosten ansetzen, ist Ermessens- und Erfahrungssache. Gerade bei einem Neubau fallen in ersten zehn bis 15 Jahren kaum Reparaturen an. Je nach Risikoneigung wollen Sie vielleicht mehr oder weniger Geld zur Seite legen. Damit sich das Projekt rechnet, können Sie auch den Kapitaldienst verringern. In jedem Fall aber sollten Sie den Kaufpreis verhandeln, um Ihre Rendite zu steigern.

Mit dem Faktor und der Cashflow-Analyse im Kopf können Sie schnell eine Vorentscheidung treffen. Haben Sie sich für eine Wohnung oder ein Haus entschieden, geben Sie ein Angebotsschreiben ab. In diesem begründen Sie Ihr Kaufpreisgebot und sagen eine schnelle und zuverlässige Kaufabwicklung zu. Sie müssen in diesen Wochen sehr schnell und zuverlässig sein. Der Immobilienmarkt ist seit Jahren ein Verkäufermarkt, das heißt, in den meisten Fällen können die Makler bzw. Verkäufer zwischen mehreren Käufern wählen. Vermutlich werden sie sich für den entscheiden, mit dem der Verkauf möglichst schnell und reibungslos über die Bühne geht. Ist das Angebot erst einmal abgegeben, haben Sie immer noch Zeit, das Objekt intensiv zu prüfen.

Finanzierung und Hebeleffekt

Wenn Sie die richtige Immobilie gefunden haben, geht es an den zweiten Teil des Geschäfts, die Finanzierung. Diese ist nicht weniger wichtig als die Immobiliensuche selbst. Ob es am Ende eine gute Investition wird oder nicht, hängt ebenso vom Kredit ab wie vom Anlageobjekt. Die zentralen Fragen sind: Wie viel Eigenkapital können und wollen Sie einsetzen? Für wie viele Jahre wollen Sie sich an den Zins binden? Wie viel können und wollen Sie tilgen?

Leider gibt es auch diesmal keine pauschalen Antworten. So sagt man beispielsweise, der Eigenkapitaleinsatz sollte mindestens bei 30 Prozent des Kaufpreises, aber nicht höher als 60 Prozent sein. Die Idee dahinter ist der Hebeleffekt, auch Leverage-Effekt genannt. Mit Hilfe von Fremdkapital können Sie Ihre Rendite auf das Eigenkapital erheblich steigern.

Ein einfaches Rechenbeispiel: Sie kaufen mit Ihren Ersparnissen eine kleine Zweizimmerwohnung für 100 000 Euro, die jährliche Nettokaltmiete liegt bei 6000 Euro. Die Eigenkapitalrendite beträgt in diesem Fall sechs Prozent. Wenn Sie nun aber nur 30 000 Euro Kapital einbringen und die verbleibenden 70 000 Euro zu 1,5 Prozent finanzieren, bleibt ein jährlicher Überschuss von 4950 Euro, mit dem Sie Ihren Kredit tilgen können.

Überschuss = Mieteinnahmen – Zinszahlung
Überschuss = 6000 Euro – 1050 Euro = 4950 Euro

Bei einem Kapitaleinsatz von ursprünglich 30 000 Euro machen Sie einen Gewinn von 4950 Euro. Ihre Rendite auf das eingesetzte Kapital, auch Eigenkapitalrendite genannt, beträgt satte 16,5 Prozent – statt sechs Prozent, wenn Sie den gesamten Kaufpreis aus eigenen Mitteln zahlen. Je mehr Schulden Sie aufnehmen, desto höher ist Ihre Eigenkapitalrendite. Schulden sind also nicht per se schlecht, sondern sehr nützlich beim Vermögensaufbau. Immer vorausgesetzt natürlich, Sie haben eine gute Investitionsmöglichkeit gefunden.[31]

Als junger oder Mensch mittleren Alters sollten Sie daher einen möglichst großen Anteil Ihres Projektes kreditfinanzieren. Die Zeit und der beschriebene Hebeleffekt arbeiten für Sie. Allerdings ist es in jungen Jahren nicht einfach, einen hohen Kredit zu bekommen. Meistens kann man nur wenige Sicherheiten bieten. Umso wichtiger ist der Beleihungswert der Wohnung, die Sie kaufen wollen. Sie zahlen einen bestimmten Kaufpreis und denken, so viel ist Ihre Immobilie wert. Leider sieht die Bank das ganz anders. Sie rechnet, wie viel sie für die Wohnung bekommen würde, müsste sie diese morgen verkaufen. Angenommen eine Wohnung kostet 100 000 Euro. Diesen Wiederverkaufswert kann man nur erzielen, wenn man etwas

Zeit und Geduld mitbringt. Muss die Bank die Wohnung sofort verkaufen, gibt es weniger Interessenten, diese haben vermutlich etwas auszusetzen usw. Unter Zeitdruck wird die Bank die Wohnung vermutlich nur für 80 000 Euro verkaufen können. Genau so errechnet die Bank den Beleihungswert.

Von diesem Wert beleiht die Bank üblicherweise 60 bis 80 Prozent, die Sie als Sicherheit für Ihre Kreditfinanzierung einbringen können, hier bis zu 64 000 Euro. Die verbleibenden 36 000 Euro müssen Sie entweder bar mitbringen oder Sie können andere Sicherheiten geben, etwa eine Lebensversicherungspolice, oder ein entsprechendes Gehalt vorweisen.

Besitzen Sie bereits eine Immobilie, ist es sehr viel einfacher, das nächste Objekt zu finanzieren. Wahrscheinlich ist der Wert Ihrer ersten Immobilie über die Jahre gestiegen, der Kredit ist bereits teilweise getilgt. Ihr Vermögen ist gewachsen. Diese gestiegenen Vermögenswerte, mit dem schönen Wort «Bewertungsreserve» umschrieben, können Sie als Sicherheit einbringen und müssen dafür weniger Bargeld mitbringen.

Haben Sie genügend Bargeld und möchten regelmäßige Einnahmen aus den Mieten erzielen, ist es durchaus sinnvoll, mehr Eigenkapital einzusetzen. Wenn Sie beispielsweise 50 Prozent Kapital einbringen, bekommen Sie einen sehr viel günstigeren Zins. Denn je mehr Sicherheiten Sie der Bank bieten können, desto günstiger wird Ihr Kredit. Zudem ist der Kapitaldienst deutlich geringer, wenn Sie weniger Schulden abbezahlen müssen.[32] Nach Zins und Tilgung und abzüglich aller Kosten sollte noch genug Geld übrig sein, um sich eine monatliche Rente auszuzahlen. Mit 30 oder 40 Jahren ist das vielleicht nicht wichtig, da Sie mit Ihrem Job genug Geld zum Leben verdienen. In späteren Jahren können Sie aber den Eigenkapitalanteil erhöhen und eine monatliche Rente aus den Mieten beziehen.

Es ist eine ebenso wirtschaftliche wie persönliche Entscheidung, wie viel Kredit Sie aufnehmen. Unabhängig davon, wie viel Geld Sie zur Verfügung haben, eine fremdgenutzte Immobilie sollten Sie zumindest teilweise finanzieren. Nicht nur, weil sonst der beschriebene Hebeleffekt nicht wirkt. Ein Kredit hat auch steuerliche Vorteile: Die Zinsen können Sie von der Steuer absetzen und damit verringern Sie Ihre zu versteuernden Mieteinnahmen.

Neben dem Eigenkapitaleinsatz müssen Sie entscheiden, wie hoch die Tilgung sein soll. Ein Richtwert sind zwei Prozent, das verlangen üblicherweise auch die Banken.[33] Ob Sie bei entsprechenden Mieteinnahmen mehr tilgen, hängt vom aktuellen Zinssatz ab. Derzeit sind die Zinsen sehr niedrig, vermutlich wird dies noch eine ganze Zeit so bleiben. Dies sollten Sie nutzen, um den Kredit schneller abzuzahlen. Steigen die Zinsen doch irgendwann wieder, ist es von Vorteil, eine geringere Restschuld zu haben.

Wie viel Sie tilgen, ist zudem abhängig von der Lage des Objekts. Üblicherweise ist die Mietrendite in schlechten Lagen sehr viel höher als in den besseren Wohngegenden. Allerdings sind die Immobilienpreise in schlechteren Lagen weniger stabil, im schlechtesten Fall fallen sie. In diesem Fall sollten Sie sich die höhere Mietrendite zunutze machen und den Kredit schneller tilgen. Aber Vorsicht, setzen Sie sich zu ehrgeizige Tilgungsziele, können Sie schnell in die Bredouille geraten, wenn einmal unerwartet hohe Reparaturen anfallen. Besser ist es daher, Sie vereinbaren eine jährliche Sondertilgung von beispielsweise fünf Prozent. So bleiben Sie flexibel.

Schließlich müssen Sie noch entscheiden, für wie viele Jahre Sie sich den derzeitigen niedrigen Zins sichern wollen. Üblicherweise laufen Kredite über zehn oder 15 Jahre, wobei Sie nach zehn Jahren ein Sonderkündigungsrecht haben. Bank- und Finanzberater raten mit Blick auf das Zinsänderungsrisiko gerne zu 15-jährigen Krediten. Gegenüber Finanzierungen mit kürzerer Laufzeit sind die Zinsen höher, beispielsweise um 0,5 Prozentpunkte. Sicherheit kostet eben Geld. Sinnvoller ist es daher, Sie sichern sich die niedrigen Zinsen, tilgen schneller und haben am Ende eine geringe Restschuld.[34] Sollten gegen Ende der Laufzeit die Zinsen tatsächlich steigen, können Sie bereits vor Ablauf des Kredits eine Anschlussfinanzierung festmachen. Das Zinsniveau sollten Sie aber auf jeden Fall im Blick haben.

Eigenkapitalquote, Tilgung, Zinsbindung – all dies müssen Sie je nach Lebensphase und Vermögenssituation abwägen, wenn Sie eine Immobilie finanzieren. Je jünger Sie sind, desto größere, aber kalkulierbare Risiken können Sie eingehen.

Management und Verkauf

Der Kaufvertrag ist unterschrieben, die Arbeit geht weiter – egal, ob Sie Ihre neue Immobilie selbst verwalten oder verwalten lassen. Haben Sie eine einzelne Wohnung erworben, gibt es bereits eine Verwaltung für die Wohnungseigentümergemeinschaft (WEG). Der WEG-Verwalter kümmert sich um die täglichen Dinge, von der Aufzugswartung bis hin zur jährlichen Wohngeldabrechnung. Üblicherweise kostet eine WEG-Verwaltung pro Monat und Einheit um die 20 bis 30 Euro netto. Für etwa den gleichen Betrag können Sie den WEG-Verwalter zusätzlich mit der Mietverwaltung beauftragen. Dann führt er ein Mietkonto, erstellt die Betriebskostenabrechnung und ist Ansprechpartner für alle Mieteranliegen.

Bei nur einer Wohnung empfiehlt es sich, die Verwaltung selbst zu machen. Der Aufwand ist geringer, als Sie vielleicht denken. Die meisten Mieter rufen nur an, wenn es wirklich brennt. Die Betriebskostenabrechnung ist in weniger als einer Stunde erledigt, da der WEG-Verwalter bereits eine Wohngeldabrechnung erstellt hat.[35] Und wenn einmal der Wasserhahn tropft, hat die WEG-Verwaltung einen Handwerker an der Hand. Aus wirtschaftlichen Gründen lohnt sich die Selbstverwaltung nicht sonderlich. Aber sie lohnt sich, damit Sie erste Erfahrungen sammeln.

Wenn Sie die Mietverwaltung eines Mehrfamilienhauses effizient und ohne große Nervenverluste bewältigen können, ist dies für Ihre Rendite das Beste. Niemand handelt so sehr in Ihrem Interesse wie Sie selbst. Ein gutes Team ist hierfür das A und O: Ab einer gewissen Größe brauchen Sie einen Buchhalter für einige Stunden in der Woche, der Mieteinnahmen und Rechnungen kontrolliert und dokumentiert, einen guten Hausmeister für kleinere Reparaturen sowie eine zuverlässige Reinigungsfirma. Daneben benötigen Sie einen guten Elektriker und eine Sanitärfirma. Einen Architekten und / oder einen Bauingenieur brauchen Sie unterdessen nur, wenn Sie größere Umbauten planen. Für alle kaufmännischen Fragen sollten Sie einen auf Immobilien spezialisierten Steuerberater zur Hand haben.

Alternativ kann eine Hausverwaltung alle kaufmännischen und technischen Aufgaben des Alltags für 20 bis 30 Euro pro Wohnung im Monat übernehmen. Manche Verwalter nehmen auch ein Prozentsatz der Mieteinnahmen. Das hat insofern den Vorteil, dass Verwalter wie Eigentümer ein Interesse an steigenden Einnahmen haben.

Selbst wenn Sie eine gute Verwaltung gefunden haben, können Sie sich nicht zurücklehnen. Es liegt in der Natur der Sache, dass es einen gewissen Interessenkonflikt zwischen der Verwaltung und Ihnen als Eigentümerin gibt: Der Verwalter möchte Aufwand und damit Kosten gering halten, Sie als Eigentümerin scheuen keinen Aufwand, Ihre Immobilie aufzuwerten. Es liegt an Ihnen als Eigentümerin, Vorgaben zu machen und diese zu kontrollieren, etwa in welchem Umfang Instandhaltungsmaßnahmen stattfinden sollen oder zu welchem Preis die Wohnungen wieder vermietet werden. Idealerweise stehen Sie einmal im Monat mit der Hausverwaltung in Kontakt, um sich über die aktuellen Themen informieren zu lassen.

Ist die Verwaltung erst einmal gut aufgesetzt, stellen Sie vermutlich fest, dass die Immobilie in den ersten zwei, drei Jahren keinen Gewinn abwirft.[36] Erfahrungsgemäß nehmen Mieter den Eigentümerwechsel zum Anlass, bisher ignorierte Verlangen vorzutragen, von der kaputten Klospülung bis zum Neuanstrich des Treppenhauses. Oft hat der vorherige Eigentümer mit Blick auf den Verkauf nicht mehr allzu viel investiert. So fallen in der ersten Zeit vergleichsweise viele Reparaturen an. «So viel wie nötig, aber so wenig wie möglich», ist hier sicherlich die beste Herangehensweise.

Dahinter steckt auch eine steuerliche Überlegung. Denn in den ersten drei Jahren nach dem Kauf dürfen die Instandhaltungskosten nicht höher sein als 15 Prozent des Kaufpreises. Ansonsten werden sie zu den Anschaffungskosten gezählt. Diese Kosten (Kaufpreis plus Kaufnebenkosten abzüglich des Bodenwertes) kann man nur mit zwei bis 2,5 Prozent pro Jahr abschreiben, Instandhaltungskosten kann man jedoch direkt von der Steuer absetzen. Wollen Sie den Wert einer Immobilie steigern, etwa durch den Anbau von Balkonen, die Sanierung alter Wohnungen oder den Dachbodenausbau, sollten Sie damit erst nach drei Jahren beginnen.

Solche Investitionen sind sehr sinnvoll. Bereits beim Kauf sollten Sie darauf achten, welche Möglichkeiten das Objekt hierfür bietet. Makler sprechen gerne vom «Potenzial» oder davon, die Immobilien aufzuwerten. Denn beim Verkauf zählt die

Jahresmiete. Wenn Sie diese steigern können, weil Sie mehr Quadratmeter oder höherwertigen Wohnraum vermieten können, steigt auch der Verkaufswert Ihrer Immobilien. Verkaufen sollten Sie als Privatperson frühestens nach zehn Jahren. Dann nämlich ist der Gewinn für Privatanleger steuerfrei, und hier spielt die Musik.[37]

Ob und wann Sie eine Immobilie verkaufen, hängt von Ihrer persönlichen Strategie und Ihrem Gesamtbesitz ab. Eine Immobilie zu kaufen und richtig aufzusetzen, ist mit sehr viel Zeit, Mühe und hohen Kosten verbunden. Wenn Sie eine Spitzenimmobilie in einer Toplage gefunden habe, wird es schwierig, etwas Besseres zu finden. Solange es keine zwingenden Gründe gibt, sollten Sie eine solche Immobilie halten, sogar für die nächste Generation. Im Zweifel steigt der Wert. Anders verhält es sich mit Häusern in B-Lagen mit ungewisser Zukunft. Haben Sie gut mit der Immobilie verdient, können Sie guten Gewissens verkaufen und den Gewinn in ein neues Objekt investieren. Idealerweise bauen Sie über die Zeit ein Portfolio aus wertbeständigen sowie cashflowstarken Objekten auf.

Die Baugruppe

In den vergangenen Jahren ist das Bauen in Baugruppen sehr beliebt geworden. Die Vorteile liegen auf der Hand: Es ist günstiger, als Bauherrin haben Sie größeren Gestaltungsspielraum, und im besten Fall leben Sie mit netten Menschen zusammen. Der größte Nachteil ist sicherlich der Arbeitsaufwand.

Wie findet Sie eine Baugemeinschaft? Entweder finden Sie einige Gleichgesinnte, kaufen gemeinsam ein Grundstück und beauftragen einen Architekten. Oder ein Architekt oder Projektmanager ruft eine Gruppe ins Leben, was meistens der

Fall ist. Auf den Plattformen «CoHousing Berlin» oder «Netzwerk für gemeinschaftliches Bauen und Wohnen Köln» können Sie beispielsweise entsprechende Projekte finden. Besteht eine Baugruppe aus sehr vielen Mitgliedern, ist es sinnvoll, einen Projektsteuerer zu engagieren. Dieser soll die Gruppe bei der Planung, Organisation, Finanzierung und Überwachung des Baus koordinieren und unterstützen.

Vom ersten Treffen bis zum Einzug vergehen schnell zweieinhalb bis drei Jahre. Das gemeinsame Bauprojekt teilt sich in vier Phasen. Zunächst bilden Sie mit Ihren Mitstreiterinnen eine Interessengemeinschaft, in der sie gemeinsam Wünsche diskutieren und Ziele definieren, etwa wie viele Wohnungen gebaut werden, wie Kosten und Stimmrechte verteilt werden sollen. Noch ist die Baugruppe mit keinerlei Kosten verbunden, Sie können jederzeit aussteigen. In der zweiten Phase gründen die Mitglieder eine Planungsgemeinschaft, meistens in Form einer Gesellschaft bürgerlichen Rechts.[38] In dieser Zeit kauft die Gruppe das Grundstück, beauftragt den Architekten, plant das Bauvorhaben und beauftragt die Bauunternehmer und Handwerker.

Nachdem das Grundstück erworben wurde, wird aus der Planungsgemeinschaft eine Baugemeinschaft, Phase drei des Projekts. Diese Zeit ist mit Abstand die arbeitsintensivste. In regelmäßigen Abständen trifft sich die Gruppe zu Planungssitzungen, muss Ausschreibungen für Handwerker begleiten, Verträge ausarbeiten und vergeben, Kosten und Baufortschritt kontrollieren. In dieser Phase fallen die meisten Kosten an, aber auch die meisten Streitigkeiten, vor allem gegen Ende der Bauzeit. In den meisten Fällen verzögert sich der Einzugstermin, die Kosten steigen zum Schluss gerne noch einmal (das liegt allerdings auch oft an den eigenen Wünschen).

Haben Sie und Ihre Gruppe diese Phase überstanden, wird aus

der Baugemeinschaft eine Wohnungseigentümergemeinschaft (WEG).[39] Sie sind nicht länger Bauherrin, sondern Wohnungseigentümerin sowie Teileigentümerin des Gemeinschaftseigentums wie des Gartens, vielleicht einer Gästewohnung, aber auch des Treppenhauses. Als WEG sind Sie gesetzlich verpflichtet, einmal im Jahr eine Eigentümerversammlung abzuhalten. Auf der Tagesordnung stehen aktuelle Themen, etwa, ob der Hund in den Garten darf oder nicht, aber auch finanzielle Themen wie die Erstellung eines Wirtschaftsplans.

Eine Besonderheit beim Bauen in der Baugruppe ist die Finanzierung. Üblicherweise schließen Sie als Bauherrin vor Baubeginn eine Finanzierung ab. Als Bauherrin eines Einfamilienhauses können Sie auf das erworbene Grundstück eine Grundschuld eintragen und diese als Sicherheit hinterlegen. Als Mitglied einer Baugruppe besitzen Sie jedoch kein Grundstück, sondern bis zur Teilungserklärung lediglich einen Anteil an einem gemeinsamen Grundstück. Sie können der Bank also keine Sicherheit bieten. Einige Banken wie etwa die GLS-Bank oder die Umweltbank haben sich vor diesem Hintergrund auf Baugruppen spezialisiert. Sie bekommen dort allerdings nicht unbedingt die besten Zinsen.

Für Sie und Ihre Familie kann sich das Bauen in der Baugruppe durchaus lohnen. Als Investitionsprojekt ist es weniger gern gesehen. Schließlich ist es Sinn einer Baugruppe, mit mehr oder weniger Gleichgesinnten zusammen zu leben, nicht mit irgendwelchen Mietern.

Das Eigenheim

Es gibt viele gute Gründe, in den eigenen vier Wänden zu leben, vom Gestaltungsspielraum bis hin zur Unabhängigkeit. Ob es wirtschaftlich sinnvoll ist, hängt sehr von Ort und Zeit ab. Für viele Menschen ist das eigene Heim die größte Geldanlage in ihrem Leben.[40] Festgeld, Tagesgeld, Eigenheim – so ist das Vermögen vieler Deutscher aufgebaut. Fälschlicherweise halten die meisten Menschen das eigene Haus für eine Investition. Eine Investition im eigentlichen Sinne ist das Eigenheim jedoch nicht: Mit einer Investition verdienen Sie fortlaufend Geld. Das machen Sie mit dem eigenen Haus nicht, im Gegenteil, so ein Eigenheim verursacht Jahr für Jahr Kosten. Sie investieren nicht, sondern spekulieren auf einen höheren Verkaufswert in der Zukunft. Das kann gutgehen und mitunter sehr attraktiv sein – oder auch nicht, wenn Sie zur falschen Zeit am falschen Ort gekauft haben.

Während Immobilienmakler und Banken großes Interesse haben, den Kauf des Eigenheims voranzutreiben, sprechen sich Finanzexperten dagegen aus.[41] Ihre Argumentation ist die folgende: Um eine Immobilie zu kaufen, muss man circa 30 Prozent Eigenkapital einbringen. In den nächsten 30 Jahren zahlt man seinen Kredit ab, doch anders als bei einer vermieteten Immobilie kann man die Zinsen nicht von der Steuer absetzen. Zudem fallen jährlich Instandhaltungskosten an, rund 1,5 Prozent des Gebäudewertes. Monat für Monat fließt Geld aus den Taschen.

Geld, so argumentieren Finanzexperten, das Sie investieren könnten. Angenommen Sie investieren Ihr Anfangskapital je zur Hälfte in Anleihen- und Aktien-ETFs. Zusätzlich legen Sie die Differenz zwischen den potenziellen Kreditkosten und der Miete an.[42] In den allermeisten Fällen, so die Finanzexperten, ist das Mietszenario nach 30 Jahren deutlich rentabler. Das hat vor allem zwei Ursachen: Zum einen sind die Transaktionskosten wie Maklergebühren und Grunderwerbssteuern sehr hoch. Zum anderen beruht das Argument auf der Annahme, die Hauspreise seien inflationsbereinigt über 50 Jahre kaum gestiegen. Das Reihenhaus in Münster war 2008 kaum mehr wert als 1968.[43]

So weit, so gut. Vermutlich könnten Sie sogar mit dem richtigen Portfolio eine bessere Rendite erzielen, wenn Sie konsequent und langfristig investieren. Bedauerlicherweise gelingt das nicht jedem. Oft lösen Anleger ihr Depot oder ihren Sparplan vorzeitig auf. Manchmal stecken sie in einer finanziellen Klemme, oft aber verkaufen Anleger nach einem Aktiencrash ihre Papiere und ziehen sich enttäuscht zurück. Ein finanziertes Haus kann man nicht so schnell auflösen, man muss «durchhalten». Man muss den Kredit abbezahlen, komme, was wolle. Diesen Effekt der «erzwungenen Sparquote» sollten Sie bei der Vermögensbildung nicht unterschätzen.

Natürlich müssen Sie genau unterscheiden, wo und wann Sie Ihr Eigenheim kaufen. Wenn Sie ein Haus im Süden Brandenburgs kaufen, weit weg von der Hauptstadt, nahe der tschechisch-polnischen Grenze, ist eine Wertsteigerung alles andere als sicher. Wenn Sie aber beispielsweise zur rechten Zeit in Berlin, München oder Hamburg gekauft haben, sieht die Rechnung anders aus. Allerdings gilt auch hier: Sie haben zunächst Geld ausgegeben, Geld verdienen Sie erst beim Verkauf. Und das ist eben Spekulation.

Mieten oder kaufen? Das ist letztendlich eine Lebensentscheidung. Die schlechteste aller Möglichkeiten ist es aber, wenn Sie zur Miete wohnen und das gesparte Geld trotzdem nicht anlegen.

GOLD, DIAMANTEN, KUNST
UND ANTIQUITÄTEN

Investitionen in Sachwerte werden gerne als sicherer Hafen für Krisenzeiten angepriesen. Gold, Diamanten, Antiquitäten oder Kunst sollen einen gegen Turbulenzen auf den Finanzmärkten absichern. Recht beliebt und in gewisser Weise vielleicht auch noch als Krisenabsicherung sinnvoll ist Gold. Antiquitäten, Diamanten und auch Kunst sind hingegen schöne Dinge, die man gerne besitzt, als Geldanlage eignen sie sich kaum.

Alle vier Wertanlagen zeichnet eine gemeinsame Eigenschaft aus: Wer sein Geld in Gold, Antiquitäten, Diamanten oder Kunst investiert, spekuliert auf eine Wertsteigerung. Eine Investition im eigentlichen Sinne haben Sie damit nicht getätigt. Denn diese Werte bringen – anders als Immobilien oder Anleihen – keine regelmäßigen Erträge. Allerdings, und darum sind die Anlagen beliebt, ist der Spekulationsgewinn nach einem Jahr steuerfrei, anders als bei Aktien oder Immobilien.

Gold

Mit Gold verhält es sich etwas anders als mit den drei anderen Sachwerten. Im Vergleich zu einem Ölbild kann man mit Gold leicht handeln. Anleger greifen gerne darauf zurück, um sich gegen Krisen oder gar einen bevorstehenden Währungscrash zu wappnen. Denn da sich hinter Gold ein reales Gut verbirgt, wird es nie völlig an Wert verlieren. Der Goldpreis hängt von Angebot und Nachfrage ab. Da Gold ein Rohstoff und damit das

Angebot begrenzt ist, treibt eine höhere Nachfrage den Preis nach oben. Dies war in vergangenen Krisen oft der Fall, etwa in Zeiten hoher Inflation in den siebziger Jahren oder nach der Finanzkrise 2008. Da sich der Goldpreis oft gegensätzlich zu Aktien entwickelt hat, raten viele Experten zu einem Goldanteil von zehn Prozent des Gesamtportfolios. Nun muss man allerdings sagen, dass der Goldpreis während der Corona-Krise zwar ein neues Rekordhoch erreichte, viele Aktien aber ebenfalls. Kurz- und mittelfristig kann Gold Stabilität ins Portfolio bringen, langfristig schneiden Aktien allerdings deutlich besser ab.

Sie haben mehrere Optionen, Gold zu kaufen. Wenn Sie sich tatsächlich gegen einen Währungscrash absichern wollen, sollten Sie physischem Gold den Vorzug geben, in Form von Münzen oder Barren. Kleinere Goldmengen lohnen sich oft nicht, da sie vergleichsweise teuer sind. Sie sollten mindestens in eine Feinunze oder eine bekannte Münze wie etwa Krügerrand oder Maple Leaf investieren. Wählen Sie beispielsweise auf gold.de einen Händler aus und achten Sie darauf, dass dieser dem Berufsverband des Deutschen Münzenfachhandels angehört – gerade unter den Goldhändlern im Internet tummeln sich immer wieder Betrüger. Schließlich stellt sich noch die Frage, ob Sie Ihr Gold bei einer Bank im Schließfach verwahren oder einen Tresor zu Hause haben wollen. Beides ist mit Kosten verbunden.

Einiges spricht daher dafür, Gold in Form von Wertpapieren zu kaufen. Am einfachsten sind ETFs, die das eingesammelte Geld in Gold investieren. Die Anleger profitieren direkt von der Goldpreisentwicklung. Leider sind in der EU und damit auch in Deutschland Gold-ETFs nicht erlaubt, da ETFs stets in mehr als eine Anlage oder Wertpapier investieren müssen. In der Schweiz können Sie solche ETFs aber kaufen. Eine Alternative sind Gold-ETCs, Exchange Traded Commodities. Hier wird mit dem Geld der Anleger zu 100 Prozent physisches Gold gekauft, das der ETC dann auch physisch verwaltet, sprich in den Tresor legt. Zu den bekannten Gold-ETCs gehören beispielsweise der db Physical Gold der Deutschen Bank oder Xetra Gold, von der Frankfurter Börse aufgelegt. In Aktien von Goldminenbesitzer zu investieren, lohnt sich hingegen nicht. Sie kaufen damit zwei Risiken: Einerseits ist die Entwicklung des Goldpreises ungewiss, andererseits die des Unternehmens.

Antiquitäten, Diamanten, Kunst

Wenn Sie Ihr Leben genießen wollen und sich gerne mit schönen Dingen umgeben, dann sind Antiquitäten, Diamanten und Kunst sicherlich eine sehr gute Investition. Als Geldanlage taugen sie wenig. Dasselbe gilt auch für Oldtimer oder seltene Designermöbel. All das sind sehr spezielle Märkte und man muss großen Sachverstand mitbringen. Es kann sehr viel Spaß machen, sich eine entsprechende Expertise anzueignen, und vielleicht gelingt es Ihnen sogar, einen Künstler ausfindig zu machen, dessen Arbeiten im Wert steigen. Ob Sie aber Geld mit Kunst (oder anderen Sachwerten) verdienen können, bleibt ungewiss. Denn es wird Ihnen sehr schwerfallen, wieder einen Käufer dafür zu finden. Der Markt ist sehr illiquide. Daher wäre mein Rat an dieser Stelle: Kaufen Sie diese Dinge nur, wenn Sie daran Freude haben, und überlassen Sie das Spekulieren Menschen, die sehr viel mehr Geld haben – und es in der Regel auch nicht schaffen, mit Kunst etc. reich zu werden.

ALLERHAND NÜTZLICHES RUND UMS GELD

Heiraten und Kinder

Einen Ehevertrag brauchen Paare nicht unbedingt zu Beginn ihrer Ehe. Eine gute Diskussion darüber, wie sie sich ihre finanzielle Zukunft vorstellen, sehr wohl. Grundsätzlich hat der Gesetzgeber eine sinnvolle Regelung für Eheleute gefunden. Jeder Partner behält im Falle einer Scheidung sein Vermögen, das er in die Ehe eingebracht hat. Mit der Heirat wird das Paar eine Zugewinngemeinschaft, das heißt, alles, was die Partner während ihrer Ehe verdienen, wird durch zwei geteilt. Zwei Ausnahmen gibt es: Erbt einer der Partner, zählt dies zum Vermögen und nicht zum Zugewinn. Das Erbe gehört jedem selbst. Glücklicherweise verhält es sich mit Schulden genauso. Diese gehen nicht auf den Ehepartner über, sondern gehören dem, der sie gemacht hat.

Sinnvoll ist ein Ehevertrag immer dann, wenn ein Paar kinderlos ist und bleiben will. Da keiner der Partner kinderbedingt auf sein Einkommen verzichten muss, ist es sinnvoll, eine Gütertrennung zu vereinbaren. Dann bekommt jeder, was er selbst verdient hat. Zweckmäßig ist ein Ehevertrag auch dann, wenn die Ehepartner aus unterschiedlichen Herkunftsländern kommen. Sonst ist im Falle einer Trennung unklar, nach welchem Recht sie vollzogen werden soll.

Hat einer der beiden Partner ein Unternehmen oder ein deutlich höheres Vermögen als der andere, ist eine Gütertrennung ebenfalls ratsam. Gerade bei Unternehmen will man vermeiden, dass im Falle einer Scheidung das Betriebsvermögen an den oder die Ex übergeht.

Selbst wenn keiner dieser Punkte zutrifft, sollten Sie zu Beginn Ihrer Ehe eine Bestandsaufnahme machen. Bevor Sie sich versehen, ist alles durcheinandergewirbelt, nirgendwo steht geschrieben, wer was mitgebracht hat. Vielleicht hat die Partnerin für den Kauf der Wohnung eine Lebensversicherung eingebracht, die dann in der gemeinsamen Wohnung verschwindet. Oder der Partner hat, was man nicht machen sollte, seinen Sparplan aufgelöst, um das neue Auto zu bezahlen. Kommt es zur Trennung, ist eine niedergeschriebene Bestandsaufnahme sehr hilfreich.

Unabhängig vom Ehevertrag sollten Sie sich als Frau unbedingt die Frage stellen, wovon Sie im Falle einer Trennung leben wollen und wie es um Ihre Rente steht. Wenn Sie der Kinder wegen einige Jahre weniger oder gar nicht arbeiten, fällt die gesetzliche Altersvorsorge automatisch geringer aus. Deshalb sollten Sie spätestens mit Mitte 30 anfangen, fürs Alter vorzusorgen. Dabei gibt es einige Aspekte zu beachten, beispielsweise ob Sie eine Immobilie oder eine private Rentenversicherung haben oder nicht. Als Faustregel geben Finanzexperten an, dass man im Alter 80 Prozent des früheren Nettogehalts zum Leben braucht. Um diesen Betrag später zur Verfügung zu haben, sollten Sie je nach erwarteter Rendite zwischen fünf und 15 Prozent Ihres jetzigen Nettogehalts anlegen – über die nächsten 30 Jahre.

Den geringsten Aufwand verursacht es sicherlich, sich einen ETF-Sparplan zuzulegen. Finanzexperten empfehlen, 75 Prozent in einen MSCI-World-ETF zu investieren und 25 Prozent in einen MSCI-Emerging-Markets-ETF. Konkrete ETFs können Sie auf der Website justetf.com recherchieren. In ähnlicher Weise können Sie auch für Ihre Kinder Geld anlegen. Sie könnten beispielsweise die Hälfte des Kindergeldes von Anfang an in einen monatlichen Sparplan investieren. So werden aus 100 Euro monatlich bei einer Verzinsung von durchschnittlich fünf Prozent zum 18. Geburtstag rund 35 000 Euro.

Viel wichtiger, als das Geld anzulegen, ist es aber meiner Meinung nach, dass die Kinder selbst ein gesundes Verhältnis zum Geld entwickeln. Vom Sparen über das Investieren bis hin zum Spenden. Meine Kinder mussten sich schon früh Immobilien ansehen, wurden auf Baustellen mitgeschleppt. Nicht nur zu ihrer Freude. Einen Teil ihres Taschengeldes verdienen sie sich durch kleinere Jobs hinzu. Ihr größtes Vergnügen ist es aber, mit Aktien Geld zu verdienen. Jeder hat ein kleines Musterdepot mit einigen wenigen Lieblingsaktien. Die Jungs stehen natürlich auf Tesla. Und sie würden am liebsten alle Aktien kaufen, die irgendetwas mit Essen zu tun haben, genau genommen mit geliefertem Essen: Hellofresh, Delivery Hero, Uber. Ob sie später tatsächlich besser mit Geld umgehen können, wird sich zeigen.

Verhandeln

Eine Verhandlung ist lediglich ein Spiel wie viele andere auch. Nur geht es meist um etwas mehr als um die Siegerurkunde. Das Wichtigste an diesem Spiel ist, gut vorbereitet zu sein.

Angenommen, Sie wollen eine Immobilie als Geldanlage kaufen. Der Verkäufer ruft derzeit 99 000 Euro für das Einzimmerapartment in der Nähe des Berliner Hauptbahnhofs auf. Als Erstes müssen Sie für sich klären, welche Alternativen Sie zu dieser Wohnung haben. Könnten Sie eine andere Wohnung in der Nähe, in einem anderen Stadtteil, am Stadtrand oder gar in einer anderen Stadt finden? Wäre es sogar denkbar, dass Sie Ihr

Geld ganz anders anlegen? Welche von all diesen Möglichkeiten wäre Ihre bevorzugte Alternative? Angenommen es wäre die Wohnung am Stadtrand, die zwar nicht so zentral gelegen ist, aber eine bessere Mietrendite bietet. Sie kostet 80 000 Euro, das wäre Ihre beste Alternative, die allerdings mit Abstrichen gegenüber der Wohnung am Hauptbahnhof verbunden ist.

Überlegen Sie sich nun, welche Summe Sie bereit wären zu zahlen, um die Wohnung Ihrer ersten Wahl zu bekommen. Seien Sie nicht zu bescheiden, seien Sie ruhig ehrgeizig! Nehmen wir an, die Wohnung wäre Ihnen maximal 90 000 Euro wert. Nun müssen Sie sich in den Verkäufer hineinversetzen und sich überlegen bzw. recherchieren, welche Alternativen er hat und wo seine Schmerzgrenze liegt. Das klingt vielleicht kompliziert, durch geschicktes Fragen oder etwas Recherche können Sie aber eine Idee davon bekommen. Wird die Wohnung etwa von mehreren Maklern gleichzeitig angeboten? Ist sie schon länger auf dem Markt? Das spräche nicht dafür, dass sie reißenden Absatz findet. Fragen Sie nach, zu welchem Preis vergleichbare Wohnungen verkauft wurden. Überlegen Sie sich, zu welchem Preis der Verkäufer nicht mehr verkaufen würde. Angenommen, das wären nach Ihren Recherchen 80 000 Euro. Das mögliche Verhandlungsergebnis läge dann zwischen 80 000 und 90 000 Euro.

Da die Wohnung schon länger auf dem Markt ist, sind Sie in der stärkeren Verhandlungsposition. Machen Sie nur ein erstes Angebot, wenn Sie in der stärkeren Verhandlungsposition sind. Damit Sie ein möglichst gutes Ergebnis erzielen, sollten Sie den gesamten Verhandlungsraum im Spiel lassen, also sagen Sie 75 000 Euro (Sie wollen ja auch noch die 80 000 Euro erreichen können, daher muss Ihr Angebot unter dem niedrigsten Verhandlungsziel liegen). Das nennt sich Anker. Rechtfertigen Sie Ihr Angebot, etwa so: Der Grundriss ist suboptimal, das mindert die möglichen Mieteinnahmen. Die Elektrogeräte für die geplante Einbauküche sind minderwertig. Vergleichbare Wohnungen sind zu einem ähnlichen Preis verkauft worden, nur um einige Beispiele zu nennen. Die andere Partei wird nun ebenfalls den Anker werfen, sagen wir, dieser liegt bei 95 000 Euro. Ignorieren Sie ihn. Sprechen Sie die Summe im weiteren Gesprächsverlauf gar nicht mehr an, sonst wird sie zu wichtig. Der Verkäufer verweist auf die Einbauküche? Das neue Parkett? Ignorieren Sie diese Einwände, es sind keine neuen Informationen, der Verkäufer will Sie nur beeinflussen. Lassen Sie sich nicht aus der Ruhe bringen, sollte das Gespräch stocken. Stille ist nichts Schlimmes. Überlegen Sie sich, was die andere Partei macht, wenn Sie jetzt aus der Tür gingen.

Fangen Sie dann in etwa so an: «Da liegen wir noch ein ganz gewaltiges Stück auseinander! Was können wir tun, um uns anzunähern?» Üblicherweise hat die andere Seite Verhandlungsspielraum und ein paar Ideen: Sie übernehmen den Einbau der Küchengeräte selbst, dafür ist der Verkäufer bereit, ein paar tausend Euro nachzulassen. Sie übernehmen die Immobilie erst drei Monate später, damit der Bauherr andere Wohnungen zuerst fertigstellen kann usw. Sie hingegen überlegen sich, wo Sie noch Spielraum haben: Ein späterer Übergabetermin spielt Ihnen in die Hände? Können und wollen Sie beispielsweise selbst malern? Machen Sie Ihrem Gegenüber aber deutlich, dass all diese Zugeständnisse mit Kosten für Sie verbunden sind. Im Laufe des Gesprächs nähert man sich so an. Eine gute Zahlungsmoral und entschlossenes Auftreten wirken zusätzlich Wunder.

Das Spielerische dabei ist, nicht zu viel preiszugeben, aber die andere Partei auch nicht vor den Kopf zu stoßen. Das gelingt nur über das Gespräch. Machen Sie sich immer wieder klar, was Ihre

Alternativen sind und die Ihres Gegenübers. Vermeiden Sie auf jeden Fall einseitige Zugeständnisse. Wenn Sie etwas bieten, muss die andere Seite auch etwas dafür auf den Tisch legen. Am Ende, darüber müssen Sie sich im Klaren sein, geht es jedoch nicht allein um den Preis. Ist der Verkäufer beispielsweise Miteigentümer des Hauses, werden Sie die nächsten Jahre gemeinsame Entscheidungen mit ihm treffen müssen. Sie sollten daher auch Ihre Beziehung zu ihm im Blick haben. Unter all diesen Umständen könnte ein Verhandlungsergebnis beispielsweise so aussehen: Sie einigen sich auf 85 000 Euro, dafür malern Sie die Wohnung vor Übernahme. Sie machen einen Notartermin zum frühestmöglichen Zeitpunkt, üblicherweise zwei Wochen nach Vertragsentwurf, zahlen pünktlich, übernehmen die Wohnung aber erst in vier Monaten. So haben Sie Ihr finanzielles Ziel in einer Weise erreicht, die Ihnen wenig Umstände bereitet.[44]

Versicherungen

Sicherlich gibt es attraktivere Möglichkeiten, den Sonntagnachmittag zu verbringen, als seine Versicherungsverträge zu durchforsten. Aber es ist ratsam, von Zeit zu Zeit zu überprüfen, ob alle Policen noch notwendig sind oder ob Sie manche Verträge nicht durch bessere Angebote ersetzen können.

Zunächst ist zu unterscheiden zwischen Versicherungen, die nur Geld bezahlen, wenn der Ernstfall eintritt, und Versicherungen, die in jedem Fall Geld ausschütten. Letztere sind genau genommen Kapitalanlagen oder Sparpläne.

Die erste Versicherungsart ist für den Vermögensaufbau nur insofern relevant, als dass Sie es vermeiden sollten, unnötig viel Geld dafür auszugeben, das Sie sonst anlegen könnten.[45] Gesetzlich vorgeschrieben sind nur die Krankenversicherung und Kfz-Haftpflichtversicherung.[46]

Vieles spricht für die gesetzliche Krankenversicherung, sie ist besser als ihr Ruf. Die Gefahr der Überversorgung ist bei Privatpatienten groß.[47] Wenn Sie aber aus der gesetzlichen Krankenkasse fallen, etwa als Selbstständige, und sich privat versichern müssen, sollten Sie einen Basistarif wählen. Dieser umfasst nur die Leistungen, die auch die gesetzliche Krankenkasse gewährt. Alle privaten Krankenkassen sind verpflichtet, diesen Basistarif anzubieten. Die Versicherungen verkaufen ihn aber nur ungern und meistens muss man mehrmals nachfragen, bis der Versicherungsvertreter ihn anbietet. Oft wollen Makler bei dieser Gelegenheit noch eine Zahnzusatzversicherung verkaufen. Eine gute Zahnversicherung kann jedoch schnell 350 Euro im Jahr kosten, deckt aber trotzdem nicht alle Leistungen zu 100 Prozent ab. Daher lohnt es sich mehr, das Geld zur Seite zu legen.

Eine Privathaftpflichtversicherung ist unerlässlich. Im Extremfall bewahrt sie Sie vor dem finanziellen Ruin, etwa wenn Sie bei einem Fahrradunfall einen Passanten so sehr verletzt haben, dass dieser nicht mehr arbeiten kann und gepflegt werden muss. Aber auch bei kleineren Missgeschicken hilft die Haftpflicht, etwa wenn Sie Ihren Wohnungsschlüssel verlieren und das Schlüsselsystem im ganzen Haus ausgetauscht werden muss.

Eine Berufsunfähigkeitsversicherung ist für den Hauptverdiener sinnvoll, solange die Familie auf das Gehalt zum Leben angewiesen ist. Wenn Sie eine größere Familie haben und womöglich noch einen Kredit für Ihre Wohnung oder Ihr Haus abbezahlen müssen, sollten Sie auch eine Risikolebensversicherung für den Hauptverdiener abschließen. Bei allen anderen Versicherungen, ob Rechtsschutz, Reiserücktritts- oder Auslandsreisekrankenversicherung, sollten Sie das Geld lieber zur

Seite legen und anlegen. Die allermeisten Versicherungen sind ihr Geld nicht wert.

Die Versicherungen der zweiten Art schütten in jedem Fall Geld aus, unabhängig davon, ob ein bestimmtes Ereignis eintritt oder nicht. Sie sind daher keine Versicherungen im eigentlichen Sinne, sondern Kapitalanlagen oder Sparprodukte. Da die staatliche Rente nicht reichen wird, schließen die meisten Menschen heute eine private Altersvorsorge ab. Während die Riester- oder Rürup-Rente[48] unter bestimmten Voraussetzungen durchaus sinnvoll sein kann, sind es Kapitallebensversicherungen heutzutage nicht mehr. Die Abschlusskosten für eine solche Versicherung sind sehr hoch, weil damit die Provision für den Makler, Vertrieb und Verwaltung bezahlt werden müssen. Das drückt auf die Rendite, die in Zeiten niedriger Zinsen ohnehin sehr mager ist. Obwohl dies alles bekannt sein sollte, preisen Versicherungsagenten die Kapitallebensversicherung immer noch gerne an und tatsächlich werden immer noch erstaunlich viele fondsgebundene Lebens- oder Rentenversicherungen abgeschlossen.

Wer noch eine alte Kapitallebensversicherung besitzt, sollte diesen Vertrag aber nicht vorschnell kündigen. Zum Teil bieten sie einen vergleichsweise hohen Garantiezins. Zudem ist die Auszahlung von Lebensversicherungen, die vor dem 1. Januar 2005 abgeschlossen wurden, in voller Höhe steuerfrei.

Spenden

Geld macht doch glücklich! Zumindest dann, wenn man anderen Menschen etwas davon abgeben kann. Wer das große Glück hat, in einem Land und zu einer Zeit zu leben, die alle nur erdenklichen Möglichkeiten zur freien Entfaltung bieten, und zu etwas Kapital gekommen ist, hat auch die Verantwortung, etwas zurückzugeben.

Gemessen am Pro-Kopf-Einkommen gehören wir in Deutschland zu den oberen zehn Prozent der Weltbevölkerung, 90 Prozent aller Menschen geht es deutlich schlechter. Immer noch lebt fast die Hälfte der Menschheit unter der Armutsgrenze. Wer sollte spenden, wenn nicht wir? Selbst 50 Euro im Monat machen in manchen Ländern einen enormen Unterschied.

Wie viel sollte man spenden? Gerne verweisen Spendenorganisationen auf das Alte Testament, das den zehnten Teil der Ernte als Abgabe fordert. Ob es sich dabei tatsächlich um eine Spende oder nicht doch um eine Steuer handelt, ist umstritten. Ein guter Richtwert sind zehn Prozent des verfügbaren Einkommens in jedem Fall. Aller Erfahrung nach kommen die meisten Menschen genauso gut mit 90 wie 100 Prozent ihres Gehalts zurecht. Vermutlich sind viele mit 90 Prozent sogar zufriedener. Wer regelmäßig spendet, entwickelt eine gewisse Lässigkeit und Großzügigkeit im Umgang mit Geld. Geldangelegenheiten sollte man sehr ernst, Geld an sich aber nicht zu wichtig nehmen. Durch Spenden beweist man sich selbst, dass man loslassen kann. Mir zumindest gibt das ein Gefühl von Unabhängigkeit.

Wenn Sie spenden wollen, stellen Sie sich allerdings vielleicht die Frage, wen oder was Sie mit Ihrer Spende unterstützen sollen. Regelmäßig vor Weihnachten veröffentlichen Medien wie *Spiegel Online* oder *Handelsblatt* sogenannte Spendenrankings. Darin werden die verschiedenen Organisationen je nach Fokus – Entwicklungshilfe, Kinder- und Jugendhilfe, Gesundheit, Umwelt- und Naturschutz sowie Tierschutz – miteinander verglichen. Die Rankings greifen dabei oft auf das Deutsche Zentralinstitut für Soziale Fragen (DZI) und die Prüforganisation Phineo zurück. Beide Organisationen vergeben Spendensiegel. Das DZI vergibt das Siegel nur, wenn die Spendenorganisation unter anderem beweisen kann, dass sie ihre Gelder sparsam und wirtschaftlich eingesetzt und bei der Werbung auf irreführende Bilder verzichtet hat. Das sind alles löbliche Kriterien, sie sagen aber nichts darüber aus, welche Wirkung der gespendete Euro hat. Daher vergibt die Organisation Phineo ihr Siegel danach, welcher Spendenverband das größte Wirkungspotenzial hat. Wohlgemerkt, Potenzial, nicht die tatsächliche Wirkung.

Nach einigen Recherchen habe ich mich entschieden, Geld im Sinne des sogenannten Effektiven Altruismus zu spenden. Der Effektive Altruismus ist eine Bewegung, die um das Jahr 2010 entstand.[49] Die zentrale Idee dahinter ist folgende: Menschen sollen ihre begrenzten Ressourcen Zeit und Geld dort einsetzen, wo sie am meisten damit bewirken können. Wenn ich als Volkswirtin Suppe bei der Berliner Tafel an Obdachlose austeile, sind meine Fähigkeiten denkbar schlecht eingesetzt. Wenn ich aber als Volkswirtin Geld am Aktienmarkt verdiene und es dann der Tafel spende, kann ich sehr, sehr viel mehr erreichen. Hardcore-Altruisten gehen sogar so weit, dass sie ihren Job danach auswählen, wo sie mit ihren Fähigkeiten am meisten verdienen können, um dann noch mehr zu spenden. Die britische Pokerspielerin Liv Boeree beispielsweise ist eine der erfolgreichsten Spielerinnen weltweit. Sie spielt, um zu spenden.

Einen Nachteil gibt es aber: Da die Anhänger des Effektiven Altruismus streng danach gehen, wo sie mit dem eingesetzten Geld am meisten erreichen können, fokussieren sie sich auf bestimmte Themen. Ihrer Meinung nach können Themen wie die globale Armutsbegrenzung, Tier- und Klimaschutz am effektivsten angegangen werden. Will man beispielsweise die Bildung von Mädchen in der dritten Welt unterstützen, wird man bei den Effektiven Altruisten nicht fündig. Wer eine konkrete Spendenorganisation im Sinne des Effektiven Altruismus sucht, kann sie auf den Websites givewell.org oder effektiv-spenden.org finden.

Wissen sollten Sie bei aller Großzügigkeit, dass Sie Spenden sehr leicht von der Einkommensteuer absetzen können, und zwar jährlich bis zu einem Fünftel Ihres verfügbaren Einkommens. Bei Spenden unter 200 Euro bedarf es nicht einmal einer Spendenbescheinigung, es reicht der Kontoauszug oder der Barbeleg. Bei höheren Spendenbeträgen brauchen Sie eine Bescheinigung. Diese müssen Sie aber erst nach Aufforderung des Finanzamts vorlegen.

Noch ein interessanter Aspekt für alle Kunstliebhaber zum Schluss: Auch Sachspenden können von der Steuer abgesetzt werden. Bei der Buchspende für die Schultombola ist das vielleicht umständlich. Wenn Sie aber ein Kunstwerk gekauft haben, das Sie nicht mehr an Ihrer Wand sehen wollen, können Sie es an ein Museum oder eine Sammlung spenden und den Marktpreis von der Steuer absetzen.

So viel zum steuerlichen Aspekt des Spendens. Letztendlich sollte dieser aber nicht ausschlaggebend sein.

Erbe und Testament

Jährlich werden in Deutschland bis zu 400 Milliarden Euro vererbt, schätzt das Deutsche Institut für Wirtschaftsforschung (DIW). Jeder Fünfte erbt dabei mehr als 250 000 Euro. Früher oder später betrifft das Thema jeden. Die meisten denken dabei vermutlich eher an das noch ausstehende Erbe. Dabei sollten Sie genauso für Ihren eigenen Tod Vorsorge treffen. Spätestens wenn Sie vermietete Immobilien, ein Depot und Kinder haben, sollten Sie Ihre Nachfolge regeln.

Zuerst ein paar grundsätzliche Dinge zum Testament: Der Gesetzgeber hat sich bereits einige Gedanken gemacht, auf die Sie vertrauensvoll zurückgreifen können. Die gesetzliche Regelung sieht vor, dass der Partner die eine Hälfte erbt, die Kinder zu jeweils gleichen Anteilen die andere Hälfte. Sie können aber auch ein Berliner Testament verfassen, wonach der überlebende Ehepartner Alleinerbe ist. Die Kinder werden in diesem Fall quasi enterbt. Das machen Eheleute immer dann gerne, wenn unteilbare Wertgegenstände wie etwa Immobilien in einer Hand bleiben sollen. Größter Nachteil des Berliner Testaments ist, dass die Erbschaftssteuer gleich zweimal anfällt.

Zwar sollten Sie steuerliche Aspekte durchaus bedenken, viel wichtiger ist es aber, den Familienfrieden zu wahren. Wenn es um das Leben nach dem Tod geht, treten oft ganz seltsame Befindlichkeiten zutage. Plötzlich misstrauen viele Menschen ihrem Partner. Dabei ist der doch in den meisten Fällen derjenige, der einen am besten kennt und weiß, was im eigenen Sinne wäre. Der Lebenspartner sollte daher eine wichtige Rolle im Testament einnehmen.

Überdies sollten Sie Ihr Testament möglichst klar und verständlich verfassen, um das Leben der Nachkommen nicht unnötig zu erschweren. Sie haben mit Tod und Trauer ohnehin genug zu tun. Wie bei allen wichtigen Dokumenten oder Anlageentscheidungen gilt auch hier: Nichts ist für die Ewigkeit. Da sich die Lebens- und Vermögensumstände ständig ändern, insbesondere zwischen Mitte 30 und Mitte 50, sollten Sie das Testament alle zwei bis drei Jahre auf Wiedervorlage legen und gegebenenfalls anpassen.

Inhaltlich sollten Sie zunächst festlegen, wer überhaupt erben soll. Gibt es einen Alleinerben oder mehrere gleichberechtigte Erben? Der oder die Erben müssen im Testament namentlich genannt werden. Als Nächstes müssen Sie überlegen, wer was bekommen soll. Gerade bei Immobilien kann das trickreich sein. Zwar könnte jedes Kind eine Wohnung oder gar ein Haus bekommen. Doch sind der Wert und die Wertentwicklung oft sehr unterschiedlich. Zu überlegen ist, wie Sie einen Ausgleich schaffen können.

In jedem Fall müssen Sie den Pflichtanteil berücksichtigen. Er steht Ihrem Ehepartner und Ihren Kindern als gesetzlichen Erben zu. Der Pflichtanteil entspricht der Hälfte des gesetzlichen Erbrechts, das heißt, der Pflichtanteil des Partners beträgt die Hälfte von den gesetzlich festgelegten 50 Prozent, also 25 Prozent. Selbst wer kurz vor dem Tod herausgefunden hat, dass der Partner sein halbes Leben lang eine Geliebte hatte, kann ihn nicht enterben, solange die Ehe noch gültig ist. Nur unter ganz besonders drastischen Umständen entfällt der Pflichtanteil, etwa wenn der Erbe dem Erblasser nach dem Leben getrachtet hat. Ansonsten steht jedem der Pflichtanteil zu. Möchten Sie einem Ihrer Erben einen besonderen Gegenstand weitergeben, etwa Großmutters Porzellanservice, spricht man von einem Vermächtnis. Hier sollten Sie im Testament klarstellen, ob dieses Vermächtnis auf das Erbe angerechnet oder sozusagen obendrauf vererbt werden soll.

Wenn Sie minderjährige Kinder haben, müssen Sie sich überlegen, was gelten soll, wenn beide Eltern plötzlich sterben. Wer könnte für die Kinder sorgen? Wer könnte ihr Vormund sein? Und wie könnte man dessen Vergütung angemessen regeln? Keine einfachen und bequemen Fragen, aber sie sollten für den hoffentlich nicht eintretenden Ernstfall geregelt sein.

Wenn Sie Ihr Testament schreiben, müssen Sie einige Formalitäten beachten: Zunächst stellt sich die Frage, ob Sie das Testament selbst verfassen oder zu einem Notar gehen wollen. Wenn Sie es selbst verfassen, muss es vom ersten bis zum letzten Satz handschriftlich geschrieben und unterzeichnet sein.

Dieses Testament verwahren Sie am besten bei einem Nachlassgericht. Das kostet nicht viel. Haben Sie umfangreichere Vermögensgegenstände zu vererben, etwa Immobilien oder Unternehmensanteile, sollten Sie besser einen Notar zurate ziehen. Dieser berät, kann aber zugleich auch ein Testament aufsetzen und verwahren. So geht es nicht verloren. Allerdings kostet ein notarielles Testament auch ein paar Euro, entscheidend ist hier das zu vererbende Vermögen.

Zu guter Letzt kommt die Erbschaftssteuer. Zunächst haben Erben ersten Grades einen Freibetrag, auf den keine Erbschaftssteuer anfällt. Er liegt für den Ehepartner bei 500 000 Euro, für Kinder bei 400 000 Euro und für Enkel bei 200 000 Euro. Es kann durchaus eine Überlegung wert sein, schon zu Lebzeiten einen Teil des Erbes zu verschenken. Denn alle zehn Jahre kann dieser Betrag steuerfrei verschenkt werden. Doch auch hier gilt: Lieber den Familienfrieden wahren als Steuern sparen. Alles, was über den Freibetrag hinausgeht, muss versteuert werden. Dabei werden nahe Verwandte deutlich geringer besteuert als beispielsweise Freunde oder Patenkinder. So zahlen zum Beispiel der hinterbliebene Ehemann oder die Kinder auf ein Vermögen von 75 000 Euro (über dem Freibetrag) sieben Prozent Steuern, erst ab einem Vermögen von 26 Millionen greift der Höchstsatz von 30 Prozent. Nichtverwandte Patenkinder hingegen müssen bereits den ersten geerbten Euro mit 30 Prozent versteuern.

DER GUTE RAT ZUM SCHLUSS

Einfach anfangen!

Ein Vermögen bauen Sie nicht von heute auf morgen auf, es dauert Jahre, vielleicht sogar Jahrzehnte. Das Wichtigste ist anzufangen. Den richtigen Zeitpunkt gibt es ohnehin nicht. Jeder Anleger, jeder Immobilienbesitzer und auch jeder Kunstsammler glaubt, dass er besser vor einem, fünf oder zehn Jahren hätte anfangen sollen. «Der beste Zeitpunkt zu investieren ist jetzt oder vor zehn Jahren», heißt eine dieser abgenutzten, aber sehr wahren Börsenweisheiten. Selbst wenn Sie zunächst wenig Zeit haben, sich um Ihre Finanzen zu kümmern, fangen Sie trotzdem einfach an. Sie können den großen Teil passiv investieren und erste Erfahrungen mit einzelnen Aktien oder Fonds machen. In jedem Fall sollten Sie loslegen, alles Weitere ergibt sich auf dem Weg.

Investieren Sie nur in Dinge, die Sie verstehen!

Sie sollten nur in Dinge investieren, die Sie wirklich verstanden haben. Leider machen viele Anfänger den Fehler, Finanzprodukte oder Aktien zu kaufen, die sie nur halb durchschauen. Wissen Sie *wirklich,* wie ein ETF auf dem MSCI World funktioniert und wie er sich zusammensetzt? Wissen Sie, dass ein großer Teil der Weltwirtschaft, nämlich China, gar nicht im MSCI World enthalten ist? Oder wissen Sie, womit Apple und Microsoft mittlerweile ihr Geld verdienen? Erfahrungsgemäß fällt es Menschen sehr viel leichter, Dinge zu verstehen, für die sie sich interessieren und begeistern können.

Keep it simple!

Die Gefahr ist groß, sich zu verzetteln, gerade als Neuling. Banken werben mit günstigen Konten und Depots um Neukunden. Börsenblätter empfehlen die unterschiedlichsten Aktien, Fonds, ETFs und Anleihen. Es geht ganz schnell, und Sie haben den Überblick verloren. Gerade als Anfängerin sollten Sie die Dinge so einfach wie möglich halten. Richten Sie neben Ihrem Girokonto ein Investitionskonto und ein Onlinedepot ein, idealerweise bei derselben Bank. Zunächst würde ich nicht mehr als zehn Titel ins Depot legen, darunter allerdings einige Fonds und ETFs, um das Risiko zu streuen. Wenn Sie etwas Übung haben, können Sie eine größere Anzahl von Aktien managen. Auf meiner Watchlist stehen derzeit 40 bis 50 Unternehmen, die ich aktiv beobachte. In meinem Depot befinden sich zwischen 20 und 30 Wertpapiere. Mehr kann ich zurzeit nicht ernsthaft verfolgen, vielleicht werden es später wieder mehr.

Dasselbe gilt für Ihre Informationsaufnahme. Sie müssen sich informieren, um über das große Bild und die Unternehmen im Einzelnen Bescheid zu wissen und um neue Aktienideen zu bekommen. Aber lesen Sie bitte nicht jeden Tag drei Börsenblätter gleichzeitig, Sie werden überall vermeintliche Chancen sehen und sich hoffnungslos verzetteln. Überdies geht oft die Intuition verloren, wenn man zu viel weiß.

Kaufen Sie Immobilien, um sich abzusichern!

Immobilien eignen sich sehr gut, um langfristig ein Vermögen aufzubauen. Insbesondere, wenn Sie in jungen Jahren investieren. Immobilienanlagen haben drei wesentliche Vorteile gegenüber Aktien: Erstens, mit Hilfe eines Kredits kann ich auf vergleichsweise risikoarme Art meine Eigenkapitalrendite deutlich erhöhen. Zweitens, die Inflation arbeitet *für*, nicht gegen mich. Der Wert meiner Immobilie steigt über die Jahre und damit auch mein Vermögen. Drittens sollten Sie den Effekt der «erzwungenen Sparquote» nicht unterschätzen. Immer wieder lösen Anleger trotz bester Vorsätze ihre Sparpläne oder Depots auf. Das ist mit Immobilien nicht möglich, Sie werden zum Sparen gezwungen.

Kaufen Sie Aktien, um unabhängiger zu werden!

Immobilien sind das Fundament Ihres Vermögens, mit ihnen sichern Sie sich ab. Durch Aktien können Sie finanziell unabhängiger werden. Mit entsprechender Risikofreude, Zeit und Wissen können Sie mit den richtigen Aktien eine zweistellige Rendite im Jahr erzielen. Sie sollten allerdings nur Geld investieren, das Sie in den nächsten fünf, vielleicht sogar zehn Jahren nicht brauchen. Bei Immobilien wissen Sie zu Beginn mit großer Wahrscheinlichkeit, wie viel Geld Sie über die Jahre damit verdienen werden. Bei Aktien ist völlig unklar, wie sie sich entwickeln.[50] Langfristig steigen die Aktien, aber was langfristig genau heißt, weiß keiner. Wenn Sie mit dieser Ungewissheit umgehen können, werden Sie mit kaum einer anderen Anlageklasse so viel Geld verdienen wie mit Aktien.

Sooft André Kostolany mit den Worten «Für den Erfolg an der Börse braucht es die vier G: Geld, Gedanken, Geduld und Glück» bereits zitiert worden ist – es ist sehr viel an den vier G dran. Vor allem an der Geduld. Ich würde die Formel gerne noch um ein weiteres G erweitern: G wie Gier. Ein kleines bisschen Gier im positiven Sinne braucht es, um zu spekulieren. Zu viel

Gier kann aber sehr schnell sehr gefährlich werden. Darum bleiben Sie bescheiden.

Lernen Sie aus Fehlern!

Fehler gehören dazu, sie dürfen nur nicht existenziell werden. Investieren Sie daher zunächst kleinere Beträge. Sollte etwas schlecht gelaufen sein, sehen Sie es als Chance, zu lernen und es das nächste Mal besser zu machen. Meistens ist die Lernkurve bei falschen Entscheidungen sehr viel steiler als bei richtigen. Grundsätzlich sollten Sie zumindest als Anfängerin jede Ihrer Entscheidungen im Nachhinein analysieren. So werden Ihnen künftige Entscheidungen sehr viel leichter fallen. Seien Sie aber auch stolz auf Ihre Leistungen und belohnen Sie sich dafür – das machen wir Frauen ohnehin viel zu selten.

Investieren Sie nur in Dinge, die Ihnen Spaß machen!

Sie investieren nicht nur Ihr Geld, sondern auch Ihre Lebenszeit. Deshalb sollten Sie nur in Dinge investieren, die Ihnen Spaß machen und die Sie interessieren. Kaufen Sie Immobilien an Orten, an denen Sie selbst gerne sind, kaufen Sie Wohnungen, in denen Sie sich vorstellen könnten zu leben. Kaufen Sie Aktien nur von den Unternehmen, die Sie in irgendeiner Weise begeistern, sei es, weil sie ein tolles Produkt oder Geschäftsmodell haben oder interessante Persönlichkeiten dort arbeiten. Der Erfolg kommt nur, wenn Sie auch wirklich Spaß an Ihren Investitionen haben.

Nehmen Sie sich Zeit!

Überlegen Sie sich, wie viel Zeit und Energie Sie in den Aufbau Ihres Vermögens investieren können und wollen. Der Kauf einer Immobilie ist natürlich sehr viel zeitaufwendiger, als ein Aktienportfolio zusammenzustellen. Vielleicht können Sie innerhalb einer Woche intensiven Suchens eine Wohnung finden, vielleicht suchen Sie über sechs Wochen. Die gute Nachricht ist: Beim nächsten Mal wird es deutlich schneller gehen. Dasselbe gilt für ein Depot. Mittlerweile verbringe ich im Schnitt eine halbe Stunde am Tag damit, die Zeitung, meistens die *Financial Times*, zu lesen, Podcasts zu hören und mein Depot zu verwalten. Anfangs war der Zeitaufwand allerdings sehr viel höher. Ihnen wird es vermutlich ähnlich ergehen. Theoretisch können Sie an einem Nachmittag ein Depot eröffnen und sich in erste Themen einlesen. Vermutlich wird es aber ein paar Tage dauern, bis Ihre Investitionsentscheidungen gereift sind. Setzen Sie sich daher unbedingt eine Deadline. Es wird immer noch 1000 andere Möglichkeiten geben, irgendwann muss es einfach losgehen! Und lassen Sie sich von den Ratschlägen nicht verunsichern, nur inspirieren.

Teilen Sie Ihren Erfolg

Lassen Sie andere an Ihrem Erfolg teilhaben. Sicher, Sie haben hart dafür gearbeitet, aber Sie haben auch von den gesellschaftlichen und wirtschaftlichen Gegebenheiten profitiert. Vermutlich hatten Sie auch ein bisschen Glück, das gehört meistens dazu. Jetzt ist es Zeit, Ihrer Umwelt etwas zurückzugeben. Etwa, indem Sie Ihre Mitarbeiter und Dienstleister, von der Haushaltshilfe über den Babysitter bis hin zum Handwerker, angemessen und großzügig bezahlen. Oder Sie sich darüber hinaus ein Projekt oder eine Organisation suchen, die Sie finanziell unterstützen wollen. Teilen Sie Ihren Erfolg mit anderen – es ist sehr viel erfüllender als das zehnte neue Abendkleid im Schrank.

Zu guter Letzt

Geld ist wirklich nicht das Wichtigste im Leben. Aber es macht Sie selbstbewusst und unabhängig, gerade als Frau.

Wenn Sie 10 000 Euro oder auch viel mehr anlegen wollen …

Am Ende wollen Sie vermutlich wissen, wie Sie Ihr Geld jetzt ganz konkret anlegen sollen. Leider kann ich es Ihnen nicht sagen. Es kommt auf Ihre finanzielle Situation an, Ihr Risikoempfinden, Ihre Kenntnisse und Erfahrungen und nicht zuletzt auf Ihren Zeiteinsatz. Ich kann Ihnen höchstens sagen, was sich aus meiner Sicht bewährt hat. Dabei fallen Ihnen vielleicht zwei Aspekte auf, die Sie vermutlich so nicht in anderen Finanzratgebern gelesen haben: Zum einen lohnt es sich, einen relativ hohen Anteil des verfügbaren Geldes in Immobilien zu investieren. Der Einsatz von Fremdkapital und die erzwungene Sparquote machen sie zu einem bequemen, aber rentablen Investment. Viele Anleger machen den Denkfehler, die Immobilie müsse erst abbezahlt sein, um damit zu verdienen. Das ist mitnichten so. Egal ob Sie heute 30 oder 50 Jahre alt sind, Sie können mit Immobilien Geld verdienen. Denn Sie können die Immobilien auch nach 10, 15 oder 20 Jahren verkaufen. Immobilien müssen nicht komplett schuldenfrei sein, damit Sie von den Mieteinnahmen leben können. Sie können die Tilgung sogar über so viele Jahre strecken, dass Sie Ihren Kindern noch Schulden vererben. Und trotzdem können Sie und Ihre Kinder schon Einnahmen aus den Immobilien haben.

Es hat sich zudem gezeigt, dass es besser ist, Aktien in einige wenige, manchmal sogar nur in eine Branche zu investieren. Denn anders als Sie vielleicht denken, können Sie auch innerhalb einer Branche breit aufgestellt sein und müssen Ihr Geld nicht vom Turnschuh- bis zum Softwarehersteller streuen. Nvidia stellt Grafikkarten her, Zalando verkauft Schuhe, beides sind Tech-Unternehmen, trotzdem machen sie ganz unterschiedliche Dinge. Es ist allerdings sehr viel einfacher, eine Branche zu verfolgen als die gesamte Bandbreite. Nehmen Sie meine Erfahrung als Anregung und machen Sie das für Sie Richtige daraus.

Angenommen, Sie haben einen Betrag X, den Sie in den nächsten zehn Jahren nicht benötigen und den Sie investieren wollen. Ich gehe davon aus, Sie haben keine großen Erfahrungen mit Aktien oder Immobilien, sind aber gewillt, Zeit und Energie aufzuwenden. Außerdem gehe ich davon aus, dass Sie einen Notgroschen zur Seite gelegt haben (siehe Kapitel 1).

Bei 10 000 Euro ...

... würde ich den allergrößten Teil passiv investieren, um einerseits mein Risiko zu streuen und andererseits meine Zeit effizient einzusetzen. Sie könnten beispielsweise 75 Prozent Ihres Geldes in einen ETF auf den MSCI World investieren. Wenn Sie sich innerhalb dieses Rahmens ausprobieren wollen, können Sie alternativ auch einen kleinen Anteil in den DAX investieren oder, wenn Sie mutiger sind, für einen kleineren Betrag ein ETF auf den Technologie-Index Nasdaq kaufen. Um von der Entwicklung in den Schwellenländern, vor allem in China, zu profitieren, würde ich für 25 Prozent einen aktiv gemanagten Emerging-Markets-Fonds kaufen oder alternativ einen ETF auf den MSCI Emerging Markets.

Mein Depot würde in etwa so aussehen: 60 Prozent MSCI World, fünf Prozent DAX[51], zehn Prozent Nasdaq sowie 25 Prozent in einen Schwellenländerfonds. Mit einem kleinen Betrag, je nach eigener Einschätzung zwischen 500 und 1000 Euro, würde ich anfangen, einzelne Aktien zu kaufen, und herausfinden, ob ich daran Spaß finden kann. Wie oben beschrieben, würde ich mich auf ein, zwei vielversprechende Branchen und drei, vier Unternehmen konzentrieren.[52]

Bei 50 000 Euro ...

... würde ich versuchen, eine kleine Immobilie zu kaufen. Mit 20 000 Euro Eigenkapital sollten Sie eine Immobilie im Wert von 50 000 Euro plus 15 Prozent Kaufnebenkosten finanzieren können. Mit der Miete müssen Sie den Kapitaldienst (Zinsen plus zwei Prozent Tilgung) bewältigen sowie eine kleine Reserve zurücklegen können. Es wird nicht einfach werden, eine geeignete Einzimmerwohnung zu finden. Vermutlich müssen Sie im Speckgürtel einer Großstadt oder aber in B-Städten gucken. In jedem Fall sollten Sie nur in solche Standorte investieren, deren wirtschaftliche Aussichten gut sind und deren Bevölkerung wächst. Aber es ist nicht unmöglich, eine solche Wohnung zu finden! Nach zehn Jahren können Sie diese steuerfrei verkaufen oder möglicherweise eine weitere Immobilie finanzieren, da die erste Wohnung bereits zum Teil abbezahlt ist.

Die übrigen 30 000 Euro würde ich wie oben in einem Depot anlegen. Allerdings würde ich den Anteil riskanterer Titel wie Schwellenländerfonds etwas erhöhen (auf 30 Prozent) und in jedem Fall zumindest fünf Prozent in Technologiewerte investieren. Wenn Sie es sich zutrauen, könnten Sie bis zu 5000 Euro in Einzelaktien anlegen und / oder in speziellen Themenfonds wie etwa Pharma oder Biotech. Auch hier rate ich Ihnen, nicht in zu viele Themen gleichzeitig zu investieren, sondern sich auf zwei, maximal drei zu konzentrieren und dort eine Expertise aufzubauen.

Wollen Sie zu diesem Zeitpunkt noch nicht so viel Geld in Immobilien investieren, weil es Ihnen zu aufwendig oder risikoreich scheint, ist das verständlich. Legen Sie Ihr Geld weiter in Aktien an, allerdings konservativer wie etwa im ersten Beispiel, und sparen Sie weiter, bis Sie sich mit einem Immobilieninvestment wohlfühlen.

Mit 100 000 Euro ...

... würde ich ebenfalls Immobilien kaufen, mit etwa 50 000 Euro Eigenkapital. Wenn es Ihnen gelingen sollte, zwei kleine Wohnungen im selben Haus zu finden, können Sie eine höhere Rendite erzielen als mit einer größeren Wohnung. Die übrigen 50 000 Euro würde ich wie folgt anlegen: eine Hälfte in den MSCI World und den DAX, wobei der DAX-Anteil nicht zu hoch sein sollte. Da Sie über die Immobilien gut abgesichert sind, können Sie jetzt ruhig größere Risiken eingehen und auf höhere Renditen setzen. Daher würde ich die andere Hälfte je nach Vorliebe zwischen Schwellenländern und dem Nasdaq aufteilen. Einzelaktien (oder Fonds) könnten Sie im Wert von 5000 bis 10 000 Euro halten und den Anteil zulasten des MSCI World und DAX erhöhen, sobald Sie sich sicher fühlen.

... würde ich rund 50 bis 60, vielleicht sogar 70 Prozent des Geldes in Immobilien investieren, vorzugsweise in ein kleines Mehrfamilienhaus, zumindest aber in Wohnungspakete, da diese meistens höhere Renditen abwerfen. Wenn Sie noch keine Börsenerfahrung haben, könnten Sie das restliche Geld wie in den oben beschriebenen Beispielen passiv anlegen. Allerdings können Sie den Anteil riskanterer Anlagen in Schwellenländer oder Technologietitel weiter erhöhen, die Immobilien sorgen für Sicherheit. Spätestens bei diesen Summen sollten Sie sich genug finanzielles Wissen aneignen, um in einzelne Aktien oder spezielle Fonds zu investieren und diesen Anteil stetig auszubauen.

Aktien-Ideen

Niemand weiß, was die Zukunft bringt. Aber hier sind einige Ideen, in welche Unternehmen Sie investieren könnten. Falls Sie etwas interessiert, müssen Sie sich die Mühe machen, weiter zu recherchieren, und selbst entscheiden, ob diese Investition für Sie zum gegebenen Zeitpunkt sinnvoll ist.

Dividendenaktien: Allianz, BASF, Telekom, Munich Re, Volkswagen, Deutsche Post, Hannover Rück, Swiss Re, Axa, Rio Tinto, Mowi, Daimler, Roche

Value-Aktien: Beiersdorf, Siemens, Adidas, Unilever, Nike, Visa, Microsoft, L'Oréal, Deutsche Wohnen, Vonovia, Nestlé, Walmart, Walt Disney, Samsung, Novartis, Fresenius, Henkel, Procter & Gamble, Johnson & Johnson

Wachstumsaktien: SAP, Zalando, Apple, Amazon, Alphabet, Nvidia, Novo Nordisk, Netflix, Salesforce, Alibaba, Tencent,

Paypal, Facebook, Samsung, Bechtle, Gerresheimer, Fuchs Petrolub, Intel, Symrise

Aktien für mutige bis sehr mutige Menschen:[53] Beyond Meat, Tesla, Niu, Docusign, Peloton, Crispr Therapeutics, Cellink, Va-Q-tec, Akasol

Viel Erfolg beim Aufbau Ihres Vermögens!

Anhang

WEITERFÜHRENDE LITERATUR

Ihre Einstellung zum Thema Geld und Finanzen
Bodo Schäfer: *Der Weg zur finanziellen Freiheit*, dtv 2003

Tony Robbins: *Money – Die 7 einfachen Schritte zur finanziellen Freiheit*, FBV 2015

Wirtschaft in Bildern
Emma Lunn / Marianne Curphey: *Geld und Finanzen – Der visuelle Cashkurs*, Dorling Kindersley 2020

Aktien und Börse, ganz konkret:
Beate Sander: *Der Aktien- und Börsenführerschein: Aktien statt Sparbuch – die Lizenz zum Geldanlegen*, FBV 2020

Beate Sander: *Die besten Aktienstrategien für Fortgeschrittene: Endlich Millionär werden mit breit gestreuter Langzeitanlage*, FBV 2019

Aktien und Börse, unterhaltsam:
André Kostolany: *Die Kunst, über Geld nachzudenken*, Ullstein 2015

ETFs, zum Vertiefen:
Gerd Kommer: *Souverän investieren mit Indexfonds und ETF*, Campus Verlag 2018

Immobilien, ganz konkret:
Thomas Knedel: *Erfolg mit Wohnimmobilien: So werden Sie in 6 Monaten privater Immobilieninvestor,* 2017

Marco Lücke / Stefan Loibl: *immocation – Die Do-it-yourself-Rente: Passives Einkommen aus Immobilien zur Altersvorsorge,* 2017

Verhandlungsführung:
Deepak Malhotra / Max Bazerman: *Negotiation Genius: How to Overcome Obstacles and Achieve Brilliant Results at the Bargaining Table and Beyond,* Harvard Business School 2008

Kunst als Wertanlage?
Erling Kagge: *A Poor Collector's Guide to Buying Great Art,* 2015

Einige gute Internetlinks
Immocation.de
Immopreneur.de
Finanztip.de
Finanzfluss.de
Madamemoneypenny.de

DANKSAGUNG

So viele Freundinnen und Freunde, Familienmitglieder, Kollegen und Kolleginnen haben mir geholfen, dieses Buch zu schreiben. Ihnen allen sei Dank! Insbesondere möchte ich mich aber bedanken bei Andrea, Annabel, Amélie, Claudia, Gabriele, Florian, Friederike T., Friederike S., Fritz, Jens, Julia H., Julia K. S., Johanna, Karen, Kerstin, Leo, Leonie, Mark und Nina für den Gedankenaustausch sowie die Unterstützung in den unterschiedlichsten Lebenslagen. Dank gilt natürlich auch dem Rowohlt Verlag mit Susanne Frank, Julia Suchorski und Ricarda Saul für die professionelle Unterstützung und Begleitung. Der größte Dank geht an meinen Mann, der mir den Rücken freigehalten und mich unterstützt hat, sowie an unsere Söhne, die mich motivieren und uns viel Freude machen.

ANMERKUNGEN

Teil 1

1 Die Namen für solche Fonds unterscheiden sich von Anbieter zu Anbieter, sie sind aber ähnlich aufgebaut.

2 Mittlerweile ist der Staat noch spendabler: 175 Euro pro Jahr, für jedes Kind bis zu 300 Euro sowie mögliche Steuererstattungen von bis zu 2100 Euro. Bei mehreren Kindern kann eine Riester-Rente sinnvoll sein.

3 Jener unterhaltsame, in Ungarn geborene Börsenspekulant, der so schöne Börsenweisheiten von sich gab wie: «Kaufen Sie Aktien, nehmen Sie Schlaftabletten, und schauen Sie die Papiere nicht mehr an.» Oder: «Die ganze Börse hängt nur davon ab, ob es mehr Aktien gibt als Idioten – oder umgekehrt.»

4 Mit leider fatalen Konsequenzen: Viele Erstanleger, die im Jahr 2000 eingestiegen sind und bis 2003 viel Geld verloren haben, sind Studien zufolge bis heute nicht an den Aktienmarkt zurückgekehrt und haben großartige Chancen in den Jahren danach verpasst.

5 Seit 1999 war der Euro bereits als sogenanntes Buchgeld im Gebrauch, auch wenn er erst 2002 als Bargeld eingeführt wurde.

6 Mittlerweile hat sich die Gesetzeslage geändert und in der EU und Deutschland dürfen keine ETFs mehr aufgelegt werden, denen nur ein Wert, in diesem Fall nur ein Rohstoff, zugrunde liegt.

7 Bevor Sie mit einer Baugruppe bauen, sollten Sie sich über diese Regel genau informieren. In Berlin beispielsweise gab es immer wieder Bestrebungen, diese Regelung zu kippen. Unter bestimmten Umständen bleibt es aber bei der niedrigeren Grunderwerbssteuer.

8 Ein altes Maklersprichwort lautet: Ich habe schon Pferde kotzen sehen.

Will heißen, es kann noch alles schiefgehen, solange der Vertrag nicht unterzeichnet ist. Daher haben Makler oft die unangenehme Eigenschaft, unnötigen Druck zu machen.

9 Nach zehn Jahren ist der Spekulationsgewinn für private Immobilienbesitzer steuerfrei, daher sollte man ein Haus mindestens so lange behalten. Bewohnt man die Immobilie selbst, kann man schon nach zwei Jahren steuerfrei verkaufen.

10 Hausverwaltungen sprechen in diesem Zusammenhang von der technischen und der kaufmännischen Verwaltung.

11 Vom norwegischen Extremsportler, Juristen, Kunstsammler und Verleger Erling Kagge. Erschienen in seinem Verlag, dem Kagge Forlag.

12 *Die Känguru-Chroniken* von Marc-Uwe Kling.

13 https://live.givedirectly.org/newsfeed/

Teil 2

1 Beides ist zu schaffen, aber es ist ein bisschen Arbeit.

2 Bodo Schäfer: *Der Weg zur finanziellen Freiheit – Ihre erste Million in 7 Jahren.*

3 Auch Haushaltsrechnung oder Cashflow-Analyse genannte, im Unterschied zur Vermögensaufstellung. Diese Unterlagen sind auch für die Kreditbeschaffung wichtig.

4 Je nach Sicherheitsbedürfnis, Erfahrung und Vermögen kann auch weniger ausreichen. Beispielsweise halte ich nur noch Reserven für sechs Monate vor, verkaufe aber Wertpapiere, sobald sich Unheil abzeichnet.

5 Die großen Träume, wie etwa das Ferienhaus, die Kunstsammlung oder das Segelboot, haben hier noch keinen Platz. Sie sind der Stufe finanzieller Freiheit vorbehalten.

6 Zum Nettoeinkommen zählen auch das Kindergeld, aber auch Kapitalerträge und Mieteinnahmen, selbstverständlich nach Steuer.

7 Genau genommen sollten Sie diese Übersicht im gleichen Zug wie die Haushaltsaufstellung anfertigen. Aber es wird Ihnen vermutlich mehr Spaß machen, sich erst einmal ein Ziel zu setzen, dann Ordnung zu schaffen und das Ziel dann gegebenenfalls noch einmal anzupassen.

8 Ein großes Missverständnis ist, dass man nur über Anlageklassen hinweg diversifizieren kann. Man kann auch innerhalb einer Klasse diversifizieren, etwa indem man Aktien aus verschiedenen Branchen und Ländern kauft. Oder in Wohn- und Gewerbeimmobilien an verschiedenen Standorten investiert. Die einzelnen Märkte können sich durchaus gegenläufig entwickeln.

9 Dennoch ist die Aktionärsquote in Deutschland, also der Anteil der Aktienbesitzer an der Bevölkerung, mit 15 Prozent im internationalen Vergleich sehr gering.

10 Die Ökonomen Marc Friedrich, Matthias Weik, Max Otte und Dirk Müller beispielsweise prophezeien in ihren Büchern den nächsten Crash. Ihre Fonds haben in den vergangenen Jahren allerdings deutlich schlechter abgeschnitten als der Markt.

11 Wer einen Neuwagen kaufte und sein altes Auto verschrottete, bekam 2.500 Euro vom Staat geschenkt. Die Absatzzahlen stiegen daraufhin.

12 Wer es genau wissen will, das funktioniert so: Der Staat gibt Anleihen aus, um seine Schulden zu finanzieren. Diese Anleihen werden von Geschäftsbanken, Fonds und Versicherungen gekauft. Die EZB kauft den Banken wiederum diese Anleihen ab. Das spült Geld in deren Kassen. Die Banken können nun Geld zu günstigen Konditionen an Unternehmen und Investoren verleihen.

13 Gesellschaftspolitisch, das ist nicht zu leugnen, bringen die steigenden Asset-Preise Probleme mit sich, da die Vermögensschere zwischen Immobilien- und Aktienbesitzern und -nichtbesitzern größer wird.

14 Das ist in Europa und den USA derzeit völlig unrealistisch, nur um keine falschen Erwartungen zu wecken. Für das Rechenbeispiel sind 5 Prozent aber eindrücklicher.

15 Anders sieht es bei Pensionsfonds und Versicherungen aus. Diese

müssen Anleihen kaufen, da sie ihr Kapital nur bedingt in risikoreiche Anlagen investieren dürfen. Das ist der Grund, warum Renten- und Lebensversicherungen in den vergangenen Jahren so schlecht abgeschnitten haben.

16 Manchmal lässt sich ein Unternehmen ein Sonderkündigungsrecht einräumen, dafür muss es dann aber beispielsweise 101 Euro statt 100 Euro zurückzahlen. Ein solches Sonderkündigungsrecht wird in den Emissionsbedingungen angekündigt.

17 Das war vielleicht das größte Missverständnis nach dem Corona-Crash: Die Kurse stiegen wieder, weil die Investoren die Zeit nach der Pandemie gehandelt haben, während viele Kleinanleger nur verschlossene Geschäfte und Fabriken sahen und sich wunderten, warum die Kurse in die Höhe gingen.

18 In den USA, aber auch in vielen anderen Ländern geschieht dies vierteljährlich.

19 Vorsicht ist auch hier geboten. Einige «Dividendenlieblinge» wie etwa Banco Santander haben sich nie wieder erholt. Auch Dividendenaktien müssen Sie im Blick haben und sollten diese nicht nur wegen ihrer hohen Rendite kaufen.

20 Unter uns: Letzteres ist mir oft gelungen. In manchen Marktphasen aber habe ich gedacht, dass ich mit weniger Zeitaufwand eine ähnliche Rendite hätte erzielen können. Nur macht es mir deutlich weniger Spaß, in Fonds zu investieren.

21 Das gilt natürlich auch für alle anderen Anlagen wie Fonds oder Anleihen. Es klingt banal, aber viele Anleger kaufen Dinge, die sie nicht verstehen.

22 Rubin Ritter, Finanzvorstand beim Online-Modehändler Zalando, war beispielsweise Gast im *Zeit*-Podcast «Alles gesagt?». Ein durchaus unterhaltsamer Einstieg in Welt des Onlinehandels.

23 Allerdings ist es in der Praxis nicht so einfach zu wissen, wann sich der Boden gebildet hat. Ende März 2020 hat kaum ein Beobachter geglaubt, dass der Corona-Crash schon vorbei ist.

24 Wie beschrieben: Bei Nischenmärkten oder Indizes mit sehr vielen

Einzeltiteln muss das nicht zutreffen, für Indizes wie den DAX sind ETFs aber eine gute Wahl.

25 Mit beiden Portfolios habe ich persönlich keine Erfahrung. Das liegt vor allem daran, dass sie zu Beginn meines Investorenlebens weniger bekannt waren und zu meiner jetzigen Situation nicht mehr passen. Die Ideen dahinter sind jedoch nachvollziehbar.

26 Das ist jetzt wirklich etwas für Genießer! Wenn Sie das verstehen wollen, was Finanzinstrumente sind und wie man damit einen Index nachbilden kann, können Sie sich beispielsweise das YouTube-Video «ETFs» auf finanzfluss.de ansehen.

27 Das Gesetz gibt vor, dass ein Fonds aus mehr als einem Wertpapier bestehen muss.

28 Die Kaufnebenkosten dürften künftig geringer ausfallen. Am 23.12. 2020 ist das neue Maklergesetz in Kraft getreten, wonach die Kosten für die Maklerprovision gleichermaßen auf Käufer und Verkäufer verteilt werden müssen. Statt beispielsweise sechs Prozent Courtage müssen Sie als Käuferin künftig nur noch drei Prozent aufbringen. Dafür müssten Sie im Falle eines Verkaufs aber ebenfalls drei Prozent des erzielten Kaufpreises als Courtage an den Makler zahlen. Ob dies in der Praxis genau so sein wird oder die Verkäufer nicht versuchen werden, einen Teil der Kosten auf den Käufer oder Makler umzulegen, ist derzeit noch nicht absehbar.

29 Eine Art KGV, nur diesmal nicht für Aktien, sondern für Immobilien.

30 Das ist eine Dreisatzrechnung, wie man sie aus der Schule kennt: Wenn 5 Prozent = 10 000 Euro sind, ist 1 Prozent = 2000 Euro und 100 Prozent = 200 000 Euro.

31 Um das Beispiel leichter nachvollziehbar zu machen, sind die Kaufnebenkosten nicht berücksichtigt. Diese müssen Sie entweder als zusätzliches Eigenkapital aufbringen oder aber mitfinanzieren. Entsprechend ändert sich Ihre Eigenkapitalrendite.

32 Allerdings steigt auch Ihr zu versteuerndes Einkommen. Insofern sollten Sie genau abwägen, wie viel Eigenkapital sinnvoll ist.

33 Man kann auch weniger tilgen, nur wird die Bank dann vermutlich höhere Zinsen verlangen.

34 Für Fortgeschrittene oder Mathematiker: Man kann auch den «Breakeven-Zins» errechnen, also wie stark der Zins steigen muss, damit man mit einer längeren Laufzeit besser fahren würde. Der Unterschied ist erstaunlich hoch. Bei meinem letzten Projekt hätten die Zinsen beispielsweise um drei Prozentpunkte über zehn Jahre steigen müssen, damit sich der 15-jährige Kredit gelohnt hätte. Das ist nicht unmöglich, passiert aber auch nicht über Nacht.

35 Der Unterschied zwischen Betriebskosten- und Wohngeldabrechnung ist folgender: Einige Kosten wie die Verwalterhonorare oder Rücklagen dürfen nicht auf den Mieter umgelegt werden. Praktischerweise steht in der Wohngeldabrechnung, welche dies sind und welche nicht.

36 Abgesehen vom Kapitaldienst, den man leistet.

37 Vorsicht: Wer mehr als drei Objekte innerhalb von fünf Jahren verkauft, wird als gewerblicher Immobilienbesitzer behandelt. Dann ist der Veräußerungsgewinn nicht mehr steuerfrei.

38 In manchen Fällen wird auch eine Genossenschaft oder Gesellschaft mit beschränkter Haftung (GmbH) gegründet.

39 Genossenschaften und GmbHs können ihre Rechtsform beibehalten.

40 Dabei ist die Eigenheimquote mit 40 Prozent in Deutschland im internationalen Vergleich gering.

41 Beispielsweise Gerd Kommer in *Kaufen oder Mieten?*.

42 Das setzt natürlich voraus, dass Ihre Miete geringer ist als Ihre Kreditkosten. Dies ist je nach Zins- und Wohnlage nicht immer der Fall.

43 Hier allerdings ist Vorsicht geboten: Wer 2010 am rechten Ort investiert hat, dessen Immobilie hat sich im Wert verdoppelt.

44 Möchten Sie tiefer in das Thema einsteigen, empfehle ich Ihnen abermals, *Negotiation Genius* von Deepak Malhotra und Max Bazerman zu lesen.

45 Wer mehr Zeit und Energie in dieses Thema investieren möchte, findet unter finanztip.de gut recherchierte und neutrale Informationen.

46 Sollten Sie einen Hund haben, brauchen Sie zusätzlich eine Tierhaft-
pflichtversicherung. Für manche Berufe ist eine Berufshaftpflicht vorgeschrieben, etwa für Architekten.

47 Da ich einige Zeit Redakteurin für Gesundheitspolitik war, weiß ich,
denke ich, wovon ich spreche.

48 Da Riester- und Rürup-Rente zur Absicherung im Alter dienen und
weniger zum Vermögensaufbau, sind sie nicht Thema dieses Buches.
Wer mehr dazu wissen will, kann auch hier bei finanztip.de gut recherchierte Informationen finden. Bei allen Verbraucherfragen ist dieses
Portal eine zuverlässige Quelle.

49 Mehr dazu in *Effektiver Altruismus* von Peter Singer. Singer ist ein aus-
tralischer Philosoph, der an der Princeton University lehrt.

50 Eine Ausnahme sind Dividendenaktien, hier weiß man in den allermeisten Fällen zumindest, wie hoch die Dividendenrendite sein wird.

51 Zu dem DAX-Investment rate ich vor allem, damit Sie ein Gefühl für
die deutsche Wirtschaft bekommen, auch um später vielleicht einzelne
Aktien auszuwählen. In den vergangenen Jahren hat sich die US-Wirtschaft deutlich dynamischer entwickelt.

52 Die prozentuale Aufteilung bezieht sich auf das Geld, das Sie jenseits
der Einzelaktien investieren wollen.

53 Bei diesen Aktien treiben oft Zukunftsfantasien den Preis. Alther-
gebrachte Bewertungsmethoden wie das KGV helfen hier nicht weiter,
die Unternehmen machen in den allermeisten Fällen keine Gewinne.
Es ist eine Wette auf die Zukunft, die kann auch schiefgehen.